손자병법

그대의

마음을

훔치다

지은이 : 쑤무루(苏木禄)

시난(西南)민족대학 법학과를 졸업했다. 역사, 사회과학, 법률 분야를 위주로 도서기획과 편찬 작업에 다년간 종사했다. 지은 책으로는《중국식 대화 방법(中国式说话之道)》,《작은 회사에서 일 배우는 법, 큰 회사에서 사람관계 배우는 법(小公司里学做事, 大公司里学做人)》,《21세기 일과 사람에 대한 새로운 이념(21世纪做人做事新理念)》등이 있다.

옮긴이 : 황보경

고려대학교 사학과를 졸업하고 국립대만대학에서 중국 근대사로 석사 학위를 받았다. 한국외국어대학교 통번역대학원에서 중국어 통역과 번역을 전공하였으며, 현재 이화여대 통번역대학원, 선문대 통번역대학원, 가톨릭대에서 강의를 하고 있으며, 번역가 에이전시 엔터스코리아에서 전문 번역가로 활동하고 있다.

상 대 를 사 로 잡 는 매 혹 의 심 리 전 술

손자병법
그대의
마음을
훔치다

쑤무루(苏木禄) 지음 | 황보경 옮김

bs
브레인스토어

서 문

우리는 가끔 어처구니없는 선택을 하고 후회한다. 대형마트에서 묶음 판매를 하는 상품을 별로 필요하지 않은데도 산다거나, 하고 싶지 않은 일을 부탁받고 거절하지 못한다거나, 쇼핑하기 전에 물건이 10만 원 이상이면 사지 않겠다고 마음먹었다가도 9만 9천 원짜리 '특가' 상품에는 덥석 지갑을 여는 경우가 그러하다.

우리가 내키지 않는 일을 했다는 것은 이미 상대의 심리 전술에 말려들었다는 뜻이다. 심리 전술이란 타인의 심리를 꿰뚫어서 자신의 의도대로 움직이는 것이다.

《손자병법》은 심리학자들로부터 세계 최초의 심리 전술에 관한 연구서로 인정받고 있다. 이 책은 '전쟁의 본질은 상대를 속이는 것'이라는 핵심 개념을 토대로 인간의 보편적인 심리를 이용해 적을 유혹하는 방법, 자신을 과시하여 적의 기세를 꺾는 비결, 적에게 위협을 가해 승리를 이끌어내는 전술 등을 가르쳐준다. 재미있는 사실은 병법서인 《손자병법》이 지향

하는 최고의 가치가 '싸우지 않고 적을 굴복시키는 것'이라는 점이다. 싸움에 대한 온갖 묘안을 제시하면서도 최대한 무력 충돌을 피하도록 권유하는 것이 일견 아이러니하지만, 손자는 기본적으로 호전적인 인물이 아니었다. 춘추시대라는 난세를 살았기에 손자에게는 평화가 무엇보다 소중했을 것이다. 그러기에 평화의 소중함(전쟁의 반대말로 사용되는 평화뿐만 아니라 모든 인간사에 깃드는 평화의 의미로서)을 실감하는 독자라면 '싸움의 기술'을 배우기 위해 《손자병법》을 읽을 필요가 없다.

싸우지 않고 이기는 전략으로 승리한 다음의 유명한 역사적 사건을 통해 우리는 《손자병법》의 심리 전술이 얼마나 대단한지를 알 수 있다.

동한(후한이라고도 함) 초기에 광무제가 고평에서 위력을 떨쳤던 외효(隗囂)의 잔당인 고준(高峻)을 정벌하려 했으나 여의치 않았다. 광무제는 대장 구순(寇恂)에게 칙서를 가지고 가서 항복을 받아오라고 했다. 고준은 황보문(皇甫文)에게 구순을 맞이하게 했다. 황보문은 오만한 태도에 언동도 불순했다. 그 모습에 화가 난 구순이 황보문을 죽이라고 명령하자 장수들이 말렸다.

"고준은 용감한 군사를 수만 명이나 거느리고 있고, 섬서 지역을 몇 년 동안이나 점령하고 있습니다. 고준이 얼마 후면 항복을 할 터인데 황보문을 죽이는 것은 적절치 않습니다."

하지만 구순의 생각은 달랐다. 고준은 변덕이 심한 성격이어서 한나라에 항복했다가 다시 반란을 일으킨 전력이 있으므로 지금 타협을 했다가는 기만 살려주어서 언제 또 배반을 할지 몰랐기 때문이다. 그래서 구순은 부하들의 의견을 무시하고 황보문을 죽인 뒤 부사에게 자신의 의중을 전하도록 했다.

"황보문이 무례하게 굴어 죽였다. 항복을 하지 않으려면 싸움을 할 준비나 하도록 해라!"

고준은 겁에 질려 성문을 열고 항복했다. 부하들이 구순에게 물었다.

"고준은 왜 황보문을 죽였다는 보고를 듣자마자 항복했습니까?"

구순은 고준의 속내를 꿰뚫고 있는 것처럼 대답했다.

"황보문은 고준의 심복이다. 모든 전략과 전술은 황보문에게서 나온 것인데, 그의 강경한 말투를 보니 투항할 의사가 없어 보였다. 황보문을 그대로 놔둔다면 간교한 계략이 틀림없이 성공했을 것이다. 그를 죽이니 고준은 놀라서 간이 쪼그라들었다. 그래서 어쩔 수 없이 항복을 한 것이다."

황보문이 타협을 할 의사가 없이 오만하게 행동한 것은 고평 성내에 있는 정예군 수만 명을 믿었기 때문이다. 게다가 한나라 군사가 몇 년 동안이나 공격에 성공하지 못한 상태에서 항복을 요구하자 고준과 황보문은 광무제가 전투를 벌일 요량이 아니라 판단했다. 그런데 예상치 못하게 구순이 황보문을 죽이자 고준은 순순히 투항하지 않으면 목숨을 부지하기 어렵다는 위기의식을 느꼈다. 머리가 좋은 고준은 구순이 황보문을 죽인 것이 자신에 대한 간접적인 위협임을 단번에 눈치 채고 항복을 한 것이다.

고준과 황보문은 광무제가 구순을 사신으로 보낸 것을 무력으로 문제를 해결할 의사가 없다는 신호로 받아들여 강경한 태도로 배짱을 부렸다. 그런데 구순은 황보문을 죽임으로써 고준에게 "우리가 힘이 없어 화해를 청한다고 착각하지 말라. 사실 우리는 한 번도 무력 사용을 포기한 적이 없음을 똑똑히 기억해라!"는 무언의 메시지를 전했다. 조금 노골적으로 말하면, 고준은 '지금 투항하면 관용을 베풀 수 있지만, 싸워서 지면 국물도 없다' 는 구순의 속내를 재빨리 읽어내고 백기를 들었다. 이 역사적 사실을 통해 우리는 사람의 목숨이 왔다 갔다 하고, 싸우지 않고도 승리할 수 있는 심리전의 위력을 충분히 인지할 수 있다. 구순은 심리학을 배운 적이 없겠지만, 사람의 마음을 조종하는 고수임이 틀림없다.

　지금은 진검 승부를 하는 시대가 아니지만, 심리전의 치열함은 그 옛날과 비교할 수 없을 정도로 복잡하고 어렵다. 예를 들어 평직원이 상사에게 월급 인상을 요구할 때 보통 어떻게 이야기를 꺼낼까? 흔한 방법은 월급을 올려주지 않으면 회사를 그만두겠다고 '위협' 을 하는 것이다. 상사가 볼 때 이 직원이 유능해서 월급을 올려줄 만한 가치가 있다고 판단되면 요구를 받아들인다. 위협적인 요구는《손자병법》에서 말하는 '능력이 있으면서도 없는 척, 필요하면서도 필요하지 않은 척' 하는 기만술을 응용한 것이다. 즉, 직원은 사직할 뜻이 없지만 자신의 가치를 인정하지 않으면 정말로 그만둘 수도 있다는 의사를 완곡하게 표현하고, 이런 경우 많은 상사가 직원의 요구를 들어준다. 직장에서의 협상은 물론이고, 모든 인간관계에서 밀고당기기를 할 때 가장 중요한 것은《손자병법》에서 강조한 '지피지기(知彼知己)' 이다. 상대를 알고, 자신의 실제 가치를 명확히 알아야 목적을 달성할 수 있다. 그렇지 않으면 머리는 머리대로 쓰고도 낭패를 면치 못한다.

《손자병법》은 단순히 전쟁 수행에 관해 논하지 않고, 인간의 심리를 이해하여 활용하는 방법을 곳곳에서 보여주고 있다. 예를 들어 적을 너무 몰아치면 양쪽 모두 궤멸하게 되고, 개인마다 다른 심리적 약점을 파악하여 그에 맞는 심리 전략을 구사하면 굳이 싸우지 않고도 만족할만한 결과를 얻을 수 있다는 이야기가 나온다.

만약 당신이 하루하루를 대충 때우고 살기를 원하거나, 복잡한 인간관계에 대해 별생각이 없었다면 《손자병법》을 통해 인간의 마음을 읽는 공부를 하기 바란다. 손자는 적이 쳐들어오지 않기를 바라기보다는 자신을 지키는 준비를 하라고 했고, 더 나아가 적이 감히 공격할 생각을 못할 정도로 실력을 키우라고 했다. 전쟁이라는 단어를 '인생'으로, 순간순간 직면하는 문제들로 바꿔서 생각해보면 고전 《손자병법》이 좀 더 흥미롭고 가깝게 느껴질 것이다.

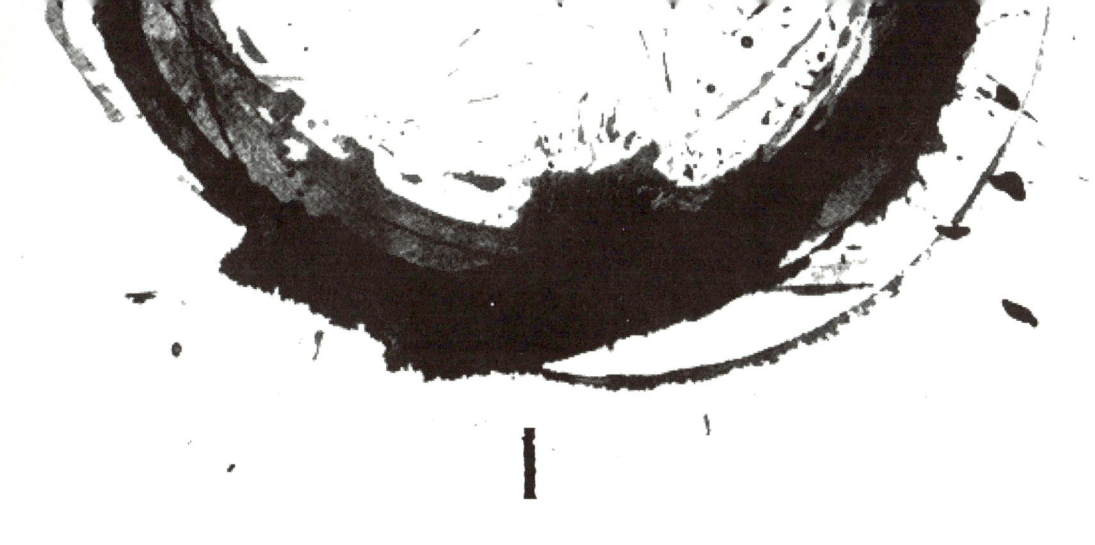

제1장

장수와 병사가
뜻을 같이해야
승리한다

타인의 지지를 얻는 심리 전략

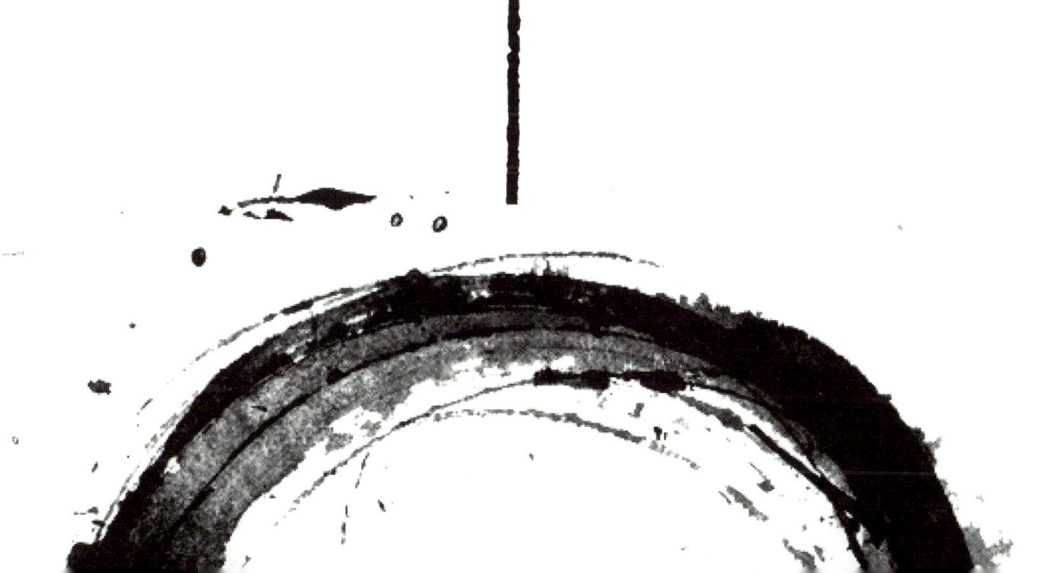

중요한 어떤 일을 성사하는 데 가장 중요한 것은 자신의 노력이지만, 주위 사람들의 도움과 지지를 얻으면 훨씬 수월하게 성공을 거둘 수 있다. 성공은 개인의 분투만으로 얻어지지 않는다. 하지만 타인의 지지와 협력을 이끌어내는 일은 결코 쉽지 않으므로 많은 연구를 해야 한다. 청대 말기의 거상 호설암(胡雪巖)의 성공 비결을 알고 있는가? 유비가 눈물로 천하를 얻은 사실을 알고 있는가? 어떻게 해야 사람들로 하여금 '불쌍한 사람을 차마 속이지 못하겠다'는 마음이 들 정도로 자신의 이미지를 만들 수 있는지 알고 있는가? 1장에서 이에 대한 해답을 제시한다.《손자병법》에서는 '장수와 병사가 뜻을 같이해야 승리한다. 인심을 잡으면 성공을 움켜쥘 수 있다(上下同欲者胜, 抓住人心, 就把握了成功)'라고 했다.

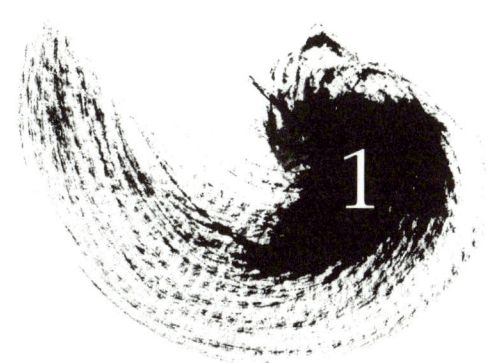

호설암의 성공 비결인
'더불어 이익을 나누는' 심리

상인 출신으로는 지극히 이례적으로 관직을 하사받는 영광을 누렸던 호설암(胡雪巖, 1823~1885)이 처음 세상에 나올 때 도움을 준 사람은 가난한 서생 출신 왕유령(王有齡)이었다. 어렵사리 관리가 된 왕유령 덕분에 호설암이 적잖은 이권을 챙길 수 있었다. 호설암이 쌓은 거대한 부의 4분의 1은 왕유령이 제공했다고 할 정도였다. 그러나 여기서 중요한 것은 호설암이 나머지 자산을 어떻게 혼자의 힘으로 축적했는가이다. 오늘날의 금융기구라 할 수 있는 전장(錢莊)에서 사환으로 일했던 호설암은 본격적으로 돈을 벌기 시작한 지 불과 10년 만에 중국 최고의 거부가 되었다. 바로 타인의 심리를 꿰뚫어보고 이용하는 능력이 있었기 때문이다.

왕유령이 저장 성 해운국의 책임자로 부임하여 첫 번째로 수행했던 임무는 조세로 거둔 식량을 조운(漕運, 지방에서 현물로 거두어들인 조세를 선박으로 수도까지 운반하던 제도—옮긴이)으로 집결시키는 것이었다. 이 임무는 큰 이익을 남길 수 있지만, 쉽게 수행할 수 있는 일은 아니었다. 잘 해내면 능력을 인정받지만, 자칫 차질을 빚으면 군기를 어겼다는 죄목으로 엄한 처벌을 받기 때문이다. 왕유령의 전임자도 운송 기한을 지키지 못해 해임되었다. 그래서 왕유령은 호설암을 찾아가 고민을 털어놓으며 좋은 방법이 있는지 상의했다. 호설암은 우선 곡물상에게서 쌀을 구해 수도인 베이징으로 보내면 된다고 일러주었다. 상하이의 자본력이 좋은 곡물상들에게 쌀을 외상으로 받아 정부에 바치면 기한을 지킬 수 있기 때문이다. 곡물상들도 조운이 도착할 때마다 쌀을 받으면 시가 차이만큼 이익을 챙길 수 있으니 '누이 좋고 매부 좋은' 거래가 될 수 있었다. 운송할 때 들어가는 비용은 관에서 먼저 지불하고, 다음 해에 징수액을 늘리면 되었다. 이 방법은 얼핏 단순하고 쉬워 보이지만 실행하는 데에는 곤란한 점이 한둘이 아니었다.

호설암은 상하이로 와서 전장 주인이 추천한 조방(漕幫) 소속의 통유양행(通裕糧行)을 찾았다. 조방은 운하가 지나가는 지역들에 소재해 이익을 챙기는 조직으로 현지에서 대단한 세력을 갖고 있었다. 세금으로 걷은 양곡을 조운에서 해운으로 바꿔 운송하면 조방은 큰 손해를 볼 수밖에 없는데, 다행히 호설암은 통유양행 주인과의 협상에 성공했다. 조건은 해운국이 담보를 서서 신화(信和) 전장이 조방에 10만 냥을 빌려주는 것이었다. 조방은 마침 추수 시기라 쌀값이 크게 떨어져 쌀을 팔기에 적합하지 않은 데다 현금이 크게 부족했기에 호설암의 제의를 받아들였다. 즉 해운국에 쌀을 빌려준 뒤 몇 달 후 '보릿고개'가 되어 쌀값이 급등하면 쌀을 돌려받기로 한 것이다. 이로써 해운국과 조방 모두가 만족할 수 있는 거래가 성사되었다. 왕유령은 2품의 고관으로서 전임자들이 속을 끓였던 조운 문제를 호설암의 도움으로 해결한 덕분에 중앙 정부의 두터운 신임을 받아 후저우(湖州) 최고 관리인 지부(知府)로 영전해갔다. 왕유령 휘하의 관리들도 무사히 직위를 유지하게 되었고, 뜻하지 않게 거액을 챙긴 조방도 호설암에게 진심으로 고마워했다. 호설암도 관리들과 조방의 인물들과 끈끈한 관계를 맺으면서 인맥을 넓힐 수 있었다.

손자는 "적이 제 발로 찾아오게 하려면 이익이라는 미끼로 유혹해야 한다"라고 했다. 한발 더 나아가 적과 내가 공유할 수 있는 이익이 있다면 '같은 욕망'을 갖는 사이가 되어 동맹자의 심리로 서로 이롭게 할 수 있다. 《손자병법》에서는 '위아래가 모두 같은 욕망을 가지면 승리한다(上下同欲者胜)'고 했다.

이 말은 윗사람과 아랫사람이 같은 이해관계로 엮이면 승리할 수 있다는 뜻이다. 좀 더 폭넓게 해석하면 골고루 이익을 나눌 수 있는 일이라면 모든 사람이 타협하게 되어 어떤 일이라도 성사시킬 수 있다는 뜻이다.

호설암의 일화는 우리에게 교훈을 준다. 아무리 어려워 보이는 일이라도 이해 당사자들의 심리를 파악하면 해결할 수 있다는 것이다. 그는 사람들이 아등바등하며 경쟁과 반목을 하는 이유가 바로 딱 한 가지, '먹고살기 위해서'라는 사실을 너무나 잘 알고 있었다. 그렇다 보니 남에게 손해를 안기면서 자신의 이익만을 챙기려 한다면 주위 사람들의 지지와 도움을 이끌어 낼 수 없다. 호설암은 이런 이치와 사람들의 심리를 알았기 때문에 쌍방의 요구를 만족시킴으로써 난제를 쉽게 풀어냈다.

호설암의 심리 전술은 사실상 '남들이 편하면 나도 편해진다'는 간단한 도리에 입각한 것이었다. 자신이 편해지려면 상대에게도 편리함을 제공하여 상대와 한편이 되어야 한다. 그러려면 역지사지의 입장에서 상대가 취할 수 있는 이익을 고려해보고, 자신의 이익도 지키는 쪽으로 발상을 전환해야 한다. 이것이 바로 호설암이 성공할 수 있었던 가장 큰 비결이었다. 심리학에서는 사람들이 '임도 보고 뽕도 따는' 일거양득의 유연한 사고로 상대를 챙기면서 '같은 배를 탔다'는 동질감을 형성하면 윈윈하는 효과를 얻을 수 있다고 말한다.

《손자병법》은 제후들을 자신의 편으로 만들어 자신에게 유리한 세력을 형성하려면 반드시 이익으로 유혹해야 한다고 말한다.

실제로 영리한 사람들은 타인의 마음과 머리를 읽어내 서로 이익을 챙기는 방향으로 가자고 호소하고 설득한다.

크리스털 제품의 대명사인 스와로브스키 사의 오너인 오스트리아의 스와로브스키 가문은 제2차 세계대전 당시 독일의 협박에 못 이겨 망원경을 제조하는 이적 행위를 했다. 종전 후 점령국인 프랑스는 스와로브스키 사를 강제 몰수하기로 했다. 이 소식을 들은 유태계 미국인 로엔 슈타인은 다니엘 스와로브스키를 만나 협상을 했다.

"내가 프랑스 군부와 교섭을 해서 당신의 회사를 몰수하지 않게 설득하겠소. 그들이 내 말을 들어주면 당신은 나에게 당신 회사의 판매 대리권을 주어서 내가 죽을 때까지 수익의 10%를 갖게 해주시오."

다니엘 스와로브스키는 고민을 거듭하다 로엔 슈타인의 조건을 그대로 받아들였다. 프랑스 군부는 로엔 슈타인이 스와로브스키 사가 자신의 소유라고 주장하자 하는 수 없이 몰수 의사를 철회했다. 그 후 로엔 슈타인은 스와로브스키 사의 '대리 판매회사'를 설립하여 막대한 돈을 벌었다. 스와로브스키 가문도 실질적으로 회사를 소유하게 되었고, 미국인인 로엔 슈타인이 판매망을 확장하여 세계적으로 제품을 판매했으므로 수익의 10%를 주고도 전쟁 전과 비교할 수 없을 만큼 커다란 이윤을 얻었다.

로엔 슈타인은 스와로브스키 가문에 필요한 정치적 비호의 절실함을 알아차리고 그들의 요구를 만족시켜 주었고, 자신의 목적도 관철시키는 일석이조의 효과를 거두었다. 이는 《손자병법》에서 나오는 '백성과 장수가 뜻을 같이하면 생과 사를 함께 할 수 있다'라는 말을 실현한 것이라 하겠다. 호설암과 로엔 슈타인은 서로에게 도움이 되면 협력할 수 있다는 심리를 이용하여 상대를 자신의 '전선'으로 끌어들였고, 궁극적으로 자신의 목적을 이뤘다. 이처럼 현명한 사람들은 타인의 심리를 헤아리고 이용하여 그들의 이익을 지켜주고 자신의 이익도 확실하게 챙긴다.

눈물로 천하를 얻은 유비

　　'민심을 얻는 자가 천하를 얻는다'는 옛말이 있지
만 아무리 유능한 사람이라도 혼자의 힘으로 대업을 이룰 수는 없다. 항우
(項羽)는 큰 무쇠 솥을 한 손으로 들 정도로 힘이 세 포위망을 뚫고 달아나
면서 적의 군사 수백 명을 죽인 적도 있다. 하지만 '독불장군'은 언젠가 무
릎을 꿇게 된다는 세상사의 이치에서 예외가 될 수는 없어 유방에게 패한
후 자살로 생을 마감한 비극적인 인물이 되었다. 유방보다 유리한 위치에
있었던 항우가 실패했던 이유는 사람들의 마음을 사로잡지 못했기 때문이
다. 부하가 공을 세우면 계급을 올려주고 작위를 주는 것이 당연한 일이지
만, 항우는 그렇게 하지 않았다. 항우의 처사에 불만을 품은 부하들은 '생
사를 같이하고, 위험을 두려워하지 않는' 전우애를 가질 수 없었다. 그래서
진평(陳平), 한신(韓信), 영포(英布)와 같은 뛰어난 인재들이 항우를 떠나 유
방(劉邦)에게로 발길을 돌렸다.

유방이 천하를 얻은 이유는 간단하다. 그는 사람들의 마음을 얻는 방법을 알고 있었기 때문이다. 천하를 얻은 후 친신들을 불러 연회를 베푸는 자리에서 유방은 자신이 성공할 수 있었던 이유가 무엇인지 아느냐고 물었다. 정곡을 찌르는 대답이 나오지 않자 유방이 설명을 해주었다.

"나는 전략을 짜고 앞날을 도모하는 일에 자방[子房, 장량(張良)을 지칭]보다 뛰어나지 않다. 나라를 안정시키고 백성을 위무하는 능력도, 군대를 먹여 살리고 양식을 확보하는 일도 소하(蕭何)처럼 잘하지 못한다. 나는 한신처럼 백만의 군사로 적을 물리치고, 공격하면 반드시 전리품을 얻는 능력도 없다. 자방, 소하, 한신은 하나같이 뛰어난 인물이다. 나는 이렇게 걸출한 인물들을 등용했기에 천하를 얻을 수 있었다. 하지만 항우는 최고의 지략가인 범증(范增)을 옆에 두고도 활용하지 못했기에 나에게 패했다."

유방이 자신을 능가하는 인재와 호걸들을 휘하에 둘 수 있었던 까닭은 '백성이 지도자와 뜻을 같이하도록' 하는 병법의 심리학, 즉 지위고하를 떠나 '천하 평정'이라는 공동의 목표로 하나가 되어 모든 어려움을 함께했기 때문이다.

《손자병법》에서는 '위와 아래가 한마음이 되어 하나의 목표를 향해 싸우면 아주 쉽게 성공할 수 있다(道者, 令民与上同意也, 故可以与之死, 可以与之生而不畏危)'고 했다.

유방이 사람들의 마음을 사는 데 일류였다면, 그의 후손 유비(劉備)는 그야말로 '청출어람' 그 자체였다. 황제 가문의 몰락한 후예로 짚신을 팔아 연명하던 유비가 천하를 얻은 비결은 '눈물'이었다. 그는 군사와 모략을 운용하는 데에서 조조(曹操)와 주유(周瑜)에 비할 수 없을 정도로 뒤졌고, 실제 전투에서 관우(關羽)와 조자룡(趙子龍)처럼 맹용하지도 못했다. 하지만 그가 가진, 남들이 도저히 따라오지 못할 장기가 있었으니 바로 적시에 잘 우는 능력이었다. 그가 본격적으로 세상에 나와 막강한 상대들을 제패하는 과정은 가히 '통곡'의 연속이었다.

잘 알려진 바와 같이 유비는 젊은 시절 도처를 헤매면서 이런저런 사람들에게 빌붙어 살았다. 남의 힘을 빌려 편안하게 살려는 의도라기보다는 스스로 삶을 개척하며 살기에 역부족이었기 때문이다. 훗날 오나라와 연합하여 적벽대전에서 조조를 물리친 후에 그는 손권에게 형주(荊州, 오늘날의 후난 성)의 반을 '빌렸다'. 주유는 유비가 형주를 차지하면 오나라에 큰 우환이 될 것이라 내다보고 노숙(魯肅)에게 형주를 돌려받으라고 명했다. 그런데 유비는 노숙을 보자마자 눈물을 흘리며 자신이 황제의 숙부뻘 되는 사람인데 땅 한 평 없는 신세라고 징징댔다. 후덕한 노숙은 유비의 읍소에 측은지심이 발동하여 얼마간만 형주를 '빌려' 달라는 요구를 받아들였다. 자신의 임무가 오나라의 요지인 형주를 회수하는 것이라는 사실을 완전히 망각한 것이다.

유비가 사람들의 마음을 결정적으로 사로잡은 계기는 친아들 아두(阿斗, 유선(劉禪)의 아명)를 내던진 사건이었다. 싸움에서 패하여 낙망한 유비 앞에 조자룡이 죽음을 무릅쓰고 유선을 구해 가슴에 품고 나타났을 때였다. 유비는 눈물을 흘리며 유선을 땅에 내동댕이치며 한마디 했다.

"이까짓 어린 자식 하나 때문에 훌륭한 장군을 잃을 뻔했소!"

다행히 유선이 땅에 떨어지는 찰나에 조자룡이 받아서 유선은 목숨을 건졌다. 조자룡은 말할 나위도 없고, 그 자리에 있었던 장수와 군사들은 유비의 행동에 크게 감동했다. 부하를 아끼는 마음에 아들의 목숨조차 아랑곳하지 않는 유비의 의리를 알게 된 그들은 끝까지 유비를 따랐다. 장비(張飛), 관우, 조자룡 등은 유비의 그림자이자 수족이었다. 유비가 아들보다 부하를 더 아꼈다는 이 일화에 대해 위선의 극치이자 '속이 뻔히 보이는 쇼'를 했다고 비웃는 사람들도 적지 않다. 그래서 후대 사람들은 유비가 아들을 던져 인심을 샀다는 말을 공공연히 했다.

유비가 눈물로 권력을 얻었다는 말은 과언이 아니다. 그가 일단 눈물을 터뜨리면 노숙과 같은 사람은 저절로 마음이 약해졌다. 조자룡을 비롯한 많은 부하가 유비의 눈물에 충성을 다 바쳤다. 오늘날의 관점에서 보면 유비의 행동은 도를 넘어선 것 같지만, 어쨌든 상대에게 먹혀들었다는 점에서 대단하다고 할 수 있다. 유비의 수단과 방법이 효과를 볼 수 있었던 포인트는 상대나 부하 모두에게 동정심을 유발했다는 것이다. 그리고 한발 더 나아가 그들의 마음을 사로잡아 확실하게 자신의 편이자 '형제'로 만들었다.

유비는 유방과 마찬가지로 특별한 재능의 소유자가 아니었다. 군사적인 지략에서 주유와 노숙에게 감히 비교조차 되지 않았으며 전쟁에서의 무공은 관우와 조자룡을 도저히 따라갈 수 없을 정도였다. 하지만 그들이 유비처럼 위업을 달성하지 못했던 이유는 딱 한 가지, 심리 전술에서 뒤졌기 때문이다. 유비는 몇 번의 눈물로 부하들을 사로잡아 죽도록 충성하게 만드는 심리전의 고수였다. 사실 눈물은 단순히 방법에 불과할 뿐이며 사람들의 심리를 꿰뚫어보고 이용한 작전이 승리의 관건이었다. 머리가 좋은 사람들은 유비의 계산법을 잘 알고 있다. 자신의 능력만으로 어떤 일을 할 수 없을 때에는 주위 사람들을 부추겨 도움을 받아야 한다는 사실을 말이다. 병법에서도 '마음을 공격하는 것이 상책'이라고 했다. 다른 사람들의 마음을 공략하면 만사형통이다.

전국시대의 장군 오기(吳起, 손자와 겨룰만한 뛰어난 병법가로《오자(吳子)》라는 병법서를 남겼다)도 사람의 마음을 사로잡을 줄 알았다. 그는 군대를 이끌 때 항상 병사들과 같이 먹고 같이 잤다. 행군을 할 때는 말을 타지 않았고, 앉을 때도 자리를 깔지 않았다. 이런 일화도 있다. 병사 한 명이 종기로 고통스러워하자 오기가 입으로 고름을 짜주었다. 그런데 이 소식을 들은 병사의 어머니가 털썩 주저앉으며 하염없이 눈물을 흘렸다. 옆에 있던 사람이 장군이 아들에게 한 행동이 얼마나 큰 영광인데 우느냐고 물었다. 어머니는 왜 우는지 말해주었다.

"장군님이 예전에도 아들에게 했던 것처럼 남편의 종기 고름을 입으로 짜주셨지요. 전쟁에 나갔을 때 남편은 장군님께 보답한다고 앞장서서 열심히 싸우다가 죽었어요. 똑같은 일이 벌어졌으니 아들이 앞으로 어떻게 되겠어요."

오기는 유명한 군사 전략가이자 정치가로 노(魯)나라에서 일할 때 전승을 했고, 위(魏)나라에서도 많은 승리를 거두었다. 후에 초(楚)나라를 군사 강국으로 만드는 업적을 세웠다. 군사적 역량이 뛰어났음을 부인할 수 없는 혁혁한 전과를 올렸지만, 그의 진정한 능력은 사병들의 마음을 움직이는 것이었다. 특권 의식을 버리고 일반 사병들과 같이 생활하고, 고름을 입으로 짜줄 정도였으니 그들이 생사를 같이한 것은 당연한 일이었다. 지휘관과 일반 병사가 하나가 될 때 전투력은 최강이 되어 지극히 불리한 싸움에서도 승리하게 된다.

인심의 향배는 성공을 결정짓는 중요한 요소가 된다. 항우는 용맹했지만 수하와 하나가 되지 못했기 때문에 결국 오강에서 자살을 할 수밖에 없었다. 유비는 싸움에서 지면 질질 눈물을 짜는 인물이었지만 인심을 얻어 천하의 삼분의 일을 차지하는 황제가 되었다. 당 태종은 과거제도를 시행해 인재들을 얻었지만, 유비는《손자병법》을 완전히 숙지하여 심리 전술로 승리를 거두었다.

성공을 꿈꾸는 사람이라면 심리전을 이해하여 주위 사람들이 생사를 같이하며 '충성과 의리'를 다 하게 하도록 노력해야 한다. 유비가 '울보' 노릇을 하여 천하를 얻었다는 것은 겉으로 드러난 모습일 뿐이다. 사실 그는 타인의 심리에 정통한 무서운 인물이었다.

희망을 파는 방법을 배워라

희망은 인간 생존의 전제로 매우 중요하다. 희망을 품지 않는 사람은 미래를 생각하지 못하고, 심하면 생명을 포기하기도 한다. 《손자병법》은 군대에서 상하가 일심동체로 희망을 품고 있으면 승리한다(上下同欲者勝)고 했다.

《리더십》이라는 책에 '리더는 희망을 파는 상인'이라는 말이 나온다. 리더는 사람들에게 희망을 주어야 한다는 뜻인데, 희망이 없으면 사람들은 의욕을 상실하여 어떤 일에도 최선을 다할 수 없기 때문이다. 일반적으로 처음 사회에 발을 딛고 조직에 들어가는 사람이라면 누구나 희망이나 포부를 갖고 있다. 조직의 리더는 구성원들을 위해 꿈을 만드는 사람이다.

버락 오바마 대통령은 취임사에서 이렇게 말했다.

"우리는 미래의 희망입니다. 다시 이상적인 세계를 만들어야 합니다. 저를 믿어주십시오. 저는 한 사람을 구할 수 있을 뿐만 아니라 국가도 구할 수 있습니다. 이뿐만이 아닙니다. 우리가 손을 잡고 찬송가를 부를 때 신은 미국의 모든 상처를 치유해주고, 이 시대를 전례 없이 아름답게 변화시켜 줄 것입니다."

오바마가 대통령이 될 수 있었던 많은 요인 가운데 희망이야말로 가장 중요한 요인이었다. 그는 미국 국민에게 자신의 이념을 피력했고, 아름다운 비전을 던져주며 격려했다. 오바마에게서 희망을 발견한 국민은 지지표로 답례했다. 경선 과정에서 그가 받은 헌금은 대부분 일반 국민에게 나온 것이었다. 대다수가 1천 달러 미만을 헌금으로 냈다는 사실에서 그의 지지 기반이 중산층 이하임을 알 수 있다. 오바마의 성공은 희망을 판매한 결과였다.

희망을 판다는 말은 자신의 생각이 공감을 사고, 자신의 행동이 타인에게도 도움이 된다는 사실을 인정받아 지지를 이끌어낸다는 뜻이다. 리더, 혹은 평범한 사람들이라도 자신의 생각을 인정받으려면 사람들에게 희망을 보여주어야 한다.

또한 희망을 판다는 말은 타인들에게 심리적 암시를 주는 행동을 한다는 뜻이다. 《손자병법》의 '상하가 일체가 되어 같은 바람을 가지면 승리할 수 있다(上下同欲者胜)'는 말은 사실상 자신의 희망을 파는 것, 즉 자신의 비전을 타인이 공감하고, 그 속에서 희망을 발견하도록 하여 지지를 이끌어낸다는 의미이다.

중국 네이멍구(內蒙古)의 유제품 회사 멍뉴(蒙牛) 그룹이 후허하오터(呼和浩特)라는 곳에 생산 공장을 지을 때의 일이다. 황량한 허허벌판에서 착공식을 하게 된 뉴건성(牛根生) 사장은 이렇게 말했다.

"형제 여러분, 열심히 일하십시오. 몇 년 후 이곳에 현대적인 우유 생산

공장이 들어서고, 공장 옆으로는 고속도로가 지나갈 것입니다."

직원들은 희망을 품게 되었고, 몇 년 후 명뉴 그룹은 굴지의 유제품 생산 기업으로 성장했다.

희망은 비전이다. 비전은 호소력이 있는 목표이고, 사람들을 끌어들이는 힘을 갖고 있다. 비전은 모호함이 있긴 하지만 희망을 내포하고 있기 때문에 사람들을 설득하고 동원할 수 있는 에너지를 갖고 있다. 만일 당신이 희망이나 비전을 제시한다면 사람들은 당신을 위해 일하고, 함께 분투하게 된다.

미국의 사회학자 마리 파크 플레이트는 이렇게 말했다.

"가장 성공적인 리더는 지금의 현실이 어떻게 변화할 것인지 예측할 수 있는 사람이다. 쉽게 말해 현재 형성되고 있지만 눈에 보이지 않는 변화의 단서를 볼 수 있는 능력이 있어야 한다는 것이다. 리더에게 가장 중요한 것은 대중의 소망과 행동에서 비롯된 공동의 목표를 모든 사람이 감지하도록 하는 것이다."

손자가 "백성과 장수가 뜻을 같이해야 한다(令民与上同意也)"라고 한 말은 백성이 장수의 목표를 인정하고, 공유해야 한다는 뜻이다. 그러려면 먼저 사람들에게 희망을 보여주어야 한다. 사람에게 희망은 생명수와도 같이 중요한 것이므로 당연히 심리적으로 큰 영향을 끼치게 된다.

심리적 암시라는 현상이 있다. 외부적 요인이나 타인의 소원, 관념, 정서, 판단, 태도 등에 의해 영향을 받는 것인데, 일상생활 속에서 가장 빈번하게 나타나는 심리적 현상이다. 심리적 암시를 하는 주체인 사람이나 환경이 아주 자연스러운 방식으로 개인에게 정보를 방출하기 때문에 무의식적으로 수용하여 반응한다. 희망을 판다는 의미는 실제로는 심리적 암시를 하는 것이다.

닥터 에드워드는 암 전문 의사로 주로 말기 암 환자들을 돌봤다. 한번은 61세의 심각한 후두암 환자를 맡게 되었다. 환자는 암세포가 거의 몸 전체로 퍼져서 체중이 급감했고, 통증 때문에 식사도 거의 하지 못했다. 에드워드는 환자에게 자신이 최선을 다하겠으니 함께 병마와 싸우자고 격려를 하면서 병의 진행 상태와 치료 방법을 솔직하게 알려주었다. 환자가 자신의 상태를 확실히 앎으로써 불안감을 떨치고 의료진에 협력하기를 원했던 것이다. 의사로부터 희망적인 말을 들은 환자는 긍정적인 태도로 치료에 임하여 결국 암을 극복했다.

사실 에드워드가 주력했던 것은 심리 요법이었다. 환자에게 최선을 다하겠다는 말을 해줌으로써 희망을 주고, 의사가 포기하지 않는다는 결의를 보여주어 함께 완치를 위해 노력하자는 목표를 설정한 것이다. 그 결과는 말기 암을 이겨내는 기적적인 효과로 나타났다.

에드워드는 환자들에게 항상 이렇게 말한다고 한다.

"당신은 당신의 생명에 아주 큰 권능을 갖고 있습니다. 상상보다 훨씬 막강하죠. 암과 같이 끔찍한 병도 당신의 수중에 달려 있습니다."

그는 환자들에게 희망을 줌으로써 자신의 치료에 협조하도록 하고, 궁극적으로 좋은 결과를 이끌어낸다. 만약 당신이 타인의 심리를 조종하고 싶다면 무엇보다도 상대에게 긍정과 희망을 심어주는 것이 중요하다. 상대가 희망의 조짐을 보게 되면 당신의 관점에 동의하고, 함께 전선을 형성하여 싸우게 된다. 이렇게 되면 성공은 당연히 따라온다.

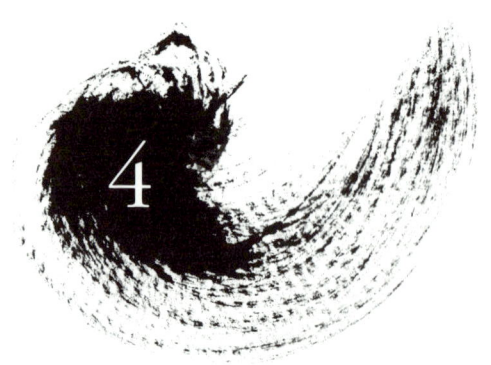

4

적괴의 동침도 불사할 수 있어야 한다

소설 《수호전》의 등장인물인 노준의(盧俊義)는 양산박(梁山泊, 중국 산둥 성 서부의 습지)의 두령으로 외모, 성품, 능력이 모두 뛰어나서 '옥기린(玉麒麟, 옥으로 만든 기린. 흔히 외모와 성품, 능력이 뛰어난 사람을 이르기도 한다)'이라고 불렸다. 그는 원래 베이징의 대부호 출신으로 대단한 영향력을 가졌기에 양산박의 도적이 될 아무런 이유가 없었다. 하지만 송강(宋江)과 오용(吳用)의 교묘한 함정에 빠져 패가망신한 뒤 목숨을 부지하기 위해 양산박의 도적이 되었다. 임충(林沖)이 관의 핍박을 받아 양산박에 합류했다면, 노준의는 '도적의 압박' 때문에 양산박으로 들어갔다.

송강과 오용이 노준의를 양산박으로 끌어들인 이유는 무엇일까? 《수호전》 16회에서 송강은 노준의를 이렇게 묘사했다.

"베이징 성 안에 '옥기린'이라는 별명을 가진 노준의가 있었다. 하북 3절(三絶) 중의 하나인 그는 조상 대대로 베이징에 살았는데 무예가 뛰어났다.

특히 곤봉 실력은 천하에 상대할 자가 없었다. 양산박에 그가 있으면 관군이 쳐들어와도 걱정할 필요가 없다."

송강으로서는 노준의의 명망을 이용하여 협력자로 만들 절박함이 있었던 것이다. 노준의는 양산박의 도적들과는 근본적으로 달랐다. 많은 재산을 가진 그는 상류사회 인사였으므로 모든 것을 버리고 도적이 될 가능성이 전혀 없었다. 그래서 송강은 함정을 파서 그를 자기편으로 만드는 수밖에 없었다.

《손자병법》의 '장수와 병사가 같은 욕망을 가지면 이길 수 있다(上下同欲者勝)'는 승리의 법칙에서 가장 기본이 되는 것은 자신이 능력을 갖추는 것 이외에도 주위로부터 도움을 받아야 한다는 점이다. 그렇지만 사람들의 도움을 받을 수 있는 경우는 많지 않고, 자신을 꼭 도와주었으면 하는 사람이 반대편에 있는 경우가 허다하다.

노준의와 송강은 사회적으로 양극적인 위치였지만 송강은 노준의의 도움이 절실했다. 그래서 오용은 《손자병법》의 심리학을 응용해서 송강에게 묘안을 알려주었다. 그것은 바로 상대를 함정에 빠뜨려 자신의 편으로 끌어들이는 것("給他下個套兒", 讓他成爲自己的同盟者)이었다. 이 계획이 성공하여 노준의는 송강과 공동의 목표를 위해 싸우는 동맹자가 되었다. 공동의 목표는 다름 아닌 조정에 반기를 들고 싸우는 것이었다.

《수호전》에는 노준의를 포섭한 것과 같이 함정을 파서 한편으로 만드는 방법이 많이 등장한다. 현실에서도 이런 방법으로 주위의 지지와 도움을 받아 성공한 인물들이 적지 않다. 상대를 자신의 편으로 만들어 협조하게 하고, 더 나아가 목적에 기여하게 만드는 것이다.

미국인 엘리슨은 전력기기 회사의 세일즈맨으로서 뛰어난 영업력을 발휘했다. 그런데 한번은 제품을 팔러 간 회사의 선임 엔지니어인 스펜서라는 사람에게서 생각지 못한 수모를 당했다. 스펜서가 대뜸 "나는 당신이 파는 제품을 살 마음이 전혀 없소. 먼저 산 제품도 불량으로 판정되었으니 환불해주시오. 만약 나를 설득할 수 있다면 해보시오"라고 하는 것이었다. 스펜서가 기분이 상했던 이유는 엘리슨이 팔았던 기기의 발열 정도가 정상치를 넘어섰기 때문이었다. 엘리슨이 제품을 회수하여 검사를 해보니 제품은 정상이었다. 하지만 스펜서의 검사가 틀렸다고 말하면 다시 거래를 하기가 어려울 것이라고 생각한 엘리슨은 "검사를 해보니 박사님 말씀대로 기기가 과열 상태를 보였습니다. 만약 새 기기도 열이 잘 나면 저희 제품을 사지 않으셔도 됩니다. 그렇게 해보시겠습니까?"라고 말했다. 스펜서는 망설이지 않고 새 제품을 시험해보겠다고 했다. 엘리슨이 다시 물었다.

"기기는 당연히 열을 발산하기 마련입니다. 발열 정도가 표준을 넘지만 않으면 되죠?"

스펜서는 과열만 되지 않으면 된다고 대답했다. 엘리슨이 또 물었다.

"기준에 따르면 기기의 온도가 실온인 화씨 72도보다 높아도 되죠?"

스펜서가 대답했다.

"그렇죠. 하지만 당신 회사의 기기는 기준보다 훨씬 높아서 손으로 만질 수가 없어요!"

엘리슨이 "공장의 온도가 얼마나 되지요?"라고 묻자 스펜서는 "화씨 75도 정도 됩니다"라고 대답했다. 그러자 엘리슨이 물었다.

"공장의 온도가 75도이고, 기기의 열이 72도이면 합쳐서 140도가 넘습니다. 만약 박사님의 손이 140도가 넘는 뜨거운 물에 들어가면 데겠지요?"

스펜서는 그제야 자신이 엘리슨의 함정에 빠졌음을 알아차렸지만 어쩔 수 없이 머리를 끄덕거렸다. 엘리슨은 의기양양하게 한마디 했다.

"앞으로는 손으로 기기를 만지지 마십시오. 그렇지 않으면 화상을 입습니다. 안심하십시오. 기기의 발열 정도는 절대로 기준을 초과하지 않습니다."

엘리슨은 교묘하게 스펜서를 자신이 놓은 덫에 걸리게 하여 부지불식간에 자신의 관점에 동의하게 만들었다. 결국 스펜서는 제품을 반환하지도 못하고 새로운 기기를 사게 되었다.

엘리슨의 방법은 오용이 노준의를 양산박으로 포섭한 방법과는 다르다. 하지만 상대를 서서히 자신의 입장과 생각으로 끌어들임으로써 거래를 성사시켰다. 이런 방식은 고도의 심리 조종술이라 할 수 있다.

타인의 심리를 자신의 의도대로 움직이기 위해서는 말을 억지로 물가로 끌고 와 마시게 해서는 안 된다. 그보다는 《손자병법》에서 말한 것처럼 지혜롭게 계획을 세워 승리해야 한다(上策伐謀). 상대가 자신도 모르게 자원해서 협력자가 되도록 하는 방법이야말로 타인의 마음을 움직이는 상책 중의 상책이다.

제2장

상대를
헷갈리게 하여
이길 수 있다

착각으로 승리하는 심리 전략

포커 게임을 해본 사람은 패의 좋고 나쁨과 상관없이 승부가 나는 경우가 많다는 사실을 잘 알고 있다. 패가 좋지 않더라도 오기로 밀고 나가 이기는 요행도 흔하고, 좋은 패인데도 상대가 눈치 채고 판을 접으면 돈을 따지 못한다. 게임이나 싸움의 내용과 무관하게 승패가 엇갈리는 현실이 비일비재하기 때문에 손자는 '전쟁은 상대를 교묘하게 속이는 행위'라고 했다. 공격 능력이 있으면서도 그렇지 못한 것처럼 위장하고, 어떤 사람을 등용할 작정이면서도 그렇지 않은 척하고, 가까운 곳에서 행동을 취할 예정이면서도 먼 곳에서 움직일 듯이 속이는 것 등이 그러하다. 이 모든 행동을 요약하면, 모든 수단과 방법을 동원하여 상대를 헷갈리게 함으로써 자신의 정체를 드러내지 않는 것이다. 상대를 현혹하는 방법이 승리의 지름길이라는 데는 의심의 여지가 없다.

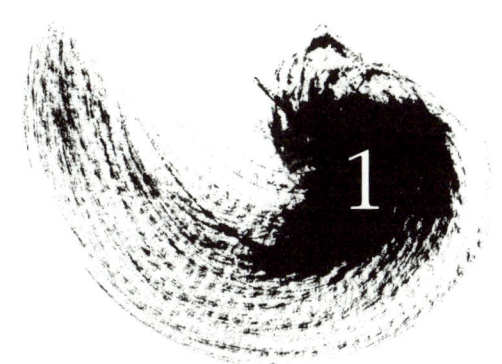

자신을 드러내지 않는 공성계

《삼국지》에 나오는 공성계(空城計)는 다음과 같다.

제갈량이 위나라를 정벌하기 위해 출병시킨 첫 싸움에서 마속(馬謖)이 패배하자 촉나라는 수세에 몰렸다. 사마의(司馬懿)가 지휘하는 위나라의 15만 군대가 쳐들어왔을 때 양평관 성 안에는 제갈량과 전투를 전혀 할 줄 모르는 문관들, 그리고 2,500명의 군졸밖에 없었다. 위기의 순간에 뜻밖에도 제갈량은 깃발과 장막을 거두고 성문을 열어둔 채로 사람들에게 평상시와 똑같이 행동하도록 했다. 그리고 자신은 성 누각 위에서 향을 피워놓고 거문고를 켰다. 멀리서 이 모습을 본 사마의는 속임수라고 판단하여 군사를 후퇴시켰다. 사마의와 제갈량의 첫 번째 교전은 사마의가 빈 성을 보고 놀라 도망감으로써 제갈량이 승리했다.

이후 두 사람은 자신의 책략에 대해 다음과 같이 설명을 했다. 사마의의 둘째 아들 사마소(司馬昭)가 "아버님께서는 성 안에 군대가 없는 것을 알면서도 왜 퇴각을 하셨습니까?"라고 물었을 때 사마의는 이렇게 대답했다.

"제갈량은 평생 모험을 하지 않고 신중하고 조심스럽게 행동했던 사람이다. 그렇기에 성문을 열어놓은 것을 보고 반드시 매복한 군사가 있을 것이라 생각했다. 만약 내가 군사를 이끌고 들어가면 그가 파놓은 함정에 빠질 것이라 확신했던 거지."

제갈량은 사마의가 후퇴한 뒤 부하들에게 자신의 속셈을 말해주었다.

"사마의는 내가 언제나 신중하게 행동하기 때문에 위험을 감행할 사람이 아니라고 생각했을 것이다. 성문이 활짝 열려 있는 것을 보고 군사를 잠복시켰으리라 의심하여 후퇴할 것이라는 내 생각이 딱 들어맞았던 거지. 내가 모험을 한 것이 아니라, 사마의가 의심 때문에 제 꾀에 넘어간 셈이지."

제갈량의 공성계는 심리 전술의 대표적인 사례이다. 그는 사마의의 '의심 많고 변덕스런 성격'을 간파하여 공성계로 위기를 돌파했다. 제갈량의 성공은 우연한 것이 아니라, 실상은 《손자병법》을 연구하여 절묘하게 응용한 결과였다. 〈허실편(虛實篇)〉에 나오는 '적이 모습을 드러나게 하고, 아군의 실력은 철저히 숨겨야 한다(故形人而我无形)'는 원칙이 바로 그것이다. 이렇게 하면 적군이 아군의 실상을 모르기 때문에 공격을 감행하지 못한다.

제갈량이 공성계를 염두에 두었을 때 할 수 있었던 선택은 성을 '포기'하든가 '지키'든가 하는 것이었다. 어느 쪽을 선택하든 간에 사마의가 제갈량에게 군사가 없다는 사실만 알았다면 제갈량은 사로잡혔을 것이다. 하지만 승리의 관건은 제갈량이 사마의보다 더 많은 정보를 알고 있었다는 것이다. 이 밖에도 제갈량은 무장을 해제하고 성문을 열어두는 심리전으로 사마의의 판단력을 흐려트리게 해 후퇴하게 만들었다.

상대가 실체를 노출하게 만들면서 자신의 실력은 감추는 심리 조종술은 큰 효과를 발휘한다. '침묵은 금'이라는 격언에 사람들이 고개를 끄덕이는 이유는 침묵으로 자신의 결점을 감추면 상대가 두려워하기 때문이다.

영국의 외교관 출신으로 중국 세관의 총책임자로 오래 복무했던 로버트 하트는 협상의 대가로 통하는데, 그 비결은 자신이 잘 모르는 현안에 대해서는 최소한 말을 하지 않음으로써 상대에게 '진짜 실력을 감추고 있다'는 착각을 심어주기 때문이다.

송나라가 세워진 지 얼마 되지 않았을 때 남당(南唐) 출신의 대학자 서현(徐鉉)이 궁궐에 들어왔다. 관리들이 그의 명망을 어려워하여 다가가지 않으려 했다. 그런데 송 태조는 일자무식의 군졸에게 서현을 모시도록 했다. 이 군졸은 서현이 박학함을 과시하든, 야단치듯 이야기를 하든, 재미있는 일화를 이야기하든 간에 아무런 반응도 보이지 않으면서 침묵했다. 혼자 떠들다 맥이 빠진 서현은 자신도 모르게 기가 죽었다. 서현의 오만함에 본때를 보여주려던 태조의 의도가 그대로 먹혀든 것이다. 로버트 하트와 송 태조는 자신을 드러내지 않음으로써 상대를 불안하게 만들어 힘을 약화시키는 전략을 익히 아는 인물이었다.

중국 구이저우(貴州)에는 원래 나귀가 없었는데 한 상인이 짐을 나귀에 싣고 왔다가 필요 없게 되자 산에 버리고 갔다. 산중의 왕이었던 호랑이는 노새를 처음 보았을 때 얼마나 힘이 센지 몰랐으므로 공격을 하지 못하고 몰래 숨어서 관찰했다. 시간이 어느 정도 흐른 뒤 호랑이는 덩치가 큰 나귀가 별로 신기하지 않은 놈이란 사실을 알아차리고 다가가서 발길질을 했다. 그런데 뜻밖에도 노새가 호랑이를 뒷다리로 힘껏 차버렸다. 그 순간 호랑이는 노새가 발힘이 세다는 것을 알고 앞으로 가서 덮쳐 잡아먹었다.

　만약 노새가 자신의 본색을 드러내지 않았다면 호랑이는 노새를 두려워하여 쉽게 잡아먹지 못했을 것이다. 하지만 호랑이는 노새에 대한 정확한 정보를 알았기 때문에 잡아먹을 수 있었다.

강경한 이미지로 당신은 무엇을 얻을 수 있을까?

　　　　683년 12월에 당 고종 이치(李治)가 승하하자 태자 이현(李顯)이 제위를 이었다. 어린 나이의 그를 대신해 측천무후는 황태후의 신분으로 수렴청정했다. 하지만 측천무후는 이현이 말을 잘 듣지 않자 폐위시키고 넷째 아들 이단(李旦)을 황제의 자리에 앉힌 뒤 자기 멋대로 정치를 주물렀다.

　측천무후가 권력을 휘두르는 상황에 원로와 중신들은 불만이 컸다. 그러다 개국대신 서무공(徐茂功)의 손자 서경업(徐敬業)이 양주에서 반란을 일으켰다. 측천무후는 30만 대군을 보내 서경업을 진압했고, 그를 지지했던 재상 배염(裴炎)과 대장 정무정(程務挺)도 죽였다.

　반란을 진압한 후에도 조정에 반대자들이 적지 않다는 사실을 알고 측천무후는 신하들을 불러 위협했다.

　"너희 가운데 배염보다 더 강경한 선대의 신하들이 있느냐? 서경업보다 불만이 많은 명문 귀족을 더 잘 규합할 수 있는 자가 있느냐? 정무정보다 더 많은 군사로 싸움을 잘할 수 있는 자가 있느냐? 이들은 강적이었지만 내가 다 죽였다. 너희 중에 그 세 명보다 더 유능한 자가 있느냐?"

측천무후의 정곡을 찌르는 말에 질린 대신들은 유구무언이었다.

측천무후의 책략은 가히 산을 뒤흔들어 호랑이를 놀라게 하는, 깔축없는 직격탄을 날리는 것이었다. 스스로 강경한 이미지를 연출하고 기세를 올림으로써 숨어 있는 정적의 간담을 서늘하게 하고, 저항할 수 없게 만든 것이다. 무엇보다도 본격적으로 충돌하기 전에 상대에게 싸움의 유불리를 알려주어 알아서 물러서게 했다는 점에서 뛰어난 전략이었다.

《손자병법》에서는 '병법은 궤사(詭詐, 간교하게 남을 속이는 것)이다. 그러므로 할 수 있는 일을 할 수 없는 것처럼 속이고, 해야 할 일도 할 줄 모르는 척 위장해야 한다(兵者, 詭道也. 故能而示之不能, 用而示之不用)'라고 했다.

측천무후는 기본적으로 자신에게 불만을 품은 대신들을 모두 죽일 생각은 없었다. 그들을 다 죽이면 천하를 다스리는 데 도와줄 인재가 없고, 여자의 몸으로 황제가 될 수도 없었기 때문이다. 그렇다고 반대 세력이 자신의 명령을 듣지 않는 것도 곤란하므로 유일하게 써먹을 방법은 협박이었다. 신하들은 강경한 측천무후의 태도에서 불만을 토로했다가는 목숨을 부지할 수 없다는 착각을 했다. 측천무후의 대응책은 무력을 전혀 동원하지 않고 몇 마디 말로 대신들을 떨게 했다는 점에서 일류 중의 일류라 할 수 있다. 불리한 상황에서 강경한 이미지를 만들어 상대가 제대로 대처하지 못하게 하면 주도적으로 상황을 컨트롤할 수 있다.

미국인 사업가 아일리스는 자금난에 시달리게 되자 대출을 받으려 했다.

하지만 은행에서는 경영 상태가 좋지 않다며 거절했다. 아일리스는 지금의 위기만 넘기면 예전처럼 회사가 좋아질 것이라 확신했으므로 은행을 설득하기 위해 백방으로 노력했다. 읍소는 물론이고 구걸로 보일 정도로 매달렸지만, 은행에서는 대출을 해주지 않았다.

어떤 방법도 통하지 않자 고민을 하던 아일리스는 색다른 아이디어를 떠올렸다. 그동안 거래를 하면서 은행이 저질렀던 업무상의 실수를 정리하여 통고한 것이다. 은행 측에서는 당황해서 사과 전화를 했다. 하지만 아일리스는 사과를 받는 것과는 별도로 과거에 은행이 수속을 늦게 하는 바람에 해외 구매에서 손해를 입었다며 소송을 제기하겠다고 으름장을 놓았다. 이 일은 은행 직원이 그의 계좌에 넣어야 할 돈을 다른 회사의 계좌에 넣는 바람에 차질을 빚었던 것이다. 아일리스는 은행 측에 확실한 사실 규명과 해결 방법을 제시하라고 요구했다. 지점장은 아일리스의 강력한 항의로 은행이 타격을 입을까 안절부절못했다.

2주 후 지점장이 아일리스에게 전화를 했다. 그는 아일리스가 심한 욕을 하더라도 참아야 한다고 마음을 다잡고 있었다. 그런데 뜻밖에도 아일리스는 자신이 항의했던 사안에 대해서는 입도 뻥긋하지 않으면서 상냥한 말투로 물었다.

"2년 이상의 대출은 어떻게 계산을 해야 합니까?"

아일리스의 부드러운 태도에 안도한 지점장은 이자 계산과 대출 조건 등을 자세히 설명해주었다.

"대출 조건이 저에게 유리하다고 할 수 있습니까?"라고 아일리스가 묻자, 지점장은 "물론이죠! 제가 아는 한 가장 좋은 조건으로 대출해 드리는 겁니다"라고 대답했다. 지점장의 목소리는 겁에 질린 기색이 역력했다. 이 무서운 고객의 비위를 조금이라도 건드리면 안 된다는 두려움이 목소리에 고스란히 드러난 것이다. 아일리스는 더 이상 불만을 이야기하지 않았고, 지점장은 지금까지와는 달리 순순히 그의 요구를 그대로 들어주었다.

'집 부수기 효과'라는 심리학 용어가 있다. 당신이 집에 창문을 내려는데 반대에 부딪쳤을 때 한 술 더 떠서 집을 부수겠다고 하면 반대했던 사람이 물러선다는 의미이다. 아일리스는 애초에 대출받을 생각, 다시 말해 창문을 내려는 생각만 했다. 하지만 은행에서 거절했기 때문에 아일리스는 집을 철거라도 할 듯이 과격한 기세로 나갔다. 아일리스의 행동은 허장성세에 가까웠다. 소송을 해서 은행의 신용과 명예에 타격을 주겠다는 거짓 위협을 가함으로써 강한 인상을 심어준 것이다. 그다음 행보는 부드러운 태도를 보임으로써 은행이 기꺼이 대출을 해주도록 유도했다.

상대에게 강경한 인상을 심어주어 이익을 얻는 경우는 현실적으로 허다하다. 예화에서 보았듯이 측천무후나 아일리스는 자신과 어긋나는 사람들에게 위압적으로 행동하여 이성을 잃게 했다. 그리고 겁에 질린 상대에게 자신의 목적을 관철한 것은 바로《손자병법》에서 말하는 '기만술'이다. 불리한 입장에 처했지만 상대가 아직 나를 파악하지 못했을 때 강자처럼 행동하여 속일 수 있다면 예상치 못한 유리한 결과를 얻을 수 있다. 한 마디로 상대가 겁에 질려 이성을 잃게 하여 자신의 목적을 달성하는 것이다.

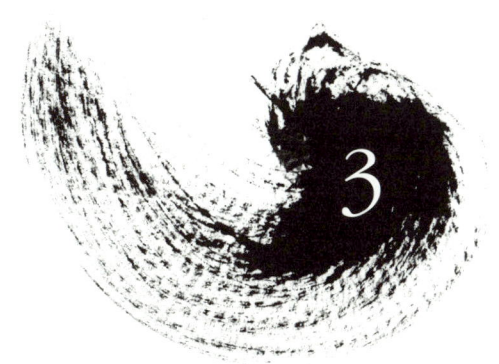

때로는 주도권을 양보하는 편이 훨씬 유리하다

주도권을 내준다는 의미는 스스로 약자임을 자처하여 상대의 위협이 효과를 발휘하지 못하게 하는 것이다. 이렇게 하면 대화나 거래에서 자신의 위치를 강화할 수 있다.

상사인 당신에게 부하가 월급 인상을 요구하는 상황을 가정해보자. 이 부하는 자신이 당신에게 매우 긴요한 사람이라는 사실을 잘 알고 있다. 더군다나 당신이 부하가 다른 직장으로 가면 회사의 손실이 크다고 생각하는 것을 꿰뚫고 있다. 따라서 당신은 부하와의 관계에서 수동적인 입장이 될 수밖에 없다. 이때 당신은 부하에게 대우 문제는 자신의 소관이 아니라 사장이나 인사부에서 결정할 일이라 말하면 된다. 부하는 사장이나 인사부와 직접 이야기를 하면 당신에게 하듯이 자신의 주장을 강력하게 펼 수 없다는 사실을 잘 알고 있다. 또한 부하는 그들이 당신처럼 자신의 유능함을 확실히 알지 못하기 때문에 설득력이 크지 않고, 요구를 들어주지 않을 경우 이직하겠다고 해도 별로 아쉬워하지 않는다는 현실도 잘 알고 있다. 여러 가지 경우의 수를 계산한 부하는 눈물을 머금고 월급 인상 요구를 포기할 것이다.

《손자병법》은 '겸손한 언행으로 적을 대하면 적은 공격할 채비를 하지만, 강경한 어조로 나가면 후퇴할 준비를 한다(辭卑而備者, 進也; 辭强而進驅者, 退也)'라고 했다.

부하 직원이 월급 인상을 요구할 때는 자신의 중요성을 알고 적극적으로 공격 자세를 취한 것이므로 상사는 거절할 이유가 없으면 일단 요구를 들어줄 수밖에 없다. 그러나 부하의 속셈을 이해하여 자신은 결정권이 없다고 말하면 부하는 강경한 태도를 버리고 물러선다. 실제로《손자병법》에는 상대의 심리를 자신의 의도대로 조종하는 실례가 많이 등장한다. 그 중에서도 주도권을 포기하고 약자임을 자처함으로써 상대를 움직이거나 제압하는 경우가 적지 않다.

소비에트 연방이 해체되기 전 구소련이 노르웨이와 날치 수입 문제로 장기간 협상을 한 적이 있다. 노르웨이에서 높은 가격을 제시하면서 전혀 양보를 하지 않아 협상이 타결되지 않았던 것이다. 그런데 구소련의 전권무역대표가 콜론타이로 바뀌면서 협상이 성공적으로 마무리되었다. 그녀는 노르웨이 대표에게 이렇게 말했다.

"저는 노르웨이가 제시한 가격에 동의합니다. 우리 정부가 이 가격에 동의하지 않는다면 제 월급으로 차액을 지불하겠습니다. 하지만 일시불로 낼 능력이 없습니다. 아마도 평생에 걸쳐 분할 지불해야 할 겁니다."

'정부가 이 가격에 동의하지 않는다면'이란 말은 협상의 주도권을 포기한다는 의미이다. 자신은 가격 결정권을 가지고 있지 않고, 정부에서도 협의를 승인할 수 없다는 사실을 에둘러 표현한 것인데, 노르웨이는 콜론타이를 더 이상 설득할 수 없다는 판단을 하고는 가격을 양보했다.

상대와 모종의 협상을 해야 할 때 자신은 결정권이 없다고 엄살을 부리는 것은 거절에 대한 그럴듯한 핑계가 된다. 예를 들어 대학에서 학생들이 시험공부를 충분히 하지 못해 과락을 할 것 같으면 교수에게 시험을 연기해달라고 한다. 교수는 당연히 학생들의 요구를 들어주면 안 된다고 생각한다. 한 학생에게 그런 특혜를 주면 제2, 제3의 학생이 똑같은 요구를 하기 때문이다. 그렇다고 인정사정없이 거절해서 학생들의 원망을 사는 것도 껄끄럽기는 마찬가지이다. 이럴 때 가장 좋은 방법은 학교 규정상 교수가 시험 기간을 마음대로 조절할 수 있는 권한이 없다는 사실을 학생들에게 주지시키는 것이다. 그리고 최대한 부드러운 어조로 "사정을 봐주고 싶지만 학교 규정 때문에 나는 어쩔 도리가 없네"라고 말하는 것이 좋다.

자신이 능력이 부족하여 주도권이 없다고 말하는 것은 스스로 수동적인 입장임을 드러내는 것 같지만, 사실은 그렇지 않다. 자신이 사실상 유리한 고지를 점하고 있음에도 상대에게 겸손하고 낮은 자세로 나가면 전세는 역전된다. 상대를 자신의 뜻대로 조종할 수 없다고 생각하면 유리한 입장도 별로 소용이 없기 때문이다.

인간은 본능적으로 유리하고 능동적인 위치를 점하려고 한다. 어떤 일을 할 때 항상 자신의 의도대로 끌고 나가려는 것은 이런 심리의 발로이다. 하지만 혼자서 하는 일이 아니라면 한쪽이 주도하고, 다른 한쪽은 끌려가는 형국이 되고 만다. 소극적으로 상대에게 좌지우지되는 사람이라면《손자병법》의 심리전을 응용하는 것이 좋다. 후퇴하는 척하면서 진공하는 방법으로, 곤란한 문제는 상대가 해결하도록 유도하여 힘을 약화시키는 것이다.

주도권을 상대에게 넘겨주어 문제를 해결한 좋은 예가 있다. 고대 영국에서는 해적의 협박에 못 이겨 물질적 도움을 주는 국민은 처벌한다는 법률을 제정했다. 해안 지역의 사람들은 해적에게 절대로 돈이나 재물을 줄 수 없다고 하면 죽음을 면하기 어렵다. 하지만 주민들이 이 법률을 해적에게 설명하면서 돕고 싶어도 도울 수 없다고 하면 아무리 잔인한 해적이라도 쉽사리 죽이지 못했다.

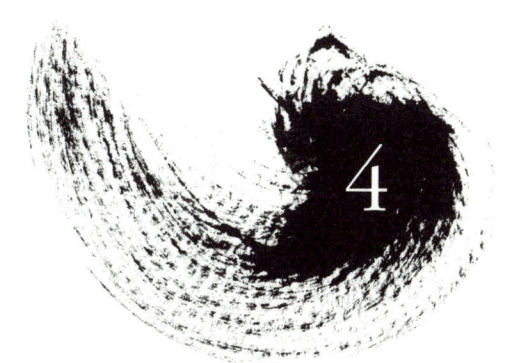

완강하게 타협을 거절하면 상대는 타협에 응한다

동한(후한이라고도 함) 초기에 광무제가 고평에서 위력을 떨쳤던 외효(隗嚻)의 잔당인 고준(高峻)을 정벌하려 했으나 여의치 않았다. 광무제는 대장 구순(寇恂)에게 칙서를 가지고 가서 항복을 받아오라고 했다. 고준은 황보문(皇甫文)에게 구순을 맞이하게 했다. 황보문은 오만한 태도에 언동도 불순했다. 그 모습에 화가 난 구순이 황보문을 죽이라고 명령하자 장수들이 말렸다.

"고준은 용감한 군사를 수만 명이나 거느리고 있고, 섬서 지역을 몇 년 동안이나 점령하고 있습니다. 고준이 얼마 후면 항복을 할 터인데 황보문을 죽이는 것은 적절치 않습니다."

하지만 구순의 생각은 달랐다. 고준은 변덕이 심한 성격이어서 한나라에 항복했다가 다시 반란을 일으킨 전력이 있으므로 지금 타협을 했다가는 기만 살려주어서 언제 또 배반을 할지 몰랐기 때문이다. 그래서 구순은 부하들의 의견을 무시하고 황보문을 죽인 뒤 부사에게 자신의 의중을 전하도록 했다.

"황보문이 무례하게 굴어 죽였다. 항복을 하지 않으려면 싸움을 할 준비나 하도록 해라!"

고준은 겁에 질려 성문을 열고 항복했다. 부하들이 구순에게 물었다.

"고준은 왜 황보문을 죽였다는 보고를 듣자마자 항복했습니까?"

구순은 고준의 속내를 꿰뚫고 있는 것처럼 대답했다.

"황보문은 고준의 심복이다. 모든 전략과 전술은 황보문에게서 나온 것인데, 그의 강경한 말투를 보니 투항할 의사가 없어 보였다. 황보문을 그대로 놔둔다면 간교한 계략이 틀림없이 성공했을 것이다. 그를 죽이니 고준은 놀라서 간이 쪼그라들었다. 그래서 어쩔 수 없이 항복을 한 것이다."

황보문이 타협을 할 의사가 없이 오만하게 행동한 것은 고평 성내에 있는 정예군 수만 명을 믿었기 때문이다. 게다가 한나라 군사가 몇 년 동안이나 공격에 성공하지 못한 상태에서 항복을 요구하자 고준과 황보문은 광무제가 전투를 벌일 요량이 아니라 판단했다. 그런데 예상치 못하게 구순이 황보문을 죽이자 고준은 순순히 투항하지 않으면 목숨을 부지하기 어렵다는 위기의식을 느꼈다. 머리가 좋은 고준은 구순이 황보문을 죽인 것이 자신에 대한 간접적인 위협임을 단번에 눈치 채고 항복을 한 것이다.

팽팽하게 대치하는 관계에서 한쪽이 강경하게 타협을 거부하면 상대는 타협을 선택하는 경우가 많다.

《손자병법》의 〈모공편(謀攻篇)〉에는 이런 대목이 나온다.

군사를 잘 활용하는 장령이 성을 공격하여 점령하는 비결은 아군 800명을 희생하는 대가를 치러 적군 1,000명을 죽이는 것이다. 적을 격파하는 계책이란 뜻의 '벌모(伐謀)'는 심리 전술을 의미한다. 정말로 뛰어난 벌모는 적의 심리를 철저히 파악하여 군사를 전혀 희생하지 않으면서 적을 궤멸시키는 것이다.

("故善用兵者, 屈人之兵而非战也, 拔人之城而非功也." 善于用兵的将领, 攻城略地, 取腥千里并不是靠的短兵相接, 以自伤八百的代價杀敌一千, 而是 "上策伐謀". 所謂 "伐謀" 实际上就指心理戰術, 不费一兵一卒将对手击败.)

구순은 이런 면에서 심리전의 고수였다. 그는 고준이 결정을 번복하는 기복이 심하고 변덕스런 인물인데다 '약자에 강하고 강자에 약한' 전형적인 소인배임을 알고 있었다. 그래서 자신이 나약하게 타협적인 자세로 나가면 고준이 끝까지 대항할 것이라 예상했다. 하지만 그의 심복인 황보문을 죽이면 사지가 잘린 듯 겁을 먹고 투항할 것이 뻔했다. 구순의 예상은 적중했고, 고준은 강경한 태도에서 일변하여 무릎을 꿇고 말았다.

전쟁이 아니더라도 상대를 협박하여 굴복시키는 일은 다반사로 일어난다. 경제학자 제임스 밀러는 저서 《비즈니스는 게임이다》에서 위협이 일상에서 어떻게 작용하는지 설명하고 있다. 제임스 밀러가 대학생일 때 한 초등학교에서 컴퓨터 프로그램을 가르치는 아르바이트를 하게 되었다. 학생을 가르친 경험이 없었던 그는 실수를 했다. 학생들을 친구처럼 여긴 그는 자신을 '밀러 선생님'이 아니라 '짐'이라 부르라고 했던 것이다. 어린 학생들은 제임스 밀러가 친근하게 다가서려는 마음을 무시하고 수업 시간에 말을 듣지 않고 장난만 쳤다. 시간이 어느 정도 흐른 뒤 밀러는 학생들이 자신을 무서워하지 않지만 부모에게 학습 태도가 좋지 않다는 전화를 하면 무서워한다는 사실을 알았다. 그래서 밀러는 말을 듣지 않는 학생에게 이렇게 말했다.

"또 이렇게 말을 듣지 않으면 부모님께 전화할 거다."

경고를 들은 학생들은 대부분 밀러의 말을 잘 들었다.

위협이 '싸우지 않고 적을 굴복시키는' 효과를 갖는 이유는, 상대가 위협이 단순한 으름장에 그치지 않고 현실로 나타날 수 있다고 믿고 굴복하기 때문이다. 예를 들어 구순이 황보문을 죽였을 때 고준은 그 심각성을 알아차렸다. 다시 말해, 구순의 위협이 효과를 볼 수 있었던 것은 고준이 여러 채널로 구순의 성격을 분석한 뒤 눈치 빠르게 항복을 했기 때문이다. 게임 이론에 의하면 위협을 하는 측에서 상대에게 협력을 요구할 때는 반드시 '신뢰도'를 갖춰야 한다. 즉, 상대가 위협이 실제로 행동화될 수 있다고 믿을 때 때 협력의 가능성이 커진다는 것이다. 반대로, 위협에 대한 믿음이 적을수록 협력할 가능성은 작아진다. 강도가 조악한 플라스틱 총을 들이댈 때 돈을 내놓을 사람은 거의 없다. 하지만 강도가 진짜 총으로 협박을 하면 대부분의 사람은 벌벌 떨며 돈을 내놓는다. 돈보다는 생명이 훨씬 중요하기 때문이다.

협상이나 싸움이 교착상태에 빠졌을 때 당사자들은 타협을 했을 경우와 그렇지 않을 경우를 심각히 고려한다. 만약 한쪽이 완전히 타협을 거절하면 다른 한쪽은 자신이 강경하게 나가면 정면으로 충돌하여 모두 큰 피해를 볼 것이라 계산해서 타협책을 모색하게 된다.

《손자병법》에서 '군사로 싸우는 전투는 하책(功城为下)'이라고 했다. 군사를 동원하여 적을 공격하는 것은 수준이 낮은 책략이란 뜻이다. 가장 좋은 전략은 심리전으로 적의 기를 꺾어 굴복시키는 것이다. 강경하거나 허세를 부리는 상대에게 먼저 더 과격하게 나가면 상대는 겁을 먹고 타협적인 자세를 보이게 된다.

손빈의 위장과 방연의 죽음

전국시대에 손빈(孫臏)과 방연(龐涓)은 귀곡자(鬼谷子, 초나라 출신의 종횡가에 속하는 사상가)의 문하에서 함께 수학했다. 몇 년이 흐른 뒤 산에서 내려와 위나라로 돌아간 방연은 왕에게 인정받아 군의 최고 책임자가 되었다. 그리고 몇 년 뒤 손빈도 산에서 내려와 실력을 인정받을 자리를 찾았다. 방연은 자신이 손빈보다 뛰어나지 않다는 사실을 잘 알고 있었다. 게다가 손빈은 할아버지 손무가 전해준 병법 13편을 가지고 있었으므로 자기편으로 끌어들여야 한다는 생각에 위나라로 오라고 권했다.

위나라에 온 손빈은 짧은 시간 내에 왕의 총애를 받았다. 방연은 질투심과 열등감에 시달리다가 결국 손빈을 모함하여 감옥에 가두고, 그것도 성에 차지 않아 두 다리의 연골을 자르는 월형(刖刑)에 처한 뒤 돼지우리에 처넣는 악행을 저질렀다. 손빈은 뒤늦게 방연에게 당했다는 사실을 깨닫고 돼지처럼 기어 다니고, 돼지 똥을 먹으면서 미친 척했다.

손빈이 미친 척했던 이유는 살아남기 위해서였다. 다른 방법으로 살아남을 수도 있었다. 방연에게 목숨을 구걸하거나, 그가 원하는 《손자병법》을 주고 풀려날 수 있었다. 하지만 손빈이 그러지 않았던 까닭은 목숨을 보전하는 제일 좋은 방법은 자신이 더 이상 적수가 아니라고 속여서 경계심을 없애는 것이었기 때문이다. 《손자병법》의 12가지 속임수 가운데 하나가 능력이 있으면서도 무능한 척 위장하는 것이다(能而示之不能, 用而示之不用). 손빈은 더 나아가 미친 척함으로써 방연이 자신을 위협적인 존재로 생각하지 않도록 했다. 방연의 경계심을 푼 손빈은 기회를 틈타 탈주했다.

제나라로 도망간 손빈은 재상 전기(田忌)와 왕의 신뢰를 얻게 되었다. 왕이 군사에 정통한 손빈을 주장(主將)으로 삼으려 하자 그는 장애가 있는 자신이 장군이 되면 적이 비웃을 것이라며 전기를 추천했다. 왕은 전기를 장수로, 손빈을 비공개적으로 군사(軍師)에 임명하여 막후에서 전기를 돕도록 했다. 손빈이 군사가 된 사실을 공개하지 않은 이유는 그가 제나라에 있다는 사실을 방연에게 숨기기 위해서였다.

얼마 후 방연이 위나라 대군을 거느리고 제나라의 동맹국인 조나라를 공격하여 수도인 한단을 점령했다. 조나라가 지원을 요청하자 손빈은 위나라를 공격하여 조나라가 위기에서 벗어나게 했다. 또한 방연이 회군할 때 위의 군사 2만여 명을 살상하는 개가를 올렸다. 크게 패한 방연은 그제야 제나라 군대를 지휘한 사람이 손빈이라는 사실을 알고 깜짝 놀랐다.

후일 방연의 침략을 받은 한(韓)나라는 제나라에 구원을 청했다. 손빈은 예전처럼 전기와 함께 대군을 거느리고 위나라의 수도인 대량을 공격할 준비를 했다. 이 소식을 들은 방연은 격노하여 손빈이 교활하다고 욕을 하면서 결사적으로 싸우기로 작정했다. 방연이 출동했다는 정보를 듣고 전투 준비를 하는 전기에게 손빈은 이번에는 정면 승부를 피해야 한다고 조언했다. 전기가 과거에 쉽게 승리했던 전법을 왜 포기하느냐고 묻자 손빈은 이렇게 대답했다.

"이번에는 다릅니다. 방연이 분기탱천해서 싸울 태세이니 정면으로 싸우면 우리 군이 이긴다 해도 피해가 너무 큽니다."

뒤이어 손빈이 전략을 설명해주자 전기는 연신 머리를 끄덕거리며 찬사를 아끼지 않았다.

방연이 군대를 이끌고 대량으로 와서 보니 제나라 군대가 이미 돌아간 뒤였다. 두 번이나 손빈에게 우롱을 당하자 분을 참지 못한 방연은 죽기 살기로 싸워야겠다며 제나라 군대를 추격했다. 추격에 앞서 방연은 염탐꾼을 보내 제나라 군영에서 사용한 솥 자국을 세어 군사 규모를 계산하라고 했다. 그런데 솥 자국이 10만여 개에 달한다는 보고를 받고 방연은 깜짝 놀랐다. 쉽게 대적할 수 없다고 바짝 긴장을 한 방연이 다음 날 또 염탐꾼을 보내 솥 자국을 살펴보라고 했다. 그러자 솥 자국이 절반으로 줄었다고 했고 방연은 뛸 듯이 기뻐했다.

"제나라 군사가 싸우기가 두려워서 반 정도가 줄행랑을 쳤구나! 추격의 고삐를 늦추지 마라!"

추격한 지 사흘째 되던 날에는 제나라 군대의 솥 자국이 3만 개로 줄었다. 복수심에 불탄 방연은 깊게 생각하지 않고 명령을 내렸다.

"물불을 가리지 말고 추격하여 반드시 손빈을 생포하라!"

무장을 단단히 한 방연은 기병 2만여 명을 거느리고 선봉에 서서 밤낮없이 제나라 군대를 추격했다.

한편, 손빈과 전기는 시간과 지점을 면밀히 검토한 후 마릉도(馬陵道)에 군사를 매복시켰다. 마릉도는 협곡이어서 들어가기는 쉽지만 나오기는 어려운 지역이었다. 손빈은 거목의 수피를 벗겨내 먹으로 '방연은 이곳에서 죽었다'라고 썼다. 그리고는 거목 주위에 사수 5,000명을 배치하고 명령했다.

"나무 밑에서 불길이 올라오면 일제히 활을 쏴라!"

방연이 마릉도에 도착했을 때는 이미 해가 진 뒤였다. 전방의 사병이 협곡의 입구에 나무와 돌더미가 쌓여 길을 막고 있다는 보고를 하자, 방연은 기분이 좋아져 소리쳤다.

"적군이 크게 당황해서 우왕좌왕할 터이니 즉각 추격하라. 빨리 나무와 돌들을 치우고 진군하라!"

말을 마치자마자 방연은 앞장서서 군사들을 이끌고 협곡으로 들어갔다. 서둘러 협곡을 지나던 방연 앞에 홀연 큰 나무 한 그루가 눈에 들어왔는데, 나무에 글 자국이 있는 것 같았다. 하늘에는 달도 뜨지 않아 깜깜한데다 차가운 바람이 불고 산새들이 처량하게 울고 있었다. 방연은 군졸에게 횃불을 들게 하고 직접 나무로 다가가 글자를 보았다. 손빈이 쓴 글임을 알아차린 방연이 놀라서 "당했다!"라고 외치는 순간 징소리가 울리면서 화살이 소나기처럼 쏟아졌다. 손빈의 계략에 빠진 방연은 복수는 무망하고, 도망칠 여유도 없음을 깨닫고 나무 아래서 스스로 목을 베어 자진했다.

손빈의 전략은 방연의 판단력을 흐리게 하는 것이었다. 먼저 솥 자국을 조작하여 제나라 사병들이 도주한 것처럼 위장한, '무능함을 적에게 보여주는' 속임수를 사용했다. 그다음으로는 협곡에 나무와 돌을 쌓아 길을 막고 방연이 제나라 군사들이 허둥대는 것처럼 속였다. 두 번의 계략으로 방연이 완전히 방심하게 하여 추격하게 한 뒤 마지막에는 방연이 죽을 방법까지 가르쳐주었다. '방연은 이곳에서 죽었다'라고 쓴 것이 바로 그것이다. 손빈의 계획은 한 치도 어긋나지 않아 방연을 자살로 몰았다.

  손빈이 미친 척 가장하여 도망을 친 것과 방연의 자살을 유도한 것은 심리적으로 적을 미혹시키는 전형적인 방식이었다. 손자의 말처럼 모든 싸움은 상대를 속이는 행동이다. 예를 들어 공격할 능력이 있으면서도 그렇지 않은 척 위장하는 전략, 어떤 인물을 등용할 계획이 있으면서도 그렇지 않은 듯 위장하는 전략, 가까운 곳을 공격할 때 마치 먼 곳을 공격할 것처럼 기만하는 전략 등등. 결론을 말하면, 상대가 혼란스럽도록 모든 방법을 동원하여 내가 가진 패가 무엇인지를 모르게 하면 승리의 축배를 들 날이 머지않았다.

제3장

상대를 유인하고, 어지럽게 해 공격한다

지혜로 성공하는 심리 전략

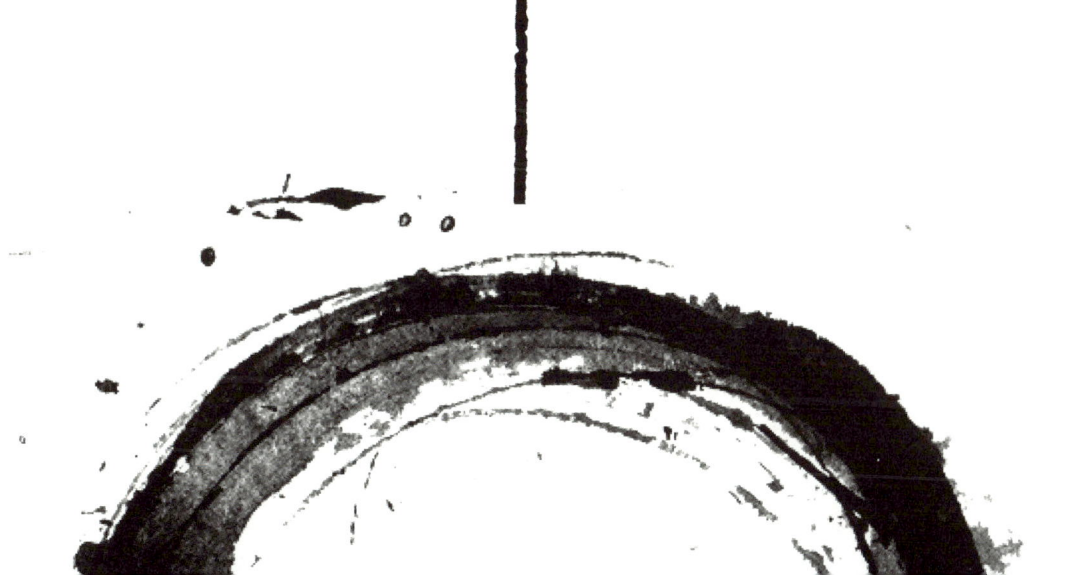

 청대 말기의 정치가로 아편전쟁의 주역이었던 린쩌쉬(林則徐)는 "욕망이 없는 사람은 강하다" 라는 명언을 남겼다. 이는 "원칙을 따지는 사람은 무너뜨리기가 쉽지만, 취미가 없는 사람은 무너뜨릴 방법이 없다" 라는 요즘 항간에 유행하는 말과 일맥상통한다. 취미에 깊이 빠진 사람은 유혹하기 쉽지만, 그렇지 않은 사람은 유혹에 흔들리지 않기 때문이다. 《손자병법》에서는 적을 이롭게 하여 유인하고, 어지럽게 하여 공격한다고 했다. 이 병법의 원칙을 활용하면 사람의 마음을 움직이는 것은 그리 어렵지 않다.

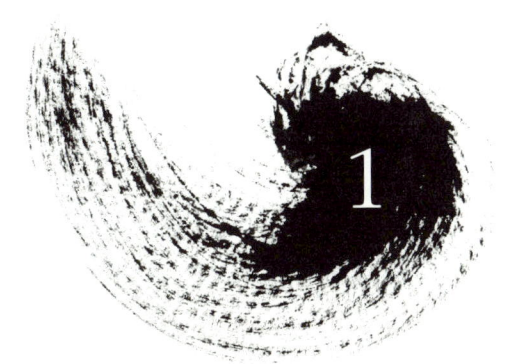

남자들은 퇴근 후에
어디로 가는가?

필자의 여자 동창이 들려준 이야기이다. 그녀는 직장 내 남자 직원들의 행동이 너무 '이상'하다고 했다. 퇴근 후에 사무실에서 포커를 치지 않으면 삼삼오오 모여서 술을 마시거나, 그것도 아니면 야근을 한다는 것이다. 물론 야근은 핑계이고 대부분은 컴퓨터 게임을 하며 시간을 보낸다고 한다. 그녀는 남자들은 결혼하면 빨리 집에 가서 아내와 시간을 보내지 않고 왜 쓸데없는 일에 시간을 낭비하는지 모르겠다고 했다. 남자들은 결혼하면 다 그렇게 변하느냐는 눈빛이 쓸쓸해 보였다.

기업의 임원인 한 여성은 남편과 대등한 지위에 있다 보니 집에서도 남편에게 까다로운 요구를 많이 했고, 걸핏하면 화를 내며 따졌다. 그녀는 자신은 언제나 옳고 합리적이라 생각했다. 남편은 너그러운 사람이어서 아내의 잔소리와 비판을 참고 넘어갔지만 '가정'이라는 울타리에 염증과 회의를 느꼈다. 부부 사이는 점차 소원해졌고 아내는 자신이 문제라는 자각을 하게 되었다. 주위 사람들로부터 충고를 들은 그녀는 자신의 잣대로 남편에게 무리한 요구를 하기보다는 너그러운 마음으로 대하기로 했다. 특히 남편이 무심하게 굴더라도 예전에 자신에게 잘했던 사실을 떠올려 지나치게 닦아세우지 않기로 했다.

날을 잡아 일찍 퇴근한 그녀는 저녁 식사를 준비하고 문밖에서 남편을 기다렸다. 식사를 하면서 그녀는 남편에게 자신의 부족한 점과 지나치게 굴었던 행동들을 반성한다며 앞으로 고치겠다고 말했다. 그리고 자신이 잘못하는 점을 말해주면 고치겠다고 약속했다. 남편은 크게 감동했고, 이 부부는 아름다운 밤을 보냈다. 다음 날 장미꽃이 아내의 사무실로 배달되었다. 장미 다발 속에 있던 카드에는 이런 말이 쓰여 있었다.

"내가 가장 사랑하는 당신에게. 나는 당신의 단점이 무엇인지 도무지 모르겠어. 내 마음속의 당신은 영원히 가장 좋은 사람이야."

남편의 말에 아내는 눈물이 날 정도로 감격했고, 두 사람은 처음 사귈 때처럼 다정한 사이로 돌아갔다.

두 번째 이야기를 보면 남성들의 심리를 좀 더 쉽게 이해할 수 있다.

《손자병법》의 〈병세편(兵勢篇)〉에서는 전쟁을 잘하는 장군은 조직의 성공을 세(勢)에서 구하고 개인의 능력을 탓하지 않는다(故善战者, 求之于势, 不责于人)고 했다. 세(勢)에서 구한다는 의미는 타인의 심리적 변화를 통찰하는 것이다. 그리고 개인의 능력을 탓하지 않는다는 뜻은 장군 스스로가 자신의 행동이 부하의 마음과 원하는 바가 일치하는지를 반성하는 것을 의미한다. 상대의 심리와 생각을 이해하고 나면 그에 맞는 해결책을 찾을 수 있고, 더 나아가 마음을 움직여 자신의 목적을 달성할 수 있다. 예를 들어 앞에서 이야기한 것 같이 남편이 퇴근 후에도 사무실에 남아 빈둥거리거나 밖에서 시간을 보내려 한다면 아내는 먼저 남편을 탓하기 전에 자신의 언행을 돌이켜볼 필요가 있다. 남편이 집에 있을 때 끊임없이 불평불만을 늘어놓거나, 남편이 소파에서 편안하게 10분을 뒹굴지 못하게 이런저런 일을 시키지는 않았는가? 명령조의 말투로 남편을 '지휘'하지는 않았는가? 이런 점을 체크해보면 아내는 남편의 '이상한' 행동에 대한 해답을 구할 수 있을 것이다.

아내가 남편을 조종하려는 이유는 아주 단순하다. 남편이 필요하기 때문이다. 남자들에게는 '남들에게 필요하고 존중받는 존재'가 되고 싶어하는 심리가 있다. 아내는 남편에게 다음과 같은 사실을 주지시켜야 한다. 수입이나 직위에 상관없이 가정에는 당신이 차지해야 할 중요한 자리가 있고, 당신은 나보다 훨씬 뛰어나고, 나에게는 당신의 도움과 가르침이 필요하다고.

간단한 예를 들어보기로 하자. 아내가 조립식 가구를 사와 설명서를 보면서 조립을 하려고 끙끙거리지만 잘되지 않아 화가 났다. 그런데 저녁을 먹은 남편은 소파에 파묻혀 TV로 축구 경기를 보면서 열광하고 있다. 이런 경우 많은 아내가 "축구는 그만 보고 이것 좀 조립해봐. 내가 끙끙대는 게 눈에 들어오지도 않아?" 하고 신경질을 부린다.

남자들이 가장 싫어하는 것이 명령을 받는 것이다. 어쩔 수 없이 명령을 수행해야 할 때 남자들은 겉으로는 하는 척하면서 속으로는 울분과 불쾌감에 시달린다. 설상가상으로 마지못해 자신의 부탁을 들어주는 남편의 표정을 읽어낸 아내는 더욱 화가 나서 '전쟁' 모드로 진입한다. 그러나 화를 내는 대신 "여보, 나 이것 할 줄 모르니까 좀 도와줘. 남자들은 손으로 하는 일을 참 잘하잖아"라고 부드럽게 말해보라. 아마도 남편은 어린애처럼 우쭐해져서 설명서를 가리키며 잘난 척을 할 것이다.

"이렇게 간단한 걸 못한다고? 내가 하는 것 잘 봐봐!"

몇 분 내에 남편은 가구를 뚝딱 조립해놓는다.

병법의 '성공은 세에서 구하고, 개인을 책망하지 말라'는 격언은 공자의 '자신이 하기 싫은 일은 남에게도 억지로 시켜서는 안 된다'는 말과 상통한다. 사람들의 마음은 거기서 거기다. 잘 지내고 싶은 사람의 마음을 헤아려서 대응한다면 당신이 원하는 바대로 일이 풀려나갈 것이다.

자진해서 물러서는 것도 지혜이다

한 고조 유방은 '유씨 성이 아닌 사람을 왕으로 봉하지 말라'는 유언을 남겼다. 그가 죽은 후 권력을 장악한 여후(呂后)는 자신의 일가친척을 왕으로 봉하고 싶은 마음이 굴뚝같았지만 아들인 혜제(惠帝)의 반대에 부딪혔다. 혜제가 죽은 후 대권을 손에 넣은 여후는 유공(劉恭)을 황제의 자리에 앉혔다. 허수아비 같은 유공을 뒤에서 조종하면서 여후는 유방의 유언을 취소하고 자신의 일족인 여씨들을 왕으로 봉하려 했다. 그녀가 대신들의 의견을 묻자 우승상 왕릉(王陵)이 이렇게 말했다.

"고조께서 생전에 유씨가 아닌 자를 왕으로 봉하지 못하게 하겠다고 신하들과 맹세하셨습니다. 이제 여씨를 왕으로 봉한다면 저희는 고조와의 맹세를 깨게 됩니다."

불쾌해진 여후가 좌승상 진평(陳平)과 주발(周勃)에게 다시 의견을 물었다. 그러자 진평이 대답했다.

"태후께서는 일국의 주인이시니 여씨들을 왕으로 만드신다 해도 아무런 문제가 없습니다."

여후는 기분이 좋아졌지만, 알현이 끝난 후 왕릉이 진평과 주발에게 호통을 쳤다.

"당신들은 선제와 맹세를 하는 자리에 없었단 말이요? 태후가 여씨들을 왕으로 봉하는 데 동의하는 것은 선제와의 약속을 배신하는 것이니 죽어서라도 무슨 면목으로 선제를 뵙겠는가?"

이에 진평은 이렇게 반격했다.

"저희는 우승상처럼 간언하는 용기가 없습니다. 하지만 천하와 사직을 보존하고 유씨 후대를 지킨다는 측면에서는 우승상이 저희만 못합니다."

진평의 말은 훗날 그대로 현실이 되었다. 왕릉은 여후에게 밉보여 승상의 자리에서 쫓겨났지만, 진평과 주발은 역량을 비축했다가 여씨 세력을 제거하고 유환(劉桓)을 제위에 등극시켰다. 그리고 문제(文帝)가 된 유환은 진평과 주발을 승상에 임명했다.

당신이 누군가와 대결해야 할 때 충분한 실력을 갖추고 있다면 완강하게 맞서도 된다. 하지만 상대보다 실력이 현저히 떨어지는데도 맞선다면 그것은 어리석은 짓이다. 왕릉은 기개가 있었지만 끝이 좋지 않았다. 이에 비해 진평과 주발은 자발적으로 물러나서 때를 기다렸다가 반격을 가하는 현명한 선택을 했다.

《손자병법》에서는 싸움에 관해 이렇게 분석했다.

'용병의 원칙은 아군의 능력이 적보다 10배, 즉 적을 포위하여 항복을 받아낼 수 있을 정도여야 한다. 적보다 5배의 힘을 가지고 있을 때는 진공을 하고, 2배일 때는 적을 분산시켜 상대적으로 우위를 점해야 한다. 아군과 적군의 힘이 비등하면 온 힘을 다해 싸워 이겨야 한다. 아군의 병력이 적보다 적을 때는 싸움을 하지 않을 방법을 강구해야 한다. 아군의 조건이 여러 면에서 적보다 불리하면 싸움을 피해야 한다(故用兵之法, 十则围之, 五则攻之, 倍则分之, 故则能战之, 少则能逃之, 不若则能避之).

복잡한 이론처럼 보이지만, 간단하게 정리하면 이길 것 같으면 싸우고 이길 수 없으면 도주해야 한다는 것이다. 현명한 장수라면 먼저 물러서서 실력을 쌓으며 기회를 기다릴 줄 알아야 한다.

여후의 권력이 하늘을 찌르는 상황에서 '용감하게' 반대 의견을 말해봤자 화를 자초하는 것 이외에 아무것도 아니다. 왕릉의 몰락이 생생한 증거이다. 대조적으로 진평과 주발은 자진해서 '퇴각'하는 전략으로 목숨을 보전하면서 궁극적으로 유씨 천하를 지키는 책무를 다했다. 때로는 자진해서 물러서는 타협을 해야 한다. 일단 물러섬으로써 훗날 전진할 수 있기 때문이다. 왕릉처럼 결연하게 저항을 한다면 존경을 받을지는 모르지만, 실익을 챙기는 데에는 아무런 도움이 되지 않는다. 머리를 쓸 줄 아는 사람이라면 권력의 생리를 이해해야 한다. 냉철하게 자신의 능력을 점검한 뒤 상대를 이길 수 없다면 훗날을 기약하며 후퇴하는 용기를 내야 한다.

한나라 7대 황제인 무제는 중국 역사상 손꼽히는 위대한 황제이지만 말년에 총기를 잃고 비정상적인 행동으로 국기를 흔들었다. 신하의 무고를 믿고 태자 유거(劉據) 일가를 모두 죽였는데, 천재일우로 유거의 손자 유병(劉病)만 살아남아 민간에 숨어 살게 되었다. 무제가 죽은 후 가장 총애했던 아들 유불릉(劉弗陵)이 즉위하여 소제(昭帝)가 되었다. 소제는 재위 몇 년 만에 대를 이을 아들이 없이 죽었다. 보정대신(輔政大臣) 곽광(霍光)은 창읍왕(昌邑王) 유하(劉賀)를 황제로 만들었으나 곧 폐위되었다. 이때 유병을 구해주었던 대신 병길(邴吉)이 곽광에게 유병의 존재를 알렸다. 유병이 오랫동안 민간에 숨어 있었던 관계로 외척이 보잘 것 없으니 자신들의 뜻대로 움직일 수 있다는 암시를 하자 곽광은 유병을 궁으로 데리고 왔다. 그리고 이름을 유순(劉詢)으로 바꾸고 제위에 앉혔다. 유순은 선제(宣帝)가 되었지만 권력은 곽광이 완전히 장악했다.

어느 날 고조 유방의 능을 참배하러 간 선제를 곽광이 동행했다. 선제는 곽광의 뒷모습에서 권력을 장악한 자의 후광을 느꼈다. 그에 비해 허수아비 황제에 불과한 자신이 얼마나 비참한지를 실감하면서, 권력을 되찾는 날까지 최대한 인내하기로 마음먹었다.

선제는 곽광의 막강한 권력을 인정하고 조정을 통째로 맡겼다. 기원전 74년에 이르러 선제가 유일하게 자신의 뜻대로 한 일은 조강지처인 허평군(許平君)을 황후로 만든 것이다. 곽씨 집안과 대신들은 선제가 곽광의 딸을 황후로 맞이해야 한다고 주장했지만, 선제는 끝까지 허평군을 황후로 고집했던 것이다. 관례상 황후의 아버지는 열후(列侯)에 봉해야 하지만 딸을 황후로 만들지 못해 앙앙불락하던 곽광의 방해로 선제는 장인을 '창성군(昌成君)'으로 봉하는 굴욕을 당했다.

기원전 73년 곽광은 선제가 조정을 맡아야 한다고 건의했다. 하지만 세력을 갖고 있지 못한 선제는 곽광이 계속해서 나라를 다스리도록 하고, 그를 공신으로 인정했다. 이로써 조정 신하들의 불안감이 해소되었고, 곽광과 그 일당이 충성스럽게 보좌를 하게 되어 제위가 공고해졌다. 기원전 71

년에는 곽광의 처인 곽현(霍顯)이 간신들과 내통하여 황후를 독살하고 딸 곽성군(霍成君)을 황후로 만들었다. 선제는 아내 허씨 황후의 사인을 조사하도록 했지만 당분간 진실을 묻고 인내하기로 마음먹었다.

기원전 68년, 곽광이 병으로 죽은 후 선제는 친정을 시작했다. 문제는 곽광이 20여 년이나 무소불위의 권력을 휘둘렀기 때문에 조정에서 곽씨 일가의 세력이 여전했다는 사실이다. 선제는 곽씨 일문을 자극하지 않기 위해 후한 상을 내리고, 곽씨 자손들을 중용하는 동시에 그들에게 불만을 갖고 있는 대신들의 마음을 돌리려 노력했다.

그런데 곽씨 일가는 황제가 자신들과 인연을 끊지 못한다고 판단하여 곽광이 살아있을 때보다 더 위세를 떨며 오만방자하게 굴었다. 곽광의 손자는 걸핏하면 병을 핑계로 조정에 나오지 않았고, 곽현은 황제의 장모는 궁궐에 들어오지 못하도록 한 금령을 무시하고 수시로 드나드는 등 안하무인으로 행동했다. 더욱이 곽현은 허씨 황후의 아들 유석(劉奭)이 태자에 옹립되자 분을 참지 못해 딸에게 태자를 독살하도록 사주했다. 하지만 선제가 주도면밀하게 태자를 지키는 바람에 곽씨 황후는 태자를 죽일 기회를 찾지 못했다.

선제가 한없이 인내할수록 곽씨 집안의 우두머리 격인 곽현의 불안감은 증폭되었다. 선제가 조용히 물밑으로 곽씨 일가의 권력을 무너뜨리자 곽현은 역모를 꾸몄다. 모반 계획은 곧바로 누설되었고, 선제는 역모를 꾀한 자들 중 일부를 극형에 처하고, 황후는 폐위했다. 곽현을 비롯한 몇몇 인물들은 스스로 목숨을 끊었다. 곽씨 가문을 일망타진한 선제는 비로소 본격적으로 나라를 다스렸다.

선제는 제위에 오르면서부터 끊임없이 곽광의 전횡에 시달렸다. 아내가 독살되었는데도 복수를 할 수 없었던 그는 극도의 인내로 버텼다. 곽광이 친정을 권했을 때도 사양했던 이유는 능력이 부족하면 '회피'해야 한다는 병법의 원칙을 따랐기 때문이다.

그러나 자진해서 후퇴하는 것은 우회의 한 방법이자 슬기로운 선택이다. 상대를 이길 수 없다는 사실을 알고 물러설 때는 반드시 실력을 쌓으면서 기회를 엿보는 분발심과 노력이 수반되어야 한다.

대담한 사람은 죽음을 무릅쓰고, 그렇지 않은 사람은 굶어 죽는다

1958년 하반기를 기점으로 중국은 전국적으로 인민공사(농업 집단화를 위해 만든 대규모 집단농장—옮긴이) 운동을 펼쳤다. 이른바 함께 벌어 나눠 먹는 '따궈판(大鍋飯, 큰 솥 밥, 혹은 한솥밥의 뜻)' 시대가 열린 것이다. 기세등등하게 출발한 이 운동에서 식량은 인민공사와 생산대가 공급했으므로 농민들은 집이 아닌 공공 식당에서 '큰 솥에 지은 밥'을 함께 먹어야 했다. 훗날 '따궈판'은 집단 생산과 균등한 분배의 상징이 되었다. 집단 생산의 최대 문제는 개인의 노력과 성과를 가려낼 수 없다는 것이다. 결과적으로 근로 의욕이 떨어졌고, 부지런한 사람들조차 게으름뱅이로 변했다. 그러나 1978년에 시작된 개혁 개방 정책으로 '따궈판'이 깨졌고, 개인소유를 인정함에 따라 농민들은 적극적으로 생산에 임했다.

공동 생산과 공동 분배의 '따궈판' 체제에서는 다음과 같은 폐해가 생긴다. 100명으로 구성된 생산대에서 모두 열심히 일해 1인당 10위안(元)만큼의 비용을 책임지고, 생산량을 20위안씩 증가시킨다고 가정하자. 그런데 모두가 게으름을 피우면 비용 부담을 할 수 없게 되고 생산량도 늘어나지 않는다. 만약 99명이 열심히 일하는데, 한 사람만 일을 하지 않는다면 탁월한 선택이 된다. 비용을 치르지 않고도 늘어난 생산량만큼 분배를 받을 수 있기 때문이다. 반대로, 모든 사람이 일을 하지 않고 빈둥거릴 때는 당연히 일을 하지 말아야 한다. 홀로 비용을 치르며 일을 하더라도 생산량이 늘어나지 않으면 분배가 늘어나지 않기 때문이다. 이렇게 빈둥거리며 일을 하지 않는 것이 모든 구성원의 전략이 되었을 때 생산성은 자연스레 떨어지게 된다.

《손자병법》에는 '우회적으로 작은 이익을 가지고 적군을 유인하라(故迂其途 而诱之以利)'는 전략이 있다. 인간관계에서도 이 같은 이치가 적용된다. 어떤 이익이나 도움을 주지 못하면서 상대의 마음을 움직일 수는 없다. 그래서 손자는 2,500여 년 전에 이미 '적이 원하는 것을 던져주어 유혹하라(誘之以利)'는 말을 했다.

《한비자(韓非子)》에 나오는 유명한 우화가 있다.

제나라의 선왕(宣王)이 피리를 좋아하여 악사 3백 명을 모아 연주하도록 했다. 남곽(南郭)이라는 처사는 피리를 불 줄 모르지만 악사들 가운데 섞여서 피리를 불었다. 그러나 선왕이 죽은 후 대를 이은 민왕(湣王)이 한 사람씩 피리를 불게 하자 남곽은 실력이 드러날까 두려워 도망갔다.

'남우충수(濫竽充數)'는 이 이야기에서 나온 고사성어로서 무능한 사람이 재능이 있는 척하거나 높은 벼슬을 차지한다는 의미이다.

남곽은 경제학적 측면에서 보면 머리가 상당히 좋은 사람이라 할 수 있다. 조금 과장하면 이성이 아주 뛰어나다고 할 수 있다. 경제학에서는 기본적으로 인간을 이기적인 존재로 인식한다. 그 이유는 최소의 비용으로 최대 효과를 얻으려 하기 때문이다. 남곽은 경제학적으로 보아 이기적 인간의 전형이다. 그가 피리를 배우려면 돈과 시간, 그리고 에너지를 들여야 한다. 그런데 그는 피리를 배우는 비용을 아꼈으므로 총명하다고 할 수 있다. 그다음으로 그가 똑똑한 이유는 감히 왕에게 자신을 추천하고 무리에 끼어들어 피리를 부는 모험을 했기 때문이다. 많은 사람 속에서 피리를 부는 척하면 들킬 염려가 별로 없다는 사실을 알고 리스크를 감당하는 대담성은 누구에게나 있는 것이 아니다. '담이 크면 죽음을 무릅쓰고, 담이 작으면 굶어 죽는다'는 속담은 남곽에게 딱 들어맞는 말이라 할 수 있다. 그는 대담했기 때문에 살 길을 스스로 찾아갈 수 있었다.

성공한 인물들은 대부분 '간이 큰' 사람들이다. 중국 IT업계에서 가장 영향력이 큰 인물로 통하는 쥐런(巨人) 그룹의 스위주(史玉柱) 회장이 선전(深圳)에서 처음으로 M-6401 프린터를 개발할 당시 수중에는 달랑 4,000위안밖에 없었다. 하지만 그는 '컴퓨터 세계'라는 잡지에 광고를 내달라고 부탁했다. 광고비 8,400위안은 일단 광고가 나가고 15일 내에 지불하겠다는 약속을 했다. 광고가 나간 후 12일 동안은 제품이 전혀 팔리지 않았지만, 13일에 15,820위안어치의 프린터가 팔렸다. 대부분의 사람은 제품이 팔리리라 확신하지 못하기 때문에 스위주처럼 대담한 조건으로 광고를 내지 못한다. 하지만 스위주는 해냈고, 예상을 뒤엎는 성공을 거두었다. 역으로 생각하면, 15일 내에 광고비만큼 판매하지 못한다면 스위주는 어떻게 광고비를 지불했을까? 사실 광고를 이미 했으니 스위주로서는 손해를 보지도 않았고, 하늘이 무너지지도 않았다. 왕을 속인 남곽이 들통이 나면 목숨을 잃었을 것이라는 사실과 비교하면, 스위즈의 리스크는 별것 아니라고 할 수 있다.

배짱 크게 행동할 때 리스크가 있을 수도, 없을 수도 있지만 수익은 대단히 크다. 설령 리스크가 있더라도 예상할 수 있는 범위이다. 그러나 소심해서 어떤 일도 하지 않는다면 리스크도 수익도 없다. 달리 말하면, 배짱 있게 나가면 죽을 수도 있지만, 죽을 것 같은 순간에 살아날 수 있다. 담력이 없어 그저 죽음을 기다린다면 틀림없이 죽게 된다. 그렇다면 대담함과 소심함 중 어느 쪽의 승률이 높을까? 당연히 대담할 때 승리할 기회가 많다. 소심하게 살면 굶어 죽지는 않더라고 평생 입에 풀칠하기 위해 발을 동동거릴 뿐, 큰 성취를 할 수는 없다.

기업의 오너나 임원들은 일도 잘 하지 않으면서 많은 연봉을 갖고 가는 부하를 원하지 않는다. 일단 '불로소득'형의 부하가 있으면 '악화가 양화를 구축하는 현상(劣幣驅逐良幣, 나쁜 화폐가 좋은 화폐를 몰아낸다는 뜻―옮긴이)'이 생기기 때문이다. 사무실에 빈둥거리는 사람이 있으면 분위기가 노는 쪽으로 흘러서 근로의욕과 효율성이 떨어진다. 인간의 속성상, 열심히 일하는 자신이 놀고먹는 동료와 같은 대우를 받는다는 사실에 개의치 않으면서 홀로 열정적으로 일하기는 어렵다. 그러므로 유능한 관리자는 '남우충수(濫竽充數)' 현상을 방지하기 위한 시스템을 운용한다.

현재 많은 기업이 실시하는 연공서열을 파괴한 연봉제와 인센티브제는 바로 '악화가 양화를 구축하지 못하게' 하자는 취지에서 생겨난 것이다. 격려와 상벌을 확실하게 하면 능력 있는 사람이 최대한 능력을 발휘하게 되고, 무능력한 사람은 도태되거나 최대한 몸값을 높이기 위한 노력을 하게 된다. 기업의 인력 관리 방식은 기본적으로 《손자병법》의 '적에게 이익을 제시하여 유인하는' 원칙을 응용한 것이다. 이익으로 역량 있는 직원들을 움직여 '양화가 악화를 구축하도록(良幣驅逐劣幣)' 유도하는 시스템이 바로 그것이다.

다툼에서 벗어나 쉽게 목적을 달성할 수 있다

《손자병법》에서는 "멀리 돌아갈 때는 적에게 이익을 제시하여 적보다 늦게 출발해도 빨리 도착해야 한다. 이것이 바로 '돌아가면서도 빨리 가는 전략'이다(故迂其途, 而诱之以利. 后人发, 先人至. 此知迂直之计者也)"라고 말한다. 바로 '우직(迂直)의 계'이다.

심리학적으로 풀이하면, 상대에게 한발 양보하는 우회 전략으로 마음을 움직여 자신의 목적을 달성하라는 것이다.

지혜로운 사람은 상황을 파악하여 자신을 감추면서 시기를 기다릴 줄 안다. 당 나라의 순종은 태자 시절에 천하를 자신이 책임질 것이라며 호언장담을 일삼았다. 고대 중국에서는 태자가 황제가 되려면 능력이 있고 민심을 얻어야 했다. 하지만 태자가 황제인 아버지보다 능력이 뛰어나거나 제위를 넘보는 언행을 하면 폐출되는 일이 적지 않았다. 영리한 태자라면 실력을 너무 드러내서 아버지의 의심과 질투를 불러일으키거나 존재감이 너무 부각되지 않도록 조심했다. 순종이 아직 태자였을 때 신하에게 속내를 털어놓았다.

"황상에게 국정의 병폐를 진언하여 시정하도록 하겠다. 내가 구체적으로 계획도 세워놓았다."

이 말을 들은 막료는 태자에게 충고했다.

"무엇보다도 효도를 다 하셔야 합니다. 황상께 안부를 묻고, 음식과 잠자리, 건강 등에 대해 이야기하셔야지 국사에 대해서는 되도록 말을 삼가셔야 합니다. 하물며 개혁은 요즘 아주 민감한 문제인데 지나치게 관심을 보이면 대신들의 의심을 살 수밖에 없습니다. 폐하가 만약 의심을 하신다면 어떻게 해명을 하시겠습니까?"

막료의 말에 대오 각성한 태자는 그 후로 국사에 대해서는 침묵을 지켰다. 태자의 아버지 덕종은 말년에 미색에 빠져 문란한 생활을 하면서 폭정을 했다. 하지만 태자는 즉위할 때까지 일언반구도 하지 않았다. 그 대신 황제가 되자 대대적인 개혁을 단행하여 전대의 기울어진 국운을 되살리는 위업을 달성했다. 만약 그가 황제가 되고자 적극적으로 행동했거나 부친의 행동에 비판이나 간언을 했다면 작게는 폐위, 크게는 처형되는 비극을 맞이했을 것이다. 그러나 그는 막료의 충고를 받아들이는 지혜가 있었기에 무사히 황제가 되었다.

진시황의 맏아들 부소(扶蘇)는 순종과 정반대의 인물이었다. 그는 진시황의 잘못에 정면으로 간언했다가 변방으로 유배당하고, 결국 폐출되었다.

당대의 인물 이필(李泌)은 다툼을 피하는 처세술로 몇 번이나 위태로운 조정을 구하는 공훈을 세웠다. 천재적인 두뇌를 가지고 태어난 그는 어려서

부터 유가의 경전을 섭렵했는데, 특히《역상(易象)》에 흥미를 갖고 깊이 연구했으며 글 솜씨가 뛰어났다. 숭산(崇山), 화산(華山), 종남산(終南山) 등 뛰어난 산들을 유람하는 것을 즐겼던 그를 현종은 '신동'이라며 몹시 아꼈다. 재상 장구령(張九齡)은 이필의 재능과 성격에 매료되어 나이 차가 많았음에도 '친구'라 불렀다. 현종은 이필에게 관직을 하사해지만 그가 받지 않자 태자와 친구로 지내도록 했다. 태자는 이필을 존경하여 이름을 부르지 않고 '선생님'이라 칭했다.

위태로운 정국에 대해 직언을 했던 이필은 양귀비의 오라비 양국충(楊國忠)의 미움을 사게 되어 벼슬을 포기하고 명산을 떠돌았다. 훗날 '안사의 난'이 일어나 태자인 숙종이 즉위했다. 숙종의 부름을 받은 이필은 천하를 다스리는 방도에 대해 의견을 피력했다. 숙종은 이필의 탁월한 식견에 동의하며 벼슬길에 다시 나오도록 권했다. 이에 이필은 이렇게 말하며 관직을 고사했다.

"폐하가 저를 마치 귀한 친구처럼 대하시니 재상보다도 더 높은 관작을 받은 것과 진배없습니다."

하지만 결국 이필은 숙종의 끈질긴 권유를 이기지 못했고 조정의 고문관 격인 광록대부(光祿大夫) 직에 올랐다. 이필은 직위는 낮지만 재상보다 높은 권한을 갖게 되었다. 숙종에게 어질고 유능한 인재들을 중용하게 하고, 인심을 수습하도록 하며 반란으로 잃었던 수도인 장안과 낙양을 수복하도록 했다. 조정이 안정을 찾자 이필은 관직을 떠나 산으로 들어가려 했다. 숙종이 "선생과 짐은 같이 동고동락했는데 어찌 떠나려 하오?"라고 묻자 이필은 "신이 떠날 수밖에 없는 이유가 네 가지 있습니다. 신이 폐하를 너무 일찍 만났고, 폐하가 신에게 너무 중책을 맡기셨으며, 저를 너무 총애하시고, 신의 공이 너무 큽니다. 그러므로 저는 더 이상 조정에 머물 수가 없습니다"라고 했다. 숙종은 더 이상 말리지 못했고 이필은 형산(衡山)으로 들어가 은거했다.

숙종의 대를 이은 대종(代宗) 연간에 시국은 다시 혼란에 빠졌다. 변방을 지키는 번진의 절도사들이 세력을 키우면서 중앙을 위협하자 대종은 불가피하게 이필에게 재상에 오르도록 했다. 하지만 이필은 계속해서 사양했고 대종은 궁 안에 서원을 지어 머물게 했다. 어쩔 수 없이 서원에 들어온 이필은 실질적으로 재상의 임무를 다했다. 그러나 정세가 안정되자 이필은 다시 산으로 들어갔다.

이필은 평생을 관리로 지냈지만, 몇 번이나 관직을 사퇴했다. 그가 사의를 표명할수록 직위는 높아졌고, 마지막에는 조정 최고의 대신이 되었다. 혹자는 이필이 노장 사상에 빠졌기 때문에 관직을 마다했다고 주장하지만 진실과는 거리가 있다. 이필이 매번 관직을 사양했던 까닭은 물러섬으로써 앞으로 나아가는, 곧 전진을 위한 후퇴였다. 조정에는 그를 질투하는 신하들이 많았고 당파 싸움도 치열했다. 자칫 당쟁에 휩싸였다가는 죽음을 당하기 십상이었다. 그러므로 당쟁에 가담치 않으려면 관직을 사양해야만 했고, 이필은 관직과 당파에 초연했으므로 중용될 수 있었다. 결과적으로 이필은 계속해서 높은 자리에 올라 많은 성과를 올리면서 세상을 위해 봉사하는 자신의 목적을 달성했다.

링컨 대통령은 "개와 싸워 상처를 입느니, 먼저 개가 지나가도록 해야 한다"는 말로 비열한 인간과는 맞서기보다 잠시 인내하는 편이 낫다고 했다.

개에게 먼저 지나가도록 한다는 것은 복잡한 내분에서 벗어나 형세를 냉철하게 파악하고 행동하면 결국에는 남들보다 앞설 수 있다는 의미이다.

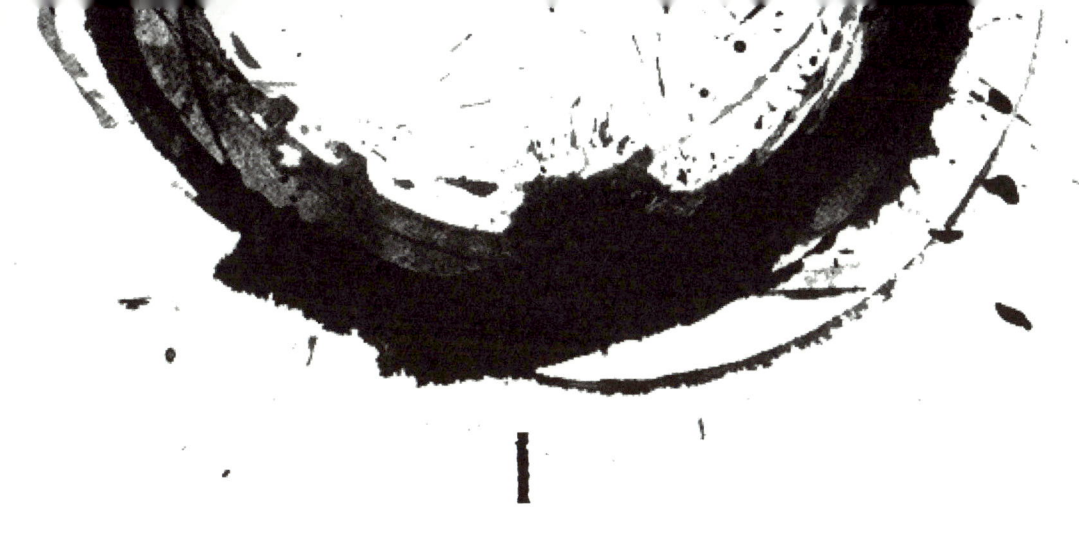

제4장

적의 예상을
깨는 방법으로
허점을 공략한다

타성적 생각을 역이용하는 심리 전략

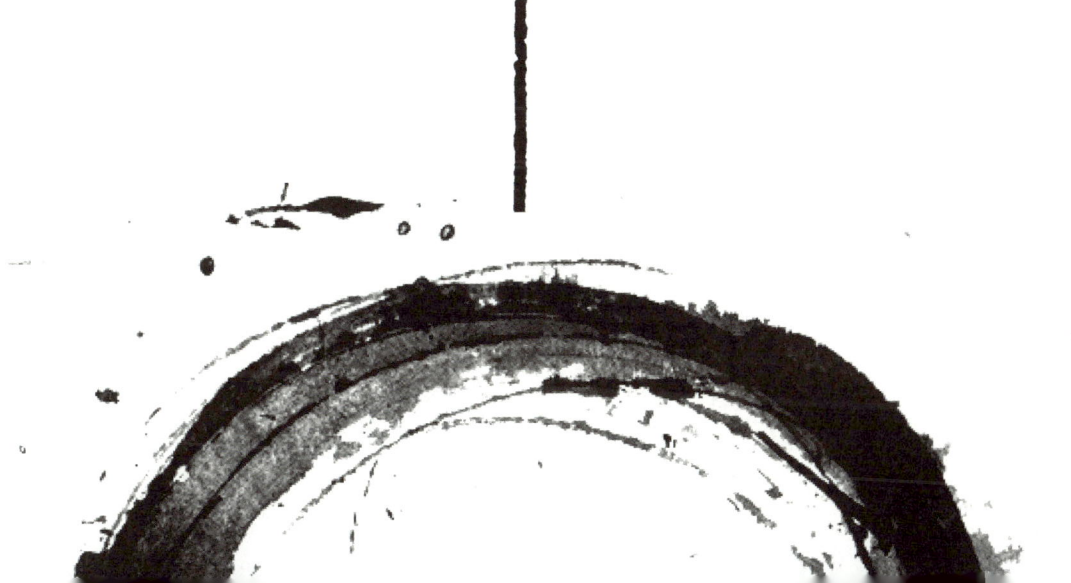

도둑이 대낮에 이삿짐센터를 불러 훔친 물건을 옮기면 아무도 의심하지 않는다. 사람들은 도둑이 그렇게까지 대담하리라고는 생각지 못하기 때문이다. 당신은 함대가 산을 넘어 적의 성을 공격했다는 이야기를 알고 있는가? 중세기의 모하메드 2세는 불가능해 보이는 방법으로 콘스탄티노플을 점령했다. 가장 위험해 보이는 곳이 가장 안전할 때가 있다. 적이 절대로 안심하는 철옹성이 당신의 돌파구가 될 수 있다.

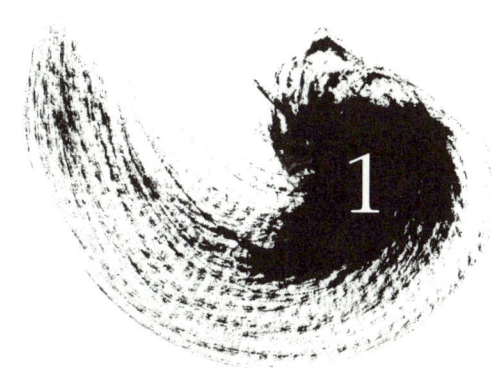

가장 위험해 보이는 곳이 오히려
가장 안전한 이유는 무엇일까?

옛날에 한 관리가 말을 잘못한 죄로 잡혀가기 직전에 아들 둘을 불러 당부했다. 도망가지 않으면 너희도 화를 입을 터이니 빨리 고향을 떠나되, 절대로 친척들을 찾아가서는 안 된다고 말했다. 두 아들은 아버지가 끌려가기 직전에 각기 다른 길로 갔다. 큰아들은 아버지의 말대로 친척이나 지인의 집에 가서 숨겨달라고 하지 않았다. 작은아들은 아는 사람 하나도 없는 낯선 곳으로만 도망을 다니는 것이 제일 위험하다는 생각에 친척 집을 찾아가 숨었다. 얼마 후 이 아들은 친척의 고발로 관가에 체포되었다. 하지만 큰아들은 아무도 자신을 모르는 곳으로만 옮겨 다니며 사느라 힘은 들었지만 안전하게 일생을 보냈다.

아버지가 아들들에게 도주하는 비결을 가르쳐준 이유는 그들이 살아남아 집안의 대를 이어야 한다고 생각했기 때문이다. 그는 《손자병법》에서 말하는 '적이 생각하지 못하는 기발한 방법을 생각해내야 승리한다(故善出

寄者, 无工穷如天地, 不竭如江海的道理'는 이치를 알았던 것이다. 아버지의 생각대로 큰아들은 사람들이 위험하다고 여기는 곳에서 생명을 지켰다. 그렇지만 작은아들은 가장 안전할 것이라 생각한 가까운 사람의 집에서 배신을 당하는 비운을 겪었다.

가장 위험하다고 여겨지는 곳이 오히려 가장 안전한 이유는 지극히 단순하다. 사람들의 타성적인 사고방식의 허점 때문이다. 대다수 사람은 A에게 B라는 장소가 매우 위험하다면 A가 가지 않을 것이고, 그를 좇는 사람도 그곳에 가서 A를 찾는 일은 없을 것이라 생각한다. 따라서 A가 B에 가서 숨는다면 발각당할 가능성은 희박하다. 위험하다고 생각한 곳이 바로 안전한 장소가 되어버린 것이다. 모두가 그러리라고 생각하는 타성적 사고의 틀을 깬다면 결과는 아주 달라진다.

《삼국지》에서 유표(劉表)의 아들 우기(劉琦)가 계모 채씨의 학대에 못 이겨 제갈량에게 살아남을 방법을 가르쳐달라고 했다. 제갈량은 "중이(重耳)는 집을 떠났기에 안전했지만, 신생(申生)은 집 안에 있다가 죽었다"라며 형주를 떠나라고 일러주었다.

중이는 춘추시대 진(晉)나라의 문공(文公)이다. 그는 계모의 손에 죽지 않기 위해 진나라를 떠나 19년이란 긴 세월을 유랑했다. 몇 차례나 잡히고, 죽을 위기를 당했으며 굶어 죽기 직전까지 간 적도 많았지만 마침내 진나라로 돌아와 왕이 되어 춘추 5패의 한 명이 되었다. 그에 비해 형인 신생은 도망을 가지 않다가 계모에게 죽임을 당했다.

남조(南朝) 송나라의 대신 채흥종(蔡興宗)은 황제의 성질이 포악하기 때문에 조정에 남아 벼슬을 하면 위험하다고 생각했다. 그와 같이 조정에서 관리로 일하는 몇몇 조카들은 기회를 엿봐 외지로 나가는 것이 좋을 것이라 했다. 하지만 채흥종은 조카들의 말에 그럴 필요가 없다고 일축했다. 훗날 지방의 관리로 나갔던 조카들은 내전에서 목숨을 잃었지만, 살얼음판 같은 수도에 남았던 채흥종은 목숨을 부지했고, 더욱이 고위 관직에 오르는 행운을 누렸다.

가장 위험한 곳이 가장 안전한 곳이 되는 사실은 일종의 심리 전술, 즉 '적의 예상을 벗어나는' 발상에서 비롯된 것이다. 다음은 '옹정왕조(雍正王朝)'라는 인기 드라마에 나온 에피소드이다. 대장군 연갱요(年羹堯)가 청해(青海)에서 일어난 반란을 진압하라는 명령을 받았다. 베이징에서 청해까지는 너무 멀어서 출동하는 데 막대한 군비가 소요되므로 속전속결로 끝내야 했다. 그런데 이런 사정을 잘 아는 반군은 청의 군대를 피해 다니며 모습을 드러내지 않았다. 진압이 시간을 끌면서 조정 내외에서 압력이 커지자 연갱요는 자칫하면 목숨이 위태로울 것이라 초조해졌다. 이때 한 부하가 연갱요에게 반군이 있는 곳을 알고 있다고 했다. 그는 적군이 청나라 군대와 멀지 않은 절에 숨어 있을 것이라고 확신에 차서 말했다. 연갱요가 그럴 리가 없다고 하자 부하는 우리가 적이 가까운 곳에 숨어 있지 않을 것이라고 생각하는 발상을 적이 역이용하고 있다고 했다. 연갱요는 반신반의하면서도 군대를 절로 보냈다. 부하의 말대로 반군은 절에 있었다. 청군은 반란군을 몰살하는 승리를 거뒀다.

'등잔 밑이 어둡다'는 말은 단순한 비유가 아니라 사실이다. 등잔 밑은 불빛에서 멀어 어두우므로 사람들이 주의하지 않는다. 심리적으로도 사람들은 자신과 가까운 곳의 사물이나 일에는 주의를 기울이지 않는 경향이 있다. 연갱요의 부하는 이런 심리를 잘 알았기 때문에 가까운 곳에 반란군이 숨어 있으리라 추측했다. '뛰는 놈 위에 나는 놈 있다'는 말처럼 반란군의 꾀는 연갱요의 부하에게 발각된 것이다.

가장 비싼 것이 가장 좋을까?

사람들은 쇼핑하러 갈 때 싼값으로 좋은 물건을 사려고 마음먹지만, 대부분은 가장 좋은 물건보다는 가장 비싼 것을 산다. 애초의 마음과 달리 물건의 질보다는 비싼 물건을 선택하는 이유는 무엇일까? 간단히 해답을 구하기에는 어렵고 복잡한 문제이다.

'싼 게 비지떡'이라는 통념은 사실에 가깝다. 하지만 비싼 물건이 좋은 물건이라는 등식이 항상 성립되지는 않는다.

한 옷장사가 짧은 소매의 옷을 도매로 받아다 25위안의 가격표를 붙였는데 전혀 팔리지 않았다. 하루는 사정이 생긴 상인이 친구에게 대신 팔아달라고 했다. 이 친구는 옷이 너무 싸다고 생각해 한 벌에 250위안씩 팔기로 작정했다. 뜻밖에도 오전 중에 옷들이 전부 팔렸다.

비싼 물건이 품질이 좋은 것이라는 생각은 근거가 충분하다. 원가와 가격의 상관성 측면에서 보면, 가격이 비싼 이유는 원가가 높기 때문이고, 원가가 높다는 것은 제품의 품질이 뛰어나다는 방증이기 때문이다. 하지만 이런 연관성이 언제나 적용되지는 않는다. 타성적인 사고를 뒤집는 상술이 있기 때문이다. 영악한 상인들은 비싼 물건이면 질이 좋을 것이라는 소비자의 생각을 악용하여 원가가 낮은 상품에 높은 가격을 매기고 판매를 한다. 실제로도 이 수법은 꽤 잘 먹혀든다. 그래서 어리석은 사람들이나 비싼 것을 좋아한다는 말은 일리가 있다. 그들은 자기가 비싸게 사는 물건이 과연 그만큼의 가치가 있는지, 가격과 원가가 비례하는지 고려해보는 능력이 없기 때문이다. 그들은 단지 가격이 비싸면 품질도 좋다는 단순한 사고로 상인의 배를 불려주는 우를 범한다.

　어리석은 쇼핑 행태는 시장에서만 일어나지 않는다. 사기성이 농후한 거래가 사회 곳곳에서 일어나고 있다. 한 기업에서 높은 연봉을 조건으로 중간관리자를 뽑는 채용 공고를 냈다. 자격 조건은 8년 이상의 경력과 MBA 학위를 소지해야 한다는 것이었다. 면접을 몇 번 거쳐 30대 초반의 MBA를 소지하고 외국계 회사에서 8년간 일한 청년을 뽑았다. 그런데 1주일 후 사장은 이 직원이 업무에 대해 하나도 아는 것이 없다는 사실을 알았다. 수상하다는 생각에 조사를 해보니 그는 MBA는커녕 대학도 졸업하지 않았고, 외국계 회사 경력도 거짓말이었다. 이 직원은 모든 제출 서류를 위조했던 것이다. 그가 대담하게 학력과 경력을 날조하는 용기를 낸 까닭은 채용 조건이 까다로워 응모할 사람이 거의 없을 것이라고 생각했기 때문이다. 상식적인 사람들은 중간관리자라는 중요한 직책을 맡을 사람을 뽑는 데 거짓 자격으로 응모할 만큼 대담한 사기꾼은 없으리라 생각한다. 하지만 진정한 사기꾼은 이런 상식을 역으로 이용한다. 만약 능력이 너무 떨어지지 않아 업무를 적당히 해낸다면 사기꾼의 정체가 탄로되지 않을 만큼 치열한 경쟁사회의 사각지대가 있기 때문이다.

　비싼 가격이 품질이 좋다는 보장은 없다. 경제학적 측면에서 보면, 최고로 비싼 가격으로 가장 좋은 상품과 노동력을 살 수 없는 주요한 이유는 정보의 비대칭성 때문이다. 정보의 비대칭이란 간단히 말해, 상대에 대한 정보를 모르는 것이다. 상대에 대한 정보가 부족하거나 이해가 결여되면 정확한 평가가 불가능하므로 확실한 정책을 세울 수 없다. 이런 상황은 유리한 입장의 사람에게 대단히 불리하다. 유리한 입장이 되면 근본적으로 상대의 상황을 이해하지 못하기 때문이다. 상대적으로 불리한 입장에서는 유리한 쪽이 자신을 모른다는 점을 이용해 상식이나 예상을 깨는 술수를 쓸 수 있다. 즉, 자신의 진짜 실력을 숨기면서 매우 우수한 척 하거나(학력 위조가 대표적이다) 선량한 척 위장하여 상대를 속인다.

《손자병법》에서는 누누이 '이기려면 수단과 방법을 가리지 말아야 한다(兵不厭詐)'라고 말했다. 상대의 타성적인 사고나 심리를 이용해야 한다는 뜻이다.

　많은 사람이 거짓말이나 사기에 넘어가는 이유는 상대가 자신을 속일 리가 없다고 생각하기 때문이다. 하지만 세상에는 보편적이고 상식적인 생각을 뒤엎는 자들이 넘쳐난다는 경각심을 가지고 있으면 비싼 가격으로 질이 떨어지는 물건을 사는 어리석은 선택을 하지 않게 된다. 만약 자신이 열세에 있다면 강자의 고정관념을 뛰어넘는 방법으로 승리할 수도 있다. 약자에게도 살아갈 길은 있다!

3

약자인 척하여 상대를 방심시킨다

1898년 4월에서 8월 사이에 미국과 스페인이 쿠바 문제를 둘러싸고 전쟁을 하게 되자 철강 수요가 폭발적으로 늘어났다. 이와 동시에 총성 없는 전쟁이 시작되었다. JP모건사의 회장으로 금융계의 거물인 존 피어폰트 모건 1세와 철강왕 앤드루 카네기가 충돌한 것이다. 모건은 철강 산업의 전망이 대단히 밝다고 내다보고 신임하는 부하 2명을 각기 이리 철강과 미네소타 철강의 사장에 임명하여 경영권을 장악하게 했다. 모건은 미국의 모든 철강 회사를 손안에 넣겠다는 야심에 불탔지만, 두 회사는 업계에서 중간 수준에 불과했다. 철강업을 장악하기 위해서는 카네기를 무너뜨려야만 한다고 생각한 모건은 중서부의 중소 철강회사들을 합병했다. 또한 대형 철강 회사들과 자신이 소유한 철도 관련 기업들을 규합하여 카네기 회사에 대한 주문을 취소하도록 했다.

모건은 카네기가 강력히 항의할 것이라 예상했지만, 카네기는 아무런 반응도 보이지 않았다. 카네기는 자신의 회사가 미국 시장에서 차지하는 비중이 워낙 크므로 모건의 도전을 대수롭지 않게 여겼던 것이다. 그는 모건의 움직임을 예의 주시하면서도 무시하는 태도를 보이는 것이 낫다고 생각했다. 그런데 모건은 다음 행보로 철강 산업의 발전을 위해 카네기 철강회사를 반드시 합병해야 한다는 선언을 했다. 사실상 카네기에게 협박장을 보낸 것이다. 카네기는 상황을 분석한 다음 선선히 합병에 동의한다는 응답을 보냈다. 모건은 의아했지만 쾌재를 불렀다. 합병 절차를 밟기로 협의한 자리에서 카네기는 요구 조건을 밝혔다.

"나는 합병 조건으로 새로 출범하는 회사의 주식이 아니라 채권을 원합니다. 채권 가격과 카네기 강철 자산의 비율은 1대 1.5로 계산해주기 바랍니다."

모건은 순조로운 합병을 위해 카네기의 요구를 그대로 들어주었다. 모건이 카네기 철강회사의 자산을 채권 가격으로 사들인 결과, 카네기의 재산은 2억 달러에서 무려 4억 달러로 늘어났다.

카네기는 모건이 기세등등하게 나올 때 맞대응을 하지 않으면서 약자를 자처했다. 본격적으로 위협을 할 때도 전혀 저항하지 않으면서 '순한 양'처럼 나갔다. 카네기의 대처 방법은 겉으로는 뒤로 물러서는 것 같지만, 사실상 전진이었고 최후의 일격으로 상대를 물리쳤다. 그의 행동은 《손자병법》에서 말하는 '적의 의심을 사지 않는 방법으로 적이 경계하지 않는 곳을 공격하라(由不虞之道, 攻其所不戒也)'는 전략에 해당한다. 약자로 자처한다는 의미는 진짜로 약한 것이 아니라 실력을 감추는 것이다. 또한 양보와 퇴각을 거듭하여 상대를 안심시킨 뒤 공격하면 승리를 거둘 수 있다.

미국의 한 기자가 확인되지 않은 스캔들을 취재하기 위해 유명한 정치가를 인터뷰하기로 약속했다. 기자는 사실을 확인하여 특종을 터뜨리겠다고 마음먹고 카페로 갔다. 정치가가 "시간이 많으니 천천히 이야기합시다"라고 웃으며 입을 떼자 기자는 약간 놀랐다. 상당히 오만하다는 기자들의 이야기와 달리 소탈하고 부드러웠기 때문이다. 잠시 후 커피가 나왔고 정치가는 한 모금 마시다 "앗, 뜨거워!" 하며 잔을 바닥에 떨어뜨렸다. 종업원이 와서 잔을 치우고 다시 커피를 가져왔을 때 정치가는 담배를 입에 물었다. 이 모습을 본 기자가 "담배를 거꾸로 무셨습니다"라고 말해주었다. 정치가는 겸연쩍은 듯 담배를 바꿔 물고는 고맙다는 인사까지 했다. 도도하기로 소문난 정치가가 실수를 연발하는 모습에 기자는 자신도 모르게 전의를 상실했고, 심지어 친근감마저 느꼈다. 그 결과 인터뷰 기사에는 정치가에 대한 비판은 없었고, 오히려 기자의 호감이 물씬 담겨 있었다.

인터뷰를 시작하기 전 정치가가 일으킨 '사건'은 실수가 아니라 의도적인 행동이었다. 그는 기자들은 정치가들을 비판하는 것을 긍지로 여긴다는 사실을 잘 알고 있었고, 더욱이 자신과 같이 건방지다는 소리를 듣는 사람은 허점을 연출해서 상대의 날을 무디게 해야 한다고 생각했기 때문이다. 유명 인사가 허점이나 약점을 드러내면 보통사람들은 평소의 거리감 대신 친근감이 생기고, 동정심마저 갖게 된다. 정치가는 자잘한 실수와 부드러운 말투로 기자의 호감을 사서 자신에게 유리한 기사를 쓰게 했으니, 속된 말로 '손 안 대고 코 푸는' 알찬 소득을 올렸다고 할 수 있다.

의도적으로 자신의 약한 모습을 보여주는 고도의 전술은 국면을 자신의 뜻대로 움직여서 적을 격파할 수 있다.

기원전 203년, 제나라가 초나라의 항우에게 귀의하자 한신이 공격해왔다. 위기에 처한 제나라 왕이 구원을 요청하자 항우는 용차(龍且)에게 20만 대군으로 한신을 물리치라고 했다. 용차는 한신쯤은 상대도 안 된다고 큰소리를 쳤다.

"나는 한신을 잘 아니 이 싸움은 쉽게 이길 수 있다. 그 자는 과거에 빨래를 생업으로 하는 가난한 아낙네에게서 밥을 빌어먹었을 만큼 제 몸 하나 챙길 능력이 없다. 건달이 무서워 그 가랑이 사이를 기는 수모를 당했을 정도로 용기도 없다. 그러니 두려워할 하등의 이유가 없다!"

유수(濰水)에 진을 친 군사들은 용차의 말에 고무되어 한신을 우습게 여기며 미리 승전 분위기에 젖어 있었다. 한신은 용차에게 자신을 얕볼 기회를 만들어주었다. 어둠을 틈타 병졸들에게 모래주머니를 유수의 상류에 쌓은 다음 용차의 군대를 공격하도록 한 것이다. 그러나 이들은 용차의 군사에게 패해 퇴각했다. 탄력을 받은 용차는 한신을 추격하라는 명령을 내렸다. 초의 군대가 몰려오는 광경을 본 한신은 즉시 모래주머니를 건져 올리도록 했다. 얼마 후 강물이 갑자기 불어나자 용차의 군사 중 절반가량이 익사했다. 기세를 몰아 한신은 용차를 죽이고, 제나라 왕을 죽여 제나라를 정복했다.

한신은 자신의 단점과 약점을 드러내는 전략으로 적이 자신이 보잘 것 없는 존재라는 착각을 하도록 유도했다. 적이 자신의 실력을 과대평가하여 심리적인 무장을 해제한 틈을 타 한신은 일거에 적을 제압했다.

《손자병법》에서 말한 '적의 의표를 찔러 전혀 예상하지 못한 방향으로 진출해야 한다(出其所不趨)'는 계책을 완벽하게 응용한 것이다.

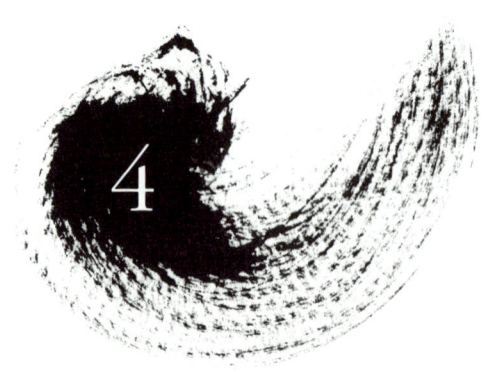

4

타이타닉 호는
어떻게 침몰했나?

때는 1912년 4월 14일 일요일, 밤바다는 바람 한 점 없이 고요했다. 처녀 출항한 호화 유람선 타이타닉 호는 매우 빠른 속도로 차가운 물결을 가르며 앞으로 나갔다. 지나가는 선박들이 빙산을 조심하라는 신호를 보내오자 선장은 선원들에게 만전을 기하도록 명령했다. 이해 겨울의 이상 난동으로 예년보다 훨씬 많은 북극의 빙산들이 떠내려 왔기 때문이다. 하지만 배 안에는 망원경이 비치되어 있지 않았으므로 육안으로 빙산을 관찰해야 했다.

자정이 가까운 23분 40분 선원 프레드릭이 테이블 2개 크기 정도의 검은 그림자가 무서운 속도로 배에 다가오는 것을 목격했다. 그가 비상벨을 3번 울린 다음 "배 앞에 빙산이 있다!"라고 외치는 순간 타이타닉 호는 빙산과 충돌했다. 이 사고로 1,523명이 바다에 몸을 묻었고 전쟁이 아닌 상황에서 가장 큰 규모의 항해 사고로 기록되었다. 사실 타이타닉 호의 비극은 사전에 막을 수 있었다. 충돌 13시간 전 캐나다에서 친 '빙산이 내려오고 있다'는 무선전보를 받은 선원이 그 소리가 너무 크다고 순간적으로 전원을 꺼버리지 않았다면 충분히 대응조치를 취할 수 있었기 때문이다.

타이타닉 호의 침몰은 완전히 예상 밖의 사고였다. 무엇보다도 겨울이 춥지 않아서 빙산이 남하하리라고는 예측하지 못했다. 그다음으로는 무선전보가 그렇게 중요한 정보라는 사실을 누구도 알지 못했다. 사고의 원인을 《손자병법》에서 찾아보면 다음과 같다.

"싸움을 할 때는 신속히 행동하여 적이 따라오지 못하게 하고, 적이 예상하지 못하는 곳에서 적이 경계하지 못하는 곳을 공격해야 한다(兵之情主速, 乘人之不及. 由不虞之道, 攻其所不戒也)."

이 전술을 심리학적으로 해석하면 상대의 타성에 젖은 심리를 역으로 이용하여 치명적인 공격을 해야 이길 수 있다는 것이다. 타이타닉 호의 선장과 선원들은 배의 규모가 압도적이므로 침몰할 가능성이 있다고는 상상치도 않았다. 게다가 바다에서 잔뼈가 굵은 그들은 절대로 빙산을 만나지 않을 것이라 생각했다. 하지만 절대로 일어날 것 같지 않은 일들이 겹치면서 돌이킬 수 없는 비극이 일어났다.

상투적인 사고방식은 종종 잘못된 선택과 결정으로 이어진다. 선생님이 학생들에게 재미있는 이야기를 해주었다. 철물점에 못을 사러 온 언어장애인이 종업원에게 손짓을 했다. 왼손에는 못을, 오른손에는 망치를 든 것처럼 제스처를 취한 뒤 오른손으로 왼손을 쳤다. 종업원이 망치를 가져다주자 언어장애인이 고개를 내저었다. 종업원이 못을 가져다주자 그제야 돈을 치르고 나갔다. 이때 가위를 사러 맹인이 가게에 들어왔다. 선생님이 물었다.

"이 맹인은 어떻게 하면 가위를 살 수 있을까요?"

한 학생이 대답했다.

"손으로 가위 모양을 하면 됩니다."

다른 학생들이 고개를 끄덕이자 선생님이 웃으며 말했다.

"모두 틀렸어요. 맹인은 그냥 '가위 좀 주세요'라고 말하면 되죠."

별생각 없이 상대의 이야기에 말려들면 전혀 어렵지 않은 문제도 틀리게 된다.

관성적인 사고가 사람들에게 큰 영향을 미친다면, 주체적인 사고를 하는 사람은 타인에 의해 움직이는 것을 원치 않기 때문에 보편적인 사고를 뒤집어 생각하는 노력을 한다. 자신의 분야에서 일가를 이룬 사람들은 대부분 역발상의 고수이다.

세계적인 투자의 귀재 워런 버핏의 성공담은 신화처럼 인구에 회자되고 있다. 1960년대에 파산 직전의 회사 버크셔 해서웨이를 사들인 것을 시작으로 그의 투자 신화는 계속되었다. 버크셔 해서웨이의 순자산은 그 규모가 전미 5위이다. 버핏의 성공 비결은 '많은 사람이 투자하는 곳에 투자하면 돈을 벌 수 없다'는 믿음이다. 그는 누구에게도 묻지 않고 자신이 판단해서 유망하고, 특색이 있는 기업의 주식에 투자한다. 일단 사들인 주식은 장기간 보유하면서 세간의 평가에 흔들리지 않는다. 왜 그렇게 소신을 고수하느냐는 질문에 버핏은 다음의 이야기를 해주었다.

한 석유 재벌이 죽어서 천당에 갔는데 빈자리가 없었다. 사도 베드로가 이 재벌에게 설명을 해주었다.

"당신은 이곳에 들어올 자격이 있지만 석유 재벌들에게 배정된 자리가 모두 차서 당신 몫이 없습니다."

난감한 재벌은 잠시 머리를 굴리다 베드로에게 다른 석유 재벌들을 만나 이야기를 할 수 있게 해달라고 부탁했다. 베드로가 천당에 있는 석유 재벌들을 불러 모으자 새로 들어온 재벌이 소리쳤다.

"지옥에서 석유가 발견되었습니다!"

그 순간 재벌들이 벌떼처럼 지옥으로 달려갔다. 베드로는 이상하다 싶었지만 재벌에게 마음대로 자리를 차지하라고 했다. 그런데 이 재벌은 망설이더니 "아닙니다. 아무래도 저 사람들을 따라가야 할 것 같네요. 그 소문이 진짜일지도 모른다는 생각이 드는데요"라며 지옥으로 질주했다.

이야기 속의 재벌은 자기가 한 거짓말에 넘어간 것 같지만, 관성적 사고가 어떻게 작용하는지를 보여주고 있다. 사람들이 우르르 몰려가는 것을 보면서 자신의 거짓말을 의심하고, 애당초 목적을 망각해버린 것이다.

타이완의 작가 우뤄취엔(吳若權)은 이렇게 말했다.

"가난한 사람이 다이아몬드 반지를 끼면 사람들은 유리반지라고 한다. 하지만 부자가 유리반지를 끼면 사람들은 다이아몬드라고 생각한다."

관성적 사고는 이렇게 사실을 왜곡한다. 대부분의 사람은 다이아몬드는 부자나 가질 수 있고, 유리반지는 가난뱅이의 장식품이라는 편견 혹은 통념을 가지고 있다. 그래서 다이아몬드를 식별할 수 있는 사람도 초라한 행색의 사람이 다이아몬드 반지를 끼고 있으면 유리반지라 생각한다.

관성적 사고방식은 습관적으로 과거, 혹은 굳어진 인식으로 문제를 생각한다는 의미이다. 외부의 힘이 작용하지 않는 상태에서 물체가 관성 운동을 하듯이, 머리를 쓰지 않고 상투적으로 생각하다 보면 '맹점'이 생겨난다.

　이런 심리적 현상은 사람들의 심리를 움직이는 큰 힘이 있다. 그러므로 자신의 뜻대로 다른 사람을 움직이려 한다면 인성 중의 이런 약점을 잘 파악해야 한다. 상대적으로, 다른 사람의 손아귀에서 놀아나지 않으려면 자신의 굳어진 사고방식을 찾아내서 참신한 역발상을 하는 노력을 해야 한다.

순리를 따라야 성공할 수 있다

　　　　　같은 물건을 낱개로 3개 사는 것과 슈퍼마켓에서 3개짜리 한 묶음을 사는 것, 어느 쪽이 더 합리적일까? 보도에 따르면 몇몇 대형 슈퍼마켓에서 묶음으로 파는 상품은 값이 싸지 않을 뿐만 아니라 낱개로 같은 양을 사는 것보다도 비싸다고 한다. 세심한 소비자가 살펴보니 유명 브랜드의 휴지는 1개가 8.4위안인데, 바로 옆에서 3개로 묶어 판매하는 같은 휴지는 26.6위안으로 1.2위안이 비쌌다. 이 소비자가 다른 슈퍼마켓에서 음료수를 비교해보니 역시 묶어 파는 것이 비쌌다.

　소비자들은 일반적으로 패키지 상품을 구입하거나 한번에 많이 사면 돈을 아낄 수 있다고 생각한다. 하지만 꼼꼼히 살펴보면 낱개로 사는 것이 패키지 상품보다 저렴하다. 상식적으로 생각할 때 대량으로 구매하면 가격 혜택을 주어야 한다. 하지만 대형 마켓들은 한꺼번에 많이 사는 것이 싸다고 선전하여 소비자를 유혹하면서, 실제로는 낱개보다 묶음 상품을 더 비싸게 파는 속임수를 쓰고 있다.

소비자들이 마켓의 영업 전략에 손해를 보는 것이 확실하지만, 판매 전략이 뛰어나다는 사실을 인정하지 않을 수 없다. 그들이 《손자병법》에 나오는 전략으로 소비자를 조종하고 있기 때문이다. 즉, 머리가 좋은 사람들은 싸우지 않으면서 세(勢)를 이용하여 승리를 거둔다(故善战者, 求之于势, 不責于人, 故能择人而任势). 심리학적으로 해석하면 '세(勢)'는 '관성적 사고'로서, 사물의 고유한 특징으로 승리를 이끌어내는 것이다. 굳이 그 특징이나 기존의 틀을 바꾸는 것이 아니다.

세(勢)가 무엇인지 좀 더 살펴보면, 《손자병법》은 다음과 같이 설명하고 있다.

뛰어난 장수는 인재를 발탁하여 '세(勢)'를 갖도록 한다. '세'를 잘 활용하는 사람의 군사술은 마치 나무나 돌을 움직이는 것과 같다. 나무와 돌은 평지에서는 멈춰 있고, 높은 곳에서는 낮은 곳으로 구르는 성질이 있다. 군사를 잘 지휘하는 사람은 높은 산에서 둥근 돌을 굴리는 것과 같은 작전을 구사한다. 이것이 바로 병법상의 '세'이다. 세력으로 이익을 만들어내고, 세를 따르는 것은 자신이 힘을 쓰지 않고 남의 힘을 빌려 싸우는 것이다. 즉, 상대의 특징을 활용하여 무너뜨리는 것이다.

앞서 말한 대형 마켓의 상술은 많이 살수록 값이 싸다는 소비자의 관성적인 사고를 알고 있기 때문에 소비자들이 많이 사도록 유도하되 값을 내리지 않는다. 그리고 소비자들은 생각의 틀에 사로잡혀서 상술에 이용당하고 있다는 의식을 하지 못한다.

똑똑한 사람들은 사람들의 틀에 박힌 생각을 잘 이용할 뿐, 그들의 사고

방식을 바꾸려 하지 않는다. 그래서 주식시장의 작전세력들은 소액 투자자들의 관성적 사고를 이용하여 배를 불린다. 구체적인 방법을 살펴보면, 1차로 주가를 내려 개미 투자자들이 실망하게 한다. 2차 작전 때도 주가를 내리면 투자자들은 주식을 사지 않은 것을 후회한다. 3차로 또 주가를 내리면 소액투자자들은 자신의 예측이 맞았다고 기뻐하며 미친 듯이 주식을 사들인다. 1차 작전 때 투자자들은 반신반의하고, 2차 작전에 걸려든 투자자들은 완전히 작전세력에 말려든다. 3차 작전으로 자신의 예측이 정확했다고 확신한 투자자들이 주식을 고수하다 결국 작전세력에 속아 깡통이 되고 만다.

작전세력들이 소액투자자들에게 주식을 팔지 말고 지니고 있으라고 강요할 수는 없다. 인간은 누구나 반항하는 심리가 있어서 오래 보유하면 주가가 오른다고 권유할수록 매각하는 경우가 많기 때문이다. 그런데 작전을 펴서 투자자들의 입맛을 맞춰주면 그들은 마치 자기가 주식의 고수인 양 착각하여 작전세력의 주식을 붙들고 있다가 만회할 수 없는 손해에 땅을 치게 된다.

관성적 사고는 인간의 약점으로, 특정한 규칙을 준수하는 심리에서 기인한다. 심리학에서는 한 사람의 1일 행동량 가운데 대략 5%는 비습관적이라고 말한다. 어떤 일을 오래 하면 습관이 생기듯, 생각에도 굳은살이 생겨 관성적인 사고를 하게 되는 것이다. 정도의 차이는 있지만 모든 사람은 자신의 관성적인 사고에 의해 좌우된다. 예를 들어 출근할 때 같은 길로만 다니고, 식당 몇 개를 이용하고, 좋아하는 몇 가지 메뉴를 잘 벗어나지 못한다. 습관적인 행동을 오랫동안 고수하다 보면 관성이 생겨 부지불식간에 새로운 것들을 배척하면서 변화를 거부하게 된다.

　19세기 중반에 미국 서부에서 금광이 발견되자 사람들이 몰려드는 골드러시 현상이 일어났다. 수많은 사람이 일확천금의 꿈을 품고 금광 지역으로 왔을 때, 금이 목적이 아니라 물을 팔러 온 사람들이 있었다. 그들은 금맥이 있는 곳에는 물이 없어서 깨끗한 물이 아주 귀하다는 사실을 알고 있었기 때문이다. 그래서 물장사들은 외지에서 물을 가져와 금에 눈이 먼 사람들에게 팔았다. 금을 캐는 사람들은 물을 먹지 않고 살 수는 없으므로 힘들게 얻은 금을 물과 바꿨다. 몇 년 후, 금을 발견해 부자가 된 사람은 얼마 되지 않았지만 이들에게 물을 판 사람들은 막대한 수입을 올렸다. 골드러시가 끝난 후, 금을 캐러 왔던 사람들은 대부분 목이 말라 죽었지만, 물장수들은 금의환향했다. 금에만 정신이 팔린 사람들은 금광을 찾는 것보다 더 쉽게 돈을 벌 방법을 끝내 몰랐던 것이다. 물장사 이외에 골드러시로 막대한 부를 챙긴 업종이 있다. 금광 노동자들은 흙과 모래 더미에서 일하므로 바지가 너무 빨리 닳아 입을 수 없게 되자 튼튼한 텐트 천으로 바지를 만들었다. 눈치 빠른 한 노동자는 금광 일을 그만두고 바지를 만들어 팔아 거부가 됨과 동시에 새로운 패션 스타일을 창조하는 선구자가 되었다. 골드러시에 탄생한 청바지가 바로 그것이다.

　대형 마켓의 묶음 상품, 주식 시장의 작전세력들, 골드러시 시대의 물장수와 청바지를 만들어 낸 사람 등은 보통사람들의 상투적인 사고를 전복하여 자신의 목적을 이뤘다. 이들의 예에서 알 수 있듯이, 끊임없이 자신의 사고 패턴을 이해하고 점검하여 역발상을 하고, 타인의 관성적 사고와 약점을 이용하면 성공과 승리가 손에 잡힐 것이다.

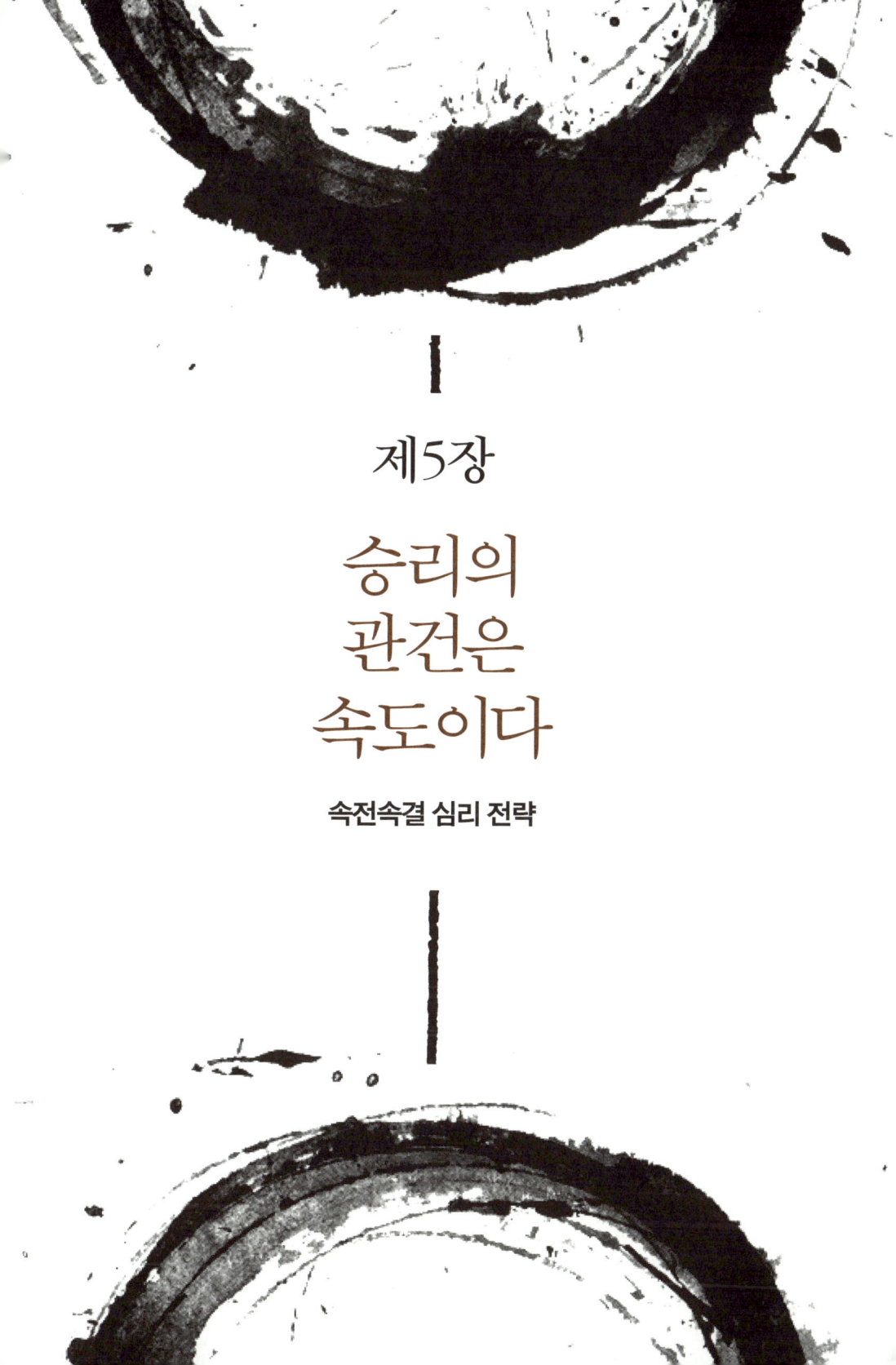

제5장

승리의
관건은
속도이다

속전속결 심리 전략

손자는 전쟁이 길어지면 군사들이 피로해져 민첩함을 잃고, 공격할 때 힘을 많이 소모하게 된다고 했다. 어떤 일을 할 때는 처음에 기세를 올려 단숨에 처리해야 한다. 시간을 오래 끌다 보면 심리적인 변화가 생긴다. 왜 일단 일을 저지르고 수습하는 것이 효과적일까? 왜 매도 먼저 맞는 것이 나을까? 결혼생활에서 '7년 만의 외출'을 하게 되는 까닭은 무엇일까? 현실에서 벌어지는 많은 일이 시작이 아름답다고 결말까지 아름답지는 않다는 사실을 증명한다. 과정이 너무 길면 권태감, 나태함, 소홀함 등이 일을 그르치기 때문이다.

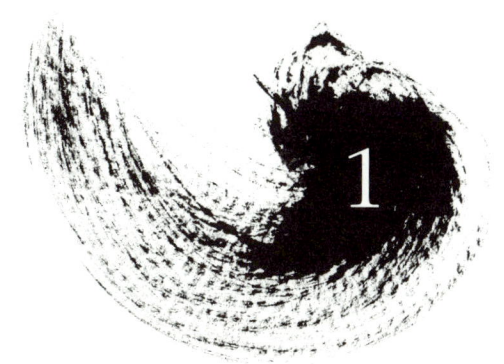

1

때를 기다릴 것인가, 일단 저지르고 볼 것인가

626년 6월 4일, 당 나라의 태자 이건성(李建成)과 제왕(齊王) 이원길(李元吉)이 고조 이연(李淵)을 알현하러 궁궐로 들어가는 길목을 진왕(秦王) 이세민(李世民)이 숨어서 지켜보고 있었다. 이건성과 이원길이 현무문으로 들어가는 모습을 확인한 이세민은 장군 위지공(尉遲恭)에게 사살하라고 한 뒤 동궁부와 제왕부를 지키던 위병들을 공격했다. 그리고 고조에게는 태자와 제왕이 반란을 일으키려 해서 죽였다고 거짓 보고를 했다. 역사에서는 이 사건을 '현무문의 변'이라고 부른다. 이후 고조는 이세민을 태자로 봉하고 국사를 다스리도록 했다. 같은 해 8월 고조는 이세민에게 제위를 선양하고 자신은 태상황이 되었다.

'현무문의 변'은 역사적으로 가장 성공적인 '선참후주(先斬後奏)'의 사례이다. 선참후주는 먼저 일을 저지르고 나중에 윗사람에게 보고한다는 뜻이다. 이세민이 형들을 죽인 다음 보고를 한 이유는 아버지인 이연이 아무리 모반을 꾀했다고 해도 이들을 처단할 가능성이 그리 크지 않았기 때문이다. 그러므로 이세민의 '선참후주'는 매우 효율적인 일 처리였다고 할 수 있다. 무엇보다도 형들과 진검 승부를 하기에는 그에게 힘과 시간이 부족했기 때문이다.

《손자병법》에서는 전쟁을 할 때는 속전속결로 해야지, 길게 끌면 좋지 않다(故兵貴胜. 不貴久)고 했다.

무슨 일이든 뜸을 들이다 보면 중간에 예상치 못한 변고가 생겨 처음 계획과 어긋나기 쉽다는 점을 손자는 잘 알고 있었던 것이다.

'한번 잃은 기회는 다시 오지 않는다'는 말처럼 기회는 슬그머니 왔다가 갑자기 사라지므로 속전속결로 기회를 이용하지 않으면 평생 한이 될 수 있다. 그러므로 자신의 의도대로 할 수 없을 때는 먼저 일을 성사시킨 뒤 주위 사람들의 동의를 구하는 방식으로 하여 기회를 놓치지 말아야 한다.

춘추시대 제나라 사람 사마양저(司馬穰苴)는 병법에 정통하여 경공(景公)에게 발탁되었다. 경공은 그를 대부로 임명하면서 진(晉)나라와 연 나라의 침략군을 막게 했다. 그런데 사마양저는 사양하며 이렇게 말했다.

"왕께서는 미천한 평민 출신인 저를 대부의 자리에 앉히는 은혜를 베푸셨습니다. 그런데 사병들과 백성이 제가 미천한 신분이라 얕보아서 믿고 의지하지 않습니다. 바라건대 왕께서 총애하시고 백성이 존경하는 인물이 군대를 지휘하게 하십시오."

사마양저의 말이 일리가 있다고 생각한 경공은 장가(莊賈)를 감군(監軍)으로 임명했다. 사마양저는 조정을 나오면서 장가와 다음 날 정오에 영문 앞에서 군대를 이끌고 출정하기로 약속했다.

다음 날 사마양저는 약속시간보다 일찍 나와 군영에 도착하여 군사들을 정렬시킨 뒤 장가를 기다렸다. 그런데 장가는 집에서 친구들과 송별연을 벌이다 약속 시간을 놓쳐버렸다. 사마양저가 부하를 보내 출정해야 한다고 하자 장가는 큰소리를 쳤다.

"미천한 놈이 장군이 되더니 눈에 보이는 것이 없단 말이냐? 약속 시간이 그렇게 중요하단 말이냐?"

오후가 지나도록 장가가 나타나지 않자 사마양저는 "해가 지도록 감군께서 오시지를 않으니 부장이 직접 찾아가서 병사들이 기다리고 있다고 전해라"라고 명령했다. 부장이 장가의 집에 가보니 술에 취한 장가와 친구들로 난장판이었다. 부장을 본 장가는 "건방진 놈! 감히 내 집에 마음대로 들어왔느냐?"라고 버럭 소리를 질렀다. 부장이 빨리 군영으로 나오라는 사마양저의 말을 전하자 장가는 즉시 가겠다고 했다. 그런데 이 무렵 제나라의 한 성이 적에게 함락되었다는 소식이 들어왔고 사마양저는 화가 나고 조급해진 나머지 직접 장가의 집으로 가기로 했다. 사마양저가 말에 오르는 순간 장가가 마차를 타고 도착하여 군영으로 유유히 들어왔다. 사마양저가 왜 약속한 시간에 오지 않았느냐고 묻자 장가는 아무런 대꾸도 하지 않았다. 사마양저는 군법관을 불러 물었다.

"장수가 지정된 시간에 도착하지 않으면 어떻게 해야 하는가?"

군법관은 지체없이 "그 자리에서 참수해야 합니다"라고 대답했다. 겁이 난 장가는 급히 부하를 보내 경공에게 사정을 말하고 구명을 해달라고 했다. 하지만 사마양저는 장가의 목을 베게 하고, 이 사실을 3군에 알렸다. 사병들은 사마양저가 법에 따라 군대를 엄격하게 다스리는 데 감탄하며 투지를 불태웠다. 진나라와 연나라의 군대는 이 소식을 듣고 놀라 황급히 황하 북쪽으로 퇴각했다. 제나라 군사는 승기를 놓칠 수 없다는 듯 이들을 추격하여 함락되었던 영토를 되찾았다. 군대가 개선하는 자리에는 경공과 문무백관이 나와 영접했고, 관례에 따라 병사들에게 상을 주었다. 경공은 사마양저에게 장가를 처형한 책임을 묻지 않았고, 더 나아가 그를 대사마로 임명하여 제나라의 군정을 장악하도록 했다.

경공의 총신인 장가를 처벌하도록 요청했다면 받아들여지지 않았을 것이다. 설령 경공이 대의를 위해 승낙을 했더라도 처벌하는 데까지는 시간이 오래 걸렸을 것이다. 그런데 제 나라가 성을 빼앗겨 군대의 분위기가 흉흉한 상태에서 장가를 그대로 두면 결과가 좋을 리가 없었다. 결단이 늦어질수록 병사들의 사기와 투지는 더욱 떨어져 강력한 진과 연의 군대를 상대할 수 없음은 불을 보듯 뻔했다. 그래서 사마양저는 먼저 장가를 죽인 뒤 경공에게 알렸다. 이처럼 전쟁은 물론이고 어떤 일을 할 때 시간을 끌면 기회를 놓치기 쉬우므로 용기 있는 사람은 이해득실을 따져보고 '선참후주'를 하여 성공을 거둔다.

짧은 시간에 높은 사기로 싸워야 승리한다

　　춘추시대에 제나라의 침입을 받은 노(魯)나라의
장공(莊公)은 모사 조귀(曹劌)에게 함께 싸우자고 했다. 제나라는 군사력이
막강한데다 얼마 전의 승리로 사기가 충천하여 노나라를 안중에 두지도 않
았다. 북소리가 울리기 시작하자 제나라 군대는 노나라 군대를 향해 몰려
들었다. 장공도 북을 울려 적군과 맞서게 하려 하는 순간 조귀가 제지했다.

　"제나라의 병사들은 사기가 높으므로 우리가 급히 맞서 싸우면 크게 불
리합니다. 지금은 싸우지 않고 시기를 기다리는 것이 최선입니다."

　장공은 조귀의 말대로 포진을 거두고 기회를 엿보기로 했다. 제나라 군
대가 노나라 군대의 진지 앞까지 왔지만 노나라 군사들은 꼼짝도 하지 않
았다. 다시 북을 울리며 제나라 군대가 공격을 하려 했지만 장공은 군사들
에게 그대로 있으라는 명령을 내렸다. 제나라의 장군은 세 번째로 북을 울
리며 공격을 명령했다. 이때 관전을 하던 조귀가 "이제 북을 울리고 출격

해야 합니다!"라고 했다. 장시간 때를 기다린 노나라의 군사들은 한껏 사기가 올라 죽을힘을 다해 싸워 일격에 제나라군대를 패퇴시켰다.

기쁨에 들뜬 장공이 조귀에게 물었다.

"우리 군대가 어떻게 한 번 북소리가 울리자 세 차례나 공격을 하려던 제나라군을 물리칠 수 있었는가?"

조귀가 상세하게 설명을 했다.

"아군과 적군의 병력이 엇비슷한 상황에서 관건이 되는 것은 '사기'입니다. 장수와 병사들이 용기가 있으면 승리할 수 있지만, 병사들의 기가 빠지면 실패합니다. 북소리는 사기를 올리는 수단이 되는데, 첫 번째 북소리에 사기가 가장 높습니다. 두 번째 북이 울렸을 때는 첫 번째보다 사기가 낮습니다. 세 번째 북이 울렸을 때는 병사들이 기진맥진한 상태이므로 이때 공격을 하면 필승할 수 있습니다. 우리는 줄곧 '사기'를 지키고 있었기 때문에 이길 수 있었습니다. 하지만 제나라 군사들은 세 번이나 북소리를 들었으므로 매우 지쳐 있었습니다. 그래서 북소리의 횟수에 따라 첫 번째는 기세등등, 두 번째는 만신피로, 세 번째는 기진맥진이라는 말이 나온 것입니다."

노나라 군대는 한 번의 북소리를 듣고 사기가 한껏 올라갔지만, 제나라 군대는 앞선 두 번의 북소리로 긴장이 풀렸고, 세 번째에는 극도의 피로감으로 싸울 기력이 없었던 것이다. 조귀는 '북소리'의 효력과 상대의 심리를 읽어냈기 때문에 승장이 될 수 있었다.

이는《손자병법》에서 말하는 다음의 계략과 일치한다.

'싸움에서는 속전이 중요하다. 시간이 흐를수록 장수와 사병들의 심신이 피로해지고, 성을 공격하는 시간이 길어지면 병력과 재력의 소모가 극심해진다. 그러므로 속전속결로 싸움을 해야지, 시간을 오래 끌면 승리할 수 없다. 인간은 천성적으로 참을성이 부족하므로 시간이 흐를수록 열정을 잃어버린다. 따라서 에너지와 기세가 좋은 짧은 시간 동안 신속하게 일을 끝내야 좋은 결과를 얻을 수 있다(作战贵在速胜, 旷日待久就会导致将士身心疲惫, 锐气受挫, 攻城就会慢慢兵力耗尽, 国家的财力也会感到拮据. 所以, 用兵只听说过简单的速决, 没有听说过因指挥灵巧而使战争久拖不决的. 因为人的本性决定了人的耐力不足, 不可能长时间对一件事情保持高涨的热情, 所以只能在气高涨的短时间内将一件事情迅速做完, 才能达到'又快又好'的效果).'

싸움에서뿐만 아니라, 어떤 일을 하든지 간에 시간을 끌게 되면 권태감이 생겨 적극성과 능동성이 사라지므로 제나라 군사와 마찬가지로 실패하게 된다.

일상생활에서도 흥미진진하게 일을 시작했다가도 과도한 긴장으로 무너지는 경우가 허다하다. 혹자는 이렇게 말한다.

"일에서 가장 중요한 것은 기세이다. 불이 꺼진 다음 다시 켜는 것은 시간과 돈의 낭비라는 사실을 잊어서는 안 된다. 공세를 펼 때는 끈질기게 공격하여 일거에 성공해야 한다."

자기계발의 대가인 데일 카네기는 이렇게 말한 바 있다.

"목표를 향해 가는 것은 '의지'이고, 멈추지 않는 힘은 '기개'이다. 의지와 기개가 합쳐졌을 때 비로소 성공할 수 있다."

1933년, 미국의 인종차별을 반대하는 상원의원들이 공동으로 흑인에 대한 린치(사적인 잔인한 폭력-옮긴이)를 연방법원에서 심리하도록 하는 법안을 발의했다. 대다수 의원이 찬성했지만, 남부 출신의 한 의원이 반대했다. 인종차별을 당연시하는 이 의원은 법안 통과를 저지하기로 단단히 마음먹었다.

그는 법안이 제출된 다음 날부터 의사 진행을 방해하는 필리버스터링(의회 안에서 다수파의 독주를 막기 위해 이뤄지는 합법적 의사진행 방해행위 — 옮긴이)을 시작했다. 연단에 선 그는 장장 닷새 동안 쉬지 않고 온갖 주제를 동원하여 자신의 박식함을 과시하면서 마라톤 연설을 했다. 한 세심한 기자가 집계를 해보니 이 의원은 연대에서 총 75킬로미터를 움직였고, 생동감을 불어넣기 위해 제스처를 1만여 번 취했고, 쿠키 300개와 음료수 40킬로그램을 마셨다. 무려 5일이나 계속된 연설로 극도의 피로감에 젖은 의원들은 마침내 법안 상정을 포기했다.

흑인에 대한 잔혹한 린치를 금지하기 위한 취지에서 발의된, 당시 진보적인 법안이 '시간의 힘' 앞에 무너진 것이다. 필리버스터링을 한 의원은 인종차별 폐지를 위한 의욕에 불타는 의원들이라도 끔찍하게 긴 연설을 듣다 보면 반감이 생겨 당초 목적을 망각하게 되리라는 전술로 자신의 목적은 달성했지만, 역사에 오점을 남겼다. 속전속결로 적을 물리쳐야 한다는 《손자병법》을 완전히 역으로 이용한 예라 하지 않을 수 없다.

3

'참수 행동'은 왜 탁월한 효과가 있는가?

'참수(斬首) 행동'이란 미사일로 적의 중요 기관과 지도자를 저격하여 저항하지 못하도록 하는 군사 작전을 일컫는 단어이다. 참수 행동의 핵심 요소는 신속성과 정확성으로 미국에서 처음 개발했다. 이 작전은 '기선제압'이라는 전쟁 이론에 기초한 것이다.

흔히 말하는 '기선제압'은 적군보다 빠르게 출격하여 예상치 못한 곳을 공격함으로써 유리한 위치를 점한다는 의미이다. 기선제압은 반고(班固)가 처음으로 《한서(漢書)》〈항적전(項籍傳)〉에서 "먼저 공격하면 제압할 수 있고, 늦게 공격하면 제압당한다"라고 말한 데서 유래했다.

《손자병법》에서는 적군보다 먼저 전쟁터에 들어가 힘들이지 않고 주도적인 위치를 점하여 적을 수세로 몰아야 한다고 했다. 특히 험준한 지역은 먼저 점령하고, 위험한 곳은 빨리 벗어나야 한다(先处战地而待敌者佚, 后处战地而趋战者劳. 故善战者, 致人而不致于人).

기선제압에서 무엇보다 중요한 것은 속도이다. 2002년 7월 중국 최대, 그리고 세계 3위의 가전업체인 하이얼(海爾) 그룹이 간부들을 대상으로 연 세미나에서 장루이민(張瑞敏) 회장이 질문했다.

"돌이 물에서 떠있게 하려면 어떻게 해야 합니까?"

"돌의 안쪽을 파내서 가볍게 하면 됩니다!"

회장이 고개를 저었다.

"돌을 받침대에 올려놓으면 됩니다!"

"가짜 돌을 만들면 됩니다!"

이 대목에서 사람들이 폭소를 터뜨렸다.

"돌은 진짜입니다"라고 회장이 대꾸했다. 이때 부회장이 "속도입니다"라고 대답하자 회장은 "맞습니다"라고 박수를 쳤다.

장루이민 회장은 《손자병법》에 나오는 '흐르는 격류가 큰 바위도 물에 흘려보낼 수 있는 것은 끊임없이 지속되는 물의 기세 때문(激水之疾, 至于漂石者, 勢也)'이라는 구절을 소개했다. 그는 정보화 시대에 기업의 운명을 결정하는 것은 속도라고 강조했다. 시장의 변화를 따라잡고, 더 나아가 세계 각국 소비자들의 수요를 만족시키기 위해서는 항상 속도감을 잃지 말아야 한다는 것이다.

경영학자들은 무한 경쟁 시대에 기업이 살아남기 위해서는 신속한 정책 결정을 해야 한다고 주장한다. 하이얼의 '속도가 승패를 좌우한다'는 경영 이념은 그룹의 발전과 성장에서 가장 중요한 요인으로 작용했다. IT 분야의 치열한 경쟁은 상상을 초월할 정도인데 하이얼은 2005년에 집중적으로 컴퓨터 부문에서 여타 기업들보다 유연하고 빠른 정책 결정을 함으로써 PC시장의 최강자가 되었다.

속전속결을 하기 위해서는 싸울 기회를 찾고, 정책을 결정하고, 행동을 취함에 있어 재빨라야 한다. 기회가 왔을 때 꽉 잡았으면 성공할 가능성은 더욱 커진다. 오늘날과 같이 경쟁이 치열한 사회에서 기회의 선점은 결정적인 역할을 한다. 강자들은 다른 사람들이 준비하지 않은 상태에서 일찌감치 행동을 취한다. 성공한 사람의 비결은 되새겨볼 만하다.

"어떤 일을 두 사람이 할 수 있다고 말할 때는 시도해도 된다. 열 사람이 해도 된다고 할 때 하면 성공할 수 있다. 하지만 백 명의 사람이 해도 된다고 할 때 하면 성공할 수 없다."

무슨 일을 하든지 간에 효율성을 따져봐야 하고, 신속하게 진행해야 성공할 수 있다.

2000년 5월에 모스크바에서 열린 세계 사이클 선수권대회에서 중국의 장추이화(姜翠華)는 500미터 트랙 경기에서 세계신기록 보유자인 펠리시아 발랑거 선수와 대결하게 되었다. 장추이화는 속도와 지구력에서 뛰어났지만 출발 속도가 느렸고, 발랑거는 정반대였다. 이 대회는 시드니 올림픽을 앞두고 서로의 기량을 탐색한다는 의미가 있었다. 장추이화의 코치는 출발 속도를 올리는 훈련을 중점적으로 하여 효과를 거뒀기 때문에 자신감이 있었다. 출발에서 끝에서 두 번째였던 장추이화는 사력을 다해 경기한 결과 35.004초의 좋은 성적을 거뒀다. 발랑거는 처음부터 호조를 보였지만 35.010초로 장추이화에 우승을 내주었다. 스포츠는 속도와 힘을 겨루는 것이지만 일부 종목에서는 속도가 훨씬 중요하다. 인생도 그렇다. 자신의 속도를 높이면 대부분 승리한다.

군사 행동, 사업, 스포츠, 일상사 등 분야를 막론하고 '참수 행동'이 현저한 효과를 보는 이유는 상대가 미처 충분한 대책을 세우기 전에 일격을 가할 수 있기 때문이다.

《손자병법》에서 속전속결을 강조한 이유는 상대가 미처 대응할 여지가 없는 상태에서 주도적인 위치를 점하는 것이 얼마나 중요한가를 가르쳐주기 위해서이다. 많은 사람이 중대사를 앞두고 너무 많은 생각을 하고, 우유부단하게 결정을 미룬다. 그러나 기회는 사람을 기다리지 않고 사라지는 속성이 있다. 잽싸게 기회를 잡는 사람만이 실패의 쓴잔을 마시지 않는다.

긴 고통보다는
극렬한 짧은 고통이 낫다

'오래 아픈 것보다는 짧은 고통이 낫다'는 속담이 있다. 기다림이나 사랑에는 '쾌도난마' 식으로 해결을 해야 상처가 덜 하다는 것이다. 긴 고통과 짧은 고통 중 어느 쪽이 나은지는 사람마다 생각이 다르지만, 심리학적으로는 확실히 짧게 앓는 편이 좋다.

《손자병법》에는 '전쟁은 전략이 졸렬하더라도 단기전으로 끝내는 것이 좋으며, 장기전으로 가서 성공했다는 말을 들어본 적이 없다(兵聞拙速, 未睹巧之久也)'라는 말이 나온다.

전쟁과 고통을 비교한다면, 속도전이 짧은 고통이라면 지구전은 오랜 고통에 해당한다. 통증이 오래가는 것보다 짧게 아픈 것이 훨씬 나은 것이 사실이지만, 일반적으로 긴 통증과 짧은 통증에 대한 정의에는 차이가 있다. 즉 긴 통증은 은근하게 지속되는 아픔이지만, 짧은 통증은 극렬한 고통을 의미한다. 그래서 어느 한 쪽을 선택해야 한다면 많은 사람이 긴 통증 쪽으로 기운다. 반대로, 고통이 심해도 짧은 시간 동안만 견디면 되는 쪽이 낫다는 사람들도 있다.

당대의 시인 두기(竇泉)는 "군자는 결점을 고쳐 자신의 재능을 펼치고, 용감한 자는 독사에 물렸을 때 팔뚝을 잘라 목숨을 보전한다"라고 했다. 팔을 자르는 짧은 고통을 견딤으로써 생명을 유지하는 편이 은은하게 긴 고통을 견디는 것보다 낫다는 의미이다.

미국 사우스캐롤라이나 주의 농부 파커는 기계 속에 낀 옥수수 가루를 제거하려다 오른쪽 팔이 파이프 속으로 들어가는 사고를 당했다. 살려달라고 소리를 쳤지만 주위에는 아무도 없었다. 당황해서 어쩔 줄 모르는 와중에 갑자기 기계에서 불이 나자 파커는 그대로 타죽을 수 없다는 생각에 칼로 자신의 오른쪽 팔을 자르고 현장에서 벗어났다. 집으로 오는 길에 그는 소방대원을 만나 병원으로 후송되어 치료를 받았다.

자신의 팔을 스스로 자르는 것은 매우 고통스러운 일이므로 대단한 용기가 필요하다. 하지만 팔을 자르는 짧은 고통을 참으면 '긴 고통'인 죽음을 면할 수 있다. 그러므로 파커는 짧은 고통을 견뎌 목숨을 건졌다. 파커와 정반대인 사람도 있다. 독사에게 팔을 물린 사람이 의사에게서 약물로 치료할 수 없으니 팔을 잘라야 한다는 진단을 받았다. 독이 온몸에 퍼지지 않도록 팔을 절단해야 했지만 그는 수술이 두려운데다 외팔이 되는 것은 더욱 끔찍하다고 생각해 거부했다. 결국 그는 독이 전신으로 퍼지는 바람에 사망했다.

장기간의 고통과 짧은 고통 가운데 어느 쪽을 선택할지는 심리학의 문제이다. 잠깐의 죽을 만큼 괴로운 통증을 견딜 수 있는 사람이 있는가 하면,

차라리 통증의 정도가 약한 긴 고통을 택하는 사람도 있기 마련이다. 긴 고통과 짧은 고통의 차이는 고통의 크기가 아니라 고통이 자신에게 미치는 영향에 있다.

  장기간의 고통은 그리 심각하지 않더라도 당사자를 끊임없이 괴롭히며 생활에 영향을 미치고, 더 큰 고통을 초래할 수도 있다. 이에 비해, 짧은 고통은 팔을 잘라야 할 정도로 극심하더라도 근절을 하게 되므로 새 삶을 얻을 수 있다. 그러므로 머리가 좋은 사람이나 고통의 본질을 이해하는 사람은 짧은 시간의 고통을 택한다. 아무도 대신해줄 수 없는 격렬한 고통이라도 겪고 나면 잊히고, 새롭게 출발할 수 있기 때문이다.

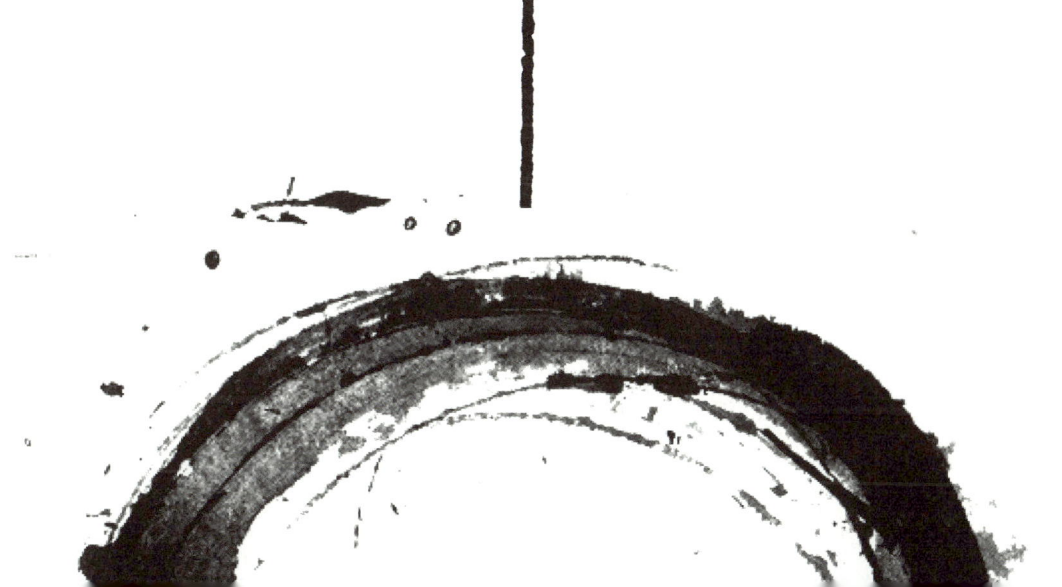

제6장

싸우지 않고
상대를 굴복시키는 것이
최상이다

위협의 심리 전략

적군 1만 명을 죽이고 아군 8,000명을 희생시켜 승리하는 것은 양측 모두의 패배라 할 수 있다. 그래서 손자는 "백전백승이 최상책이 아니라, 싸우지 않고 적을 굴복시키는 것이 최상이다" 라고 했다. 싸우지 않고 굴복시키는 방법은 많지만 가장 효과적인 것은 상대가 감히 맞설 엄두를 내지 못하고 투항하게 하는 것이다.

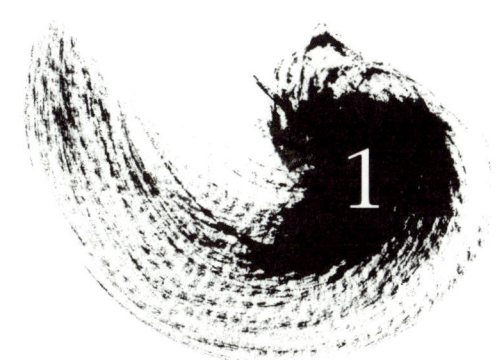

접주기와 일벌백계의 효용성

기원전 213년, 진시황이 천하를 통일한 지 9년째 되던 해에 승상 이사(李斯)가 상소를 올렸다.

"이제 천하가 안정되고 법령이 통일되었으니 백성은 생업에 몰두하고, 선비들은 법령과 제도를 열심히 공부해야 할 것입니다. 그런데 일부 배운 자들이 고서에 적힌 내용을 근거로 정치를 비판하고 있어 통치에 어려움이 있으니 금지해야 합니다. 따라서 사관들이 가진 책들 가운데 진나라의 역사에 관한 것이 아니면 모두 불태우도록 해야 합니다. 정부가 임명한 박사관(博士官)이 소장하고 있는 《시경》과 《상서》를 제외한 사사로이 소장하는 책들을 모두 불태워 불온한 사상의 뿌리를 뽑아야 합니다."

진시황은 통일한 지 얼마 안 되었으므로 6국의 백성이 완전히 진나라에 굴복하지 않았다는 사실을 잘 알고 있었다. 특히 일부 지식인들이 자신에 대해 큰 불만을 품고 국정을 비판하는 현실을 감안하여 이사의 건의를 받아들였다. 개인이 소장한 책들을 몰수하여 불태우고, 방사(方士, 신선의 도를 닦는 사람)와 유생 460명을 생매장했다. 분서갱유 후 조정을 비판하는 목소리는 사라졌고, 백성도 한층 고분고분해졌다. 진시황에게 불만을 품은 사람이 460명에 불과하지는 않았지만 이 정도로 그친 것은 순전히 위협이 목적이었기 때문이다. 진시황의 목적은 천하의 유생들을 다 죽이는 것이 아니라, 소수만 죽임으로써 살아남은 유생들이 겁에 질려 정치를 비판하지 못하도록 입막음을 하는 것이었다. 산을 울려 호랑이가 두려워하도록 하는 전형적인 수법이다.

《손자병법》에서는 '싸우지 않고 적을 굴복시키는 것이 최상(不战而屈人之兵, 善之善者也)'이라고 했는데, 상대를 위협하는 방법이 특히 유효하다.

큰 소리를 내서 산이 울리면 겁먹은 호랑이는 산에서 내려오기 마련이다. 심리전에 속하는 이 방법은 상대의 심리를 한껏 이용하는 것이다. 진시황과 유생들의 관계는 소수와 다수의 싸움으로 진시황이 불리할 수 있는 상황이었다. 유생들은 자신들이 수적으로 유리하다고 생각했고, 진시황은 천하를 다스리는 데 유생의 지혜를 빌리지 않을 수 없었기 때문이다. 이런 역학관계를 잘 아는 유생들은 거침없이 조정을 비판할 수 있었다. 하지만 진시황은 비판적인 인물들을 다 죽이는 대신 일부만 죽임으로써 다수의 유생을 제압하는 효과를 보았다.

산을 울려 호랑이를 잡는 방법과 비슷한 것이 '일벌백계'이다. 일벌백계는 타인의 심리를 조종하는 방법으로 많이 사용된다. 강태공은 주나라의 무공을 도와 은나라를 멸망시킨 뒤 피폐해진 나라를 부흥시키기 위해 인재들을 구하게 되었다. 그가 상으로 받은 제나라에는 광귤(狂橘)이라는 걸출한 인물이 많은 사람의 존경을 받고 있었다. 소문을 들은 강태공이 정치에 참여시키기 위해 찾아갔으나 세 번이나 문전박대를 당했다. 며칠 후 강태공은 자객을 시켜 광귤을 죽였다. 어질고 현명한 인사들을 소중히 여기기로 이름이 난 주공이 강태공에게 왜 광귤을 죽였느냐고 물었다. 강태공의 대답은 이러했다.

"사해 안의 땅은 모두 왕의 것이고, 땅 위의 사람은 모두 신하입니다. 천하가 안정을 찾아야 할 이때, 재능이 있는 사람은 조정을 위해 힘을 보태야마땅합니다. 선비에게는 조정을 옹호하거나 반대하는 두 가지 입장만 있을 뿐입니다. 절대로 중간적인 입장을 취하거나 우유부단하게 행동해서는안 됩니다. 그런데 광귤의 비협조적인 태도를 다른 사람들이 배운다면 어떻게 나라가 지탱할 수 있겠습니까? 그러므로 광귤을 반드시 죽여서 일벌백계의 효과를 봐야 합니다."

배송(裵松)이 주를 단《삼국지》에는 '싸움을 하는 데 있어 마음을 공격하는 것이 상책이고, 성을 공격하는 것은 하책이다' 라는 대목이 나온다. 마음을 공격하는 것이 좋은 책략인 이유는 군사를 동원하지 않고도 승리할 수있기 때문이다.

나무 방망이가 자물쇠가 걸린 큰 대문을 온 힘을 다해 밀었지만 열리지않았다. 열쇠가 이 모습을 보고 작고 마른 몸을 자물쇠 구멍에 넣고 살며시움직이자 '철컥' 하고 문이 열렸다. 방망이가 힘이 훨씬 센 자기가 열지 못한 대문을 네가 어떻게 열었느냐고 열쇠에게 물었다. 그러자 열쇠가 수줍게 대답했다.

"나는 자물쇠의 마음을 공략했거든."

앞서 말한 진시황도 심리전의 고수라고 할 수 있다. 6국을 멸망시켰지만 백성이 완전히 자신의 편으로 돌아서지 않은 상태에서 무력으로 진압을 시도하면 저항을 부를 것이 뻔했다. 하지만 불만 세력의 몇 명만 죽이면 남은 사람들은 살아남고자 진시황의 통치를 받아들일 수밖에 없다는 사실을 잘 알고 있었던 것이다.

한편, 광귤이 조정에서 중용되지 않는다면 유능한 인재들이 조정에 반감을 품고 협조하지 않았을 것이다. 이런 일이 일어나지 않도록 미연에 방지하기 위해 강태공은 광귤을 죽임으로써 '닭을 죽여 원숭이의 기를 죽이는' 전략을 구사했다.

전력을 상실하지 않으면서 적을 물리치는 가장 좋은 방법은 심리전이다. 주위를 어지럽혀 상대를 혼란스럽게 하거나 일벌백계 식의 위협은 심리전의 많은 전략 가운데에서도 그 효과가 탁월하다.

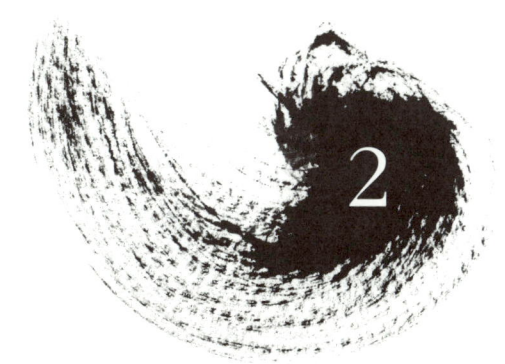

침묵도 마음을 공략하는 전술이 된다

　　　　　미국의 한 변호사가 의뢰인을 대신해 보험회사의
손해사정인과 협상을 하게 되었다. 손해사정인은 변호사가 청산유수처럼
말을 잘한다는 이야기를 들었으므로 단도직입적으로 조건을 제시했다.

"당신이 보상금을 잘 받아내는 전문가라고 알고 있습니다. 하지만 우리
회사는 보잘 것 없는 작은 회사이기 때문에 당신이 원하는 금액을 지불할
수 없습니다. 1,000달러가 마지노선입니다."

변호사는 진지한 표정으로 아무 말도 하지 않았다.

시간이 꽤 흘러도 변호사가 입을 꽉 다물고 있자 손해사정인은 분위기
가 이상하게 돌아가고 있다는 느낌을 받았다. 통상적으로 처음 제시한 보
상액보다 변호사가 높은 액수를 요구하고, 세 번 정도 값을 올리다 타결
을 보기 때문이다. 그런데 유능하고 말솜씨가 좋기로 유명한 변호사가 침
묵을 지키자 손해사정인은 답답해져서 "그럼 1,200달러면 되겠습니까?"

라고 물었다. 변호사는 여전히 입을 떼지 않았다. 손해사정인은 계속해서 1,300, 1,400달러를 불렀다. 그래도 변호사가 말을 하지 않자 손해사정인은 보상 금액을 올려 불렀다. 드디어 2,000달러까지 올라가자 변호사가 "저도 잘 모르겠습니다. 어쩌면……" 하고 우물쭈물했다. 마지막에 보험회사가 지불하기로 약속한 금액은 2,500달러였다. 사실 원래 의뢰인이 변호사에게 받아달라고 한 돈은 1,500달러였다.

협상 테이블에서 전문가들이 구사하는 전략이 언제나 고도의 두뇌싸움은 아니다. 단지 침묵을 지키는 전술로도 상대를 이길 수 있기 때문이다. 무술에서 어떤 초식(招式, 무술·태권도 등에서 품세와 비슷한 의미로 자세, 동작, 기술 등을 포함한 개념─옮긴이)도 쓰지 않으면서 이길 수 있는 것처럼, 침묵으로 대처하면 상대는 심리전을 펼 수 없다. 침묵은 손자가 말하는 '싸우지 않고 적을 굴복시키는(不戰而屈人之兵)' 대표적인 방법이라 할 수 있다.

신문 자동판매기를 발명한 토머스 에디슨은 이 기술을 팔아 실험실을 지으려고 계획했다. 물정이 어두운 그는 아내 미나와 상의를 했지만 그녀도 새 기술의 가치가 얼마나 되는지 짐작하지 못했다. 그녀는 "2만 달러로 해요. 실험실을 지으려면 최소한 2만 달러는 있어야 하니까요"라고 했다. 에디슨이 너무 많지 않으냐고 반문하자 미나는 결연하게 못을 박았다.

"그 정도는 받아낼 수 있어요. 그리고 당신이 업자의 술수에 넘어가지 않기 위해서는 먼저 값을 부르면 안 돼요."

기술을 사려는 사업가와 만난 에디슨은 아무리 생각해도 2만 달러가 너무 높은 가격이라 미안한 마음에 가격을 부르지 못했다. 사업가가 몇 번이나 가격을 제시하라고 했지만 에디슨은 묵묵부답으로 일관했다. 속이 터진 사업가가 "그럼, 10만 달러면 되겠습니까?" 하고 가격을 불렀다. 에디슨은 예상의 5배나 되는 액수에 놀라면서도 속으로 쾌재를 부르며 그 자리에서 계약했다. 집에 돌아온 에디슨은 아내에게 말했다.

"맙소사! 잠깐 침묵하고 8만 달러를 버는 게 말이 되나?"

《손자병법》은 탄생지인 중국보다 일본에서 영향력이 더 크다고 한다. 일본의 상인들은 《손자병법》을 애독하여 내용을 완전히 꿰뚫고 있고, 책 속에 나오는 심리전을 사업에 활용하는 것으로 유명하다. 그중에서도 '적과 싸우지 않고 이기는' 침묵 전술이 자주 쓰인다고 한다.

일본 항공회사의 중역 세 명이 미국 항공회사와 협상을 하게 되었다. 회의는 아침 8시에 열려 2시간 동안 계속되었다. 미국 회사는 주도면밀하게 자료를 수집하여 일본 회사를 공략하는 전략을 세웠다. 이들은 각종 도표와 통계, 그 밖의 자료들을 PTP로 만들어 대형 스크린으로 설명하는 프레젠테이션을 했다. 미국 회사의 대표가 침을 튀기며 일본 회사가 제시한 가격의 부당함을 반박하는데도 일본 측에서는 한마디도 하지 않는 것이 좀 이상하기는 했다.

드디어 프레젠테이션이 끝나 회의실의 불을 켠 미국 회사 대표가 자신감 넘치는 표정으로 미소를 지으며 "다 듣고 나셨으니 의견을 말씀해 주시죠"라고 물었다. 일본 중역 한 명이 상냥하게 웃으며 "우리는 이해를 못 하겠는데요"라고 대답했다. 당황한 미국 대표가 "이해를 못 하겠다는 말이 무슨 뜻이죠? 무엇을 이해하지 못한다는 겁니까?" 하고 물었다. 이번에는 다른 일본 중역이 정중하게 "전부요. 하나도 이해를 못 하겠습니다"라고 대답했다. 깜짝 놀란 발표자가 "어디서부터 이해를 하지 못하신 겁니까?"

라고 묻자 돌아온 대답은 "회의실 불을 끈 직후부터 줄곧 이해를 못 했습니다" 였다. 그러면서 일본인들은 "처음부터 다시 해주십시오" 라고 했다.

미국 직원들은 거의 졸도 직전이 되었고, 자신감도 완전히 사라졌다. 일본인들이 제대로 이해하도록 자료를 정리해서 두 시간에 달하는 프레젠테이션을 다시 한다는 것이 가능하단 말인가? 기진맥진해져 전의를 상실한 미국 회사는 일본 측의 깐깐한 요구를 그대로 받아들였다. 애당초 받아내기로 한 금액을 다 받는 것은 물 건너간 일이고, 협상만 타결되어도 다행이라는 생각이 들었던 것이다. 치열한 사내 경쟁을 거쳐 중역이 된 유능한 일본 항공회사의 대표들이 프레젠테이션의 내용을 이해하지 못했다는 말은 새빨간 거짓말이다. 그들은 침묵을 고수하면서 "이해를 못 하겠는데요" 라는 몇 마디만 함으로써 싸우지도 않고 승리를 했다.

'싸움을 하지 않는 전술'은 상대의 긴장된 심리를 무너뜨리고 대응할 수 없게 만드는, 마음을 공격하는 훌륭한 심리전이다.

상대를 조종하려면 먼저 두려움에 떨게 만들어야 한다

우리는 가끔 일상적으로 막연히 두려워하던 것이 현실로 나타나는 경험을 하게 된다. 심리학에서 말하는 '머피의 법칙'이 바로 그것이다. 미국의 공군 대위 에드워드 머피가 처음으로 사용한 경험의 법칙이다. 동료가 늘 재수가 없는 것을 보고 머피가 "어떤 일이 잘못될 가능성이 있을 때 네가 하면 꼭 잘못된다니까"라고 농담을 했다. 이 말이 퍼지기 시작한 몇 년 후 많은 사람이 일이 좀처럼 풀리지 않고 오히려 갈수록 꼬이기만 하여 되는 일이 없을 때 '머피의 법칙'이라 부르게 되었다. 다시 말해서 머피의 법칙은 자신이 바라는 것은 이루어지지 않고, 우연히도 나쁜 방향으로만 일이 전개될 때 사용되는 단어이다.

머피의 법칙은 생활 속에서 흔히 경험하게 된다. 예를 들자면 한도 끝도 없다. 급한 약속 때문에 택시를 타려 할 때 여간해서는 택시가 오지 않거나, 기사가 승차 거부를 하여 약속에 늦게 된다. 반대로, 택시를 탈 마음이 없을 때는 빈 택시가 너무 자주 온다. 욕실 거울이 깨져 깔끔하게 치운 뒤 혹시라도 발을 벨까 무서워 반드시 슬리퍼를 신었는데, 한 달 뒤 이제는 안전하다 생각해 맨발로 샤워를 하다 유리 조각에 발을 베기도 한다. 빵을 떨어뜨리면 어느 쪽이든 바닥에 닿을 수 있다. 그런데 십중팔구 잼을 바른쪽이 바닥에 닿아 먹을 수 없게 된다.

《손자병법》은 '적이 화가 났을 때 더 화가 나게 하고, 적이 몸을 사리면서 겸손해하면 교만하게 만들고, 적이 편안하면 피곤하게 만들고, 적이 단결하면 이간시켜야 한다(怒而挠之, 卑而骄之, 佚而劳之. 亲而离之)'라고 했다.

강점이 없는 사람도 있지만, 약점과 두려움은 누구에게나 있다. 그러므로 당신이 누군가의 마음을 조종하려면 먼저 그 사람이 두려움에 떨게 만들면 된다.

당 헌종(憲宗) 연간에 대신 영호초(令狐楚)가 연주(兗州) 태수에 임명되었다. 마침 연주에는 극심한 가뭄이 들어 사람들이 굶어 죽을 지경이 되었다. 하지만 연주 성 안의 쌀가게들은 여전히 비축했던 곡식을 팔았는데, 값이 너무 비싸 가난한 사람들은 살 수가 없었다. 부임하는 길에 이 소식을 들은 영호초는 양심 없이 장사를 하는 쌀가게 주인의 행태에 격분했다. 백성이 초근목피로도 연명할 수 없어 타지로 떠나는 행렬을 지켜본 영호초는 쌀가게 주인을 응징해야겠다고 마음먹었다. 그가 관아에 도착한다는 전갈을 받은 관리들이 길가에 나와 영접을 했다.

관리들과 인사를 나누던 영호초는 가뭄 이야기가 나오자 "지금 연주 성내에는 곡식 창고가 몇 개가 있고, 대략 얼마나 비축하고 있는가?" 하고 물었다. 담당 관리는 연주 성 내의 사무를 착실히 챙기고 있다는 듯 자세하게 설명했다.

"창고는 모두 20개이고, 평균 비축량은 5만담(擔, 담은 옛날의 무게 단위―옮긴이)입니다. 비상시에도 충분히 공급할만한 분량입니다."

"가격은 얼마인가?"라고 묻자 관리들은 새로 부임하는 태수가 양곡 가격을 들으면 기절초풍할 것이라 겁이 나 대답을 하지 않았다. 눈치가 빠른 영호초는 관리와 상인들이 담합해서 가격을 올려 폭리를 취하고 있다는 낌새를 챘다. 그래서 영호초는 느긋하게 말했다.

"요즘 가뭄으로 백성의 괴로움이 말이 아니다. 양식은 백성에게서 나온 것이니 지금은 그들에게 돌려주어야 한다. 내일 곧바로 창고를 열어 가장 싼 값으로 팔아 백성을 구제하라. 그대들의 생각은 어떠한가?"

영호초의 생각을 바꿀 수 없다고 생각한 관리들은 머리를 조아리며 아부를 했다.

"대인의 인자함은 백성을 구제할 뿐만 아니라 조정의 백성에 대한 마음이 얼마나 극진한가를 보여줄 것입니다. 훌륭하고 적절한 결정이십니다!"

영호초는 즉각 이 사실을 알리는 방을 붙이게 했다. 사람들은 뛸 듯이 기뻐했지만 양곡상들은 초조해졌다. 관에서 양식을 풀면 가격이 내려가게 되고, 더군다나 관이 비축한 양식을 모두 방출하면 손님이 뚝 끊길 것이 뻔했기 때문이다. 시간이 지나면 곡식에 곰팡이가 생겨 팔 수도 없으니 손해가 이만저만이 아니다. 빨리 팔아 버려야 한다고 생각한 상인들이 경쟁적으로 가격을 낮추자 고을 사람들은 배를 채울 곡식을 살 수 있었다.

사실을 이야기하면, 영호초는 관의 식량을 모두 방출한다고 했지만 실제로는 일부만 내놓았다. 하지만 양곡상들은 손해가 너무 클 것이라 예상하고 출혈을 감수하며 가격을 내렸다. 영호초는 몇 마디 말과 방을 붙임으로써 간단히 민심을 가라앉혔으니 단수가 보통이 아닌 인물이었다.

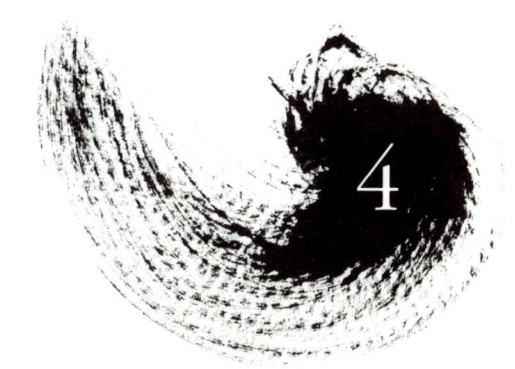

상대를 위협하더라도 여지는 남겨둬야 한다

'잡초는 뿌리 뽑지 않으면 봄바람에 다시 자란다' 라는 속담이 있다. 역사적으로 왕조가 바뀌면 새 왕조의 주인은 패망한 왕조의 후손들을 모조리 제거했다. 명대의 성조(成祖)는 정화(鄭和)에게 항해를 하여 건문제(建文帝)를 찾게 할 정도로 철저했다. 그렇지만 상대를 위협할 때 완전히 궁지로 모는 짓은 현명하다고 할 수 없다. 더욱이 상대를 이용할 가치가 있으면 어느 정도 여지를 남겨두어야 한다.

중국 고대의 문인들은 시나 문장을 지을 때 '생각을 모두 표현하지 않아 읽는 사람들이 음미하고 상상할 수 있는 여지를 남겨두어야 한다' 는 원칙을 지켰다. 좋은 글이 상상의 공간을 갖고 있듯이, 사람을 대할 때에도 숨 쉴 여유를 주는 것이 세상사의 이치라 하겠다.

1919년에 발발한 그리스 터키 전쟁은 1922년에 터키의 승리로 막을 내렸다. 포로가 된 그리스의 니콜라오스 트리쿠피스와 디오니스 장군이 터키 사병들로부터 수모를 당하고 있을 때 케말 파샤 장군이 나타나 정중하게 막사로 데려갔다. 그는 승리자의 위풍은 있었지만 오만하지 않게 그리스 장군들을 대했다.

"자리에 앉으시죠. 피로가 누적되어 힘드실 겁니다. 때로는 아주 훌륭한 군인도 패배합니다"라고 말하자 패장이 된 두 그리스 장군들은 감동했다. 이들은 패배에 따른 수치심을 떨칠 수 있었고, 후일 그리스와 터키는 전쟁을 한 사이지만 국교를 유지했다.

'터키의 아버지'로 국민의 존경을 받은 케말 파샤는 터키의 장군으로서 위엄을 지키면서도 그리스를 궁지로 몰지 않음으로써 정상적인 외교관계를 이어갔다. 만약 케말 파샤가 사병들처럼 투항한 장군들을 모욕함으로써 원한을 심어주었다면 두 나라 관계는 악화되었을 것이다. 적에게는 당연히 위압적인 모습을 보여주어야 하지만 넘어서는 안 될 선이 있다.

《손자병법》은 '세(勢)란 자신에게 유리한가를 따져 그에 걸맞게 행동하는 것(勢者. 因利而制权也)'이라 했다.

상대를 윽박지를 수 있는 입장은 분명히 자신이 유리하다는 방증이지만, 상대에게 여지를 주면 더욱 유리해질 수 있다. 심리학적으로 볼 때 인간은 은혜를 입으면 갚으려는 마음이 있기 때문이다. 쥐를 몰 때도 달아날 구멍은 남겨두듯이, 인간끼리 너무 야박하게 굴어서 좋을 일은 없다.

한 무제 시대의 대신 주부언(主父偃)은 지천명인 50세에야 무제에 발탁되어 승승장구했다. 중년의 몸이 원대한 포부를 따르지는 못했지만 1년 새에 네 번이나 영전하여 중대부가 되는 등 관운은 아주 좋았다. 그가 뒤늦게 벼슬을 하기 전까지 받은 수모는 뼈에 사무칠 정도였다. 소진(蘇秦, 전국시대의 책사로 합종책을 주장하여 6국의 재상이 되었다)이 '아내가 남편 취급을 하지 않고, 부모가 아들로 여기지 않는' 대접을 받았다고는 하지만, 주부언이 숱하게 받은 모욕에는 비할 바가 아니었다. 이제 군림하는 자리에 앉은 주부언은 과거 자신을 무시하고 모욕을 준 자들에게 본때를 보여주기로 단단히 마음먹었다. 그런데 젊은 시절 온갖 고생을 하면서 짓밟힌 탓인지 주부언의 성격이 좀 변태스러웠다. 세상에 거리낄 것 없다는 듯 행동하는 것은 물론이고 입만 열면 독설을 퍼부었다. 그에게 밉보일까 두려운 조정 대신들은 암암리에 뇌물을 바쳤다. 뇌물을 마다하지 않는 주부언의 앞날이 걱정된 친구가 행동거지를 좀 자제하라고 권하자 그는 그동안 사람대접을 못받은 한을 기어이 풀겠다며 이를 갈았다.

이후 제나라의 재상에 임명된 주부언은 형제와 지인들을 불러 돈을 준 뒤 그들이 자신에게 했던 짓들을 일일이 열거하며 절교를 선언했다. 그다음으로는 제후들을 불러 과거지사를 따졌다. 일찍이 주부언은 여러 나라를 떠돌면서 왕후들의 악행과 은밀한 사생활을 보고 들었으므로 수월하게 이들을 응징할 수 있었다. 그가 연나라 왕의 음란함과 무고한 현령을 죽인 일을 거론하자 왕은 자살했다. 제나라의 왕도 주부언이 무제에게 과거 행적을 고발하자 자살로 생을 마감했다. 두 명의 왕이 죽자 사람들은 주부언의 이름만 들어도 벌벌 떨었다. 조나라의 왕도 주부언을 홀대한 바 있고 마음에 걸리는 일이 많았지만, 한발 앞서 무제에게 주부언의 행각을 비판하는 상서를 올렸다.

무제는 주부언의 뛰어난 능력을 아꼈지만 그의 보복 행위가 지나치다 생각하여 감옥으로 보냈다. 주부언이 무제의 눈 밖에 났음을 확인한 신하들은 때가 왔다 싶어 주부언을 죽여야 한다고 강력히 주장했다. 무제는 사실상 그를 죽일 생각은 없었다. 다만 주부언이 이 기회에 개과천선하고 기가 죽기를 바랐던 것이다. 하지만 대신들은 강경했고, 승상 공손홍(公孫弘)은 "폐하가 주부언을 없애지 않으시면 천하를 볼 면목이 없어집니다"라고 압박을 가했다. 주부언이 과거의 원수와 현재의 동료 대신들에게 너무 심하게 대했던 탓에 반격을 당하게 되자 누구 하나 두둔하는 말 한마디 보태주지 않았다. 오히려 이 기회에 죽여야 한다고 치를 떠는 사람들이 너무 많았다. 무제는 지고무상의 황제이기는 하지만 한 명의 신하 때문에 모든 대신과 등을 돌릴 수는 없었으므로 결국 주부언을 죽였다.

자신의 힘을 보여주어 상대가 기어오르지 못하게 하려면 고압적인 태도를 취할 수 있다. 하지만 상대가 두려움에 떨다 '궁지에 몰린 쥐가 고양이를 무는 것'처럼 극단적인 행동을 하게 만들어서는 곤란하다. 그보다는 물러날 수 있는 퇴로를 터주고, '은혜에 보답하고자' 하는 마음이 들 수 있도록 여유를 보이는 것이 진정한 승자의 모습이라 하겠다.

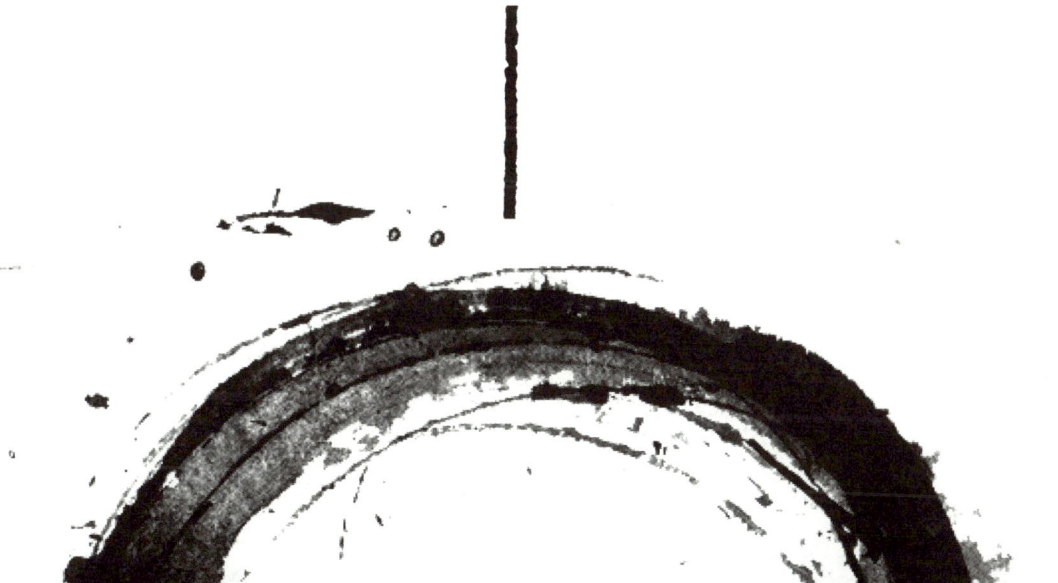

제7장

반드시
극복해야 하는
위기가 있다

상대의 약점을 이용하는 심리 전략

인간이라면 누구나 심리적인 약점을 갖고 있다. 상대의 약점을 파악하여 잘 활용하면 당신의 뜻대로 움직일 수 있다. 마찬가지로, 자신의 성격적인 결점이나 약점을 파악하면 누군가에게 이용당하지 않는다. 그래서 손자는 "적을 알고 나를 알면 백 번 싸워도 위태롭지 않다. 적을 알지 못하고 나를 알면 일승일패하고, 적도 모르고 나도 모르면 싸울 때마다 패배한다" 라고 했다.

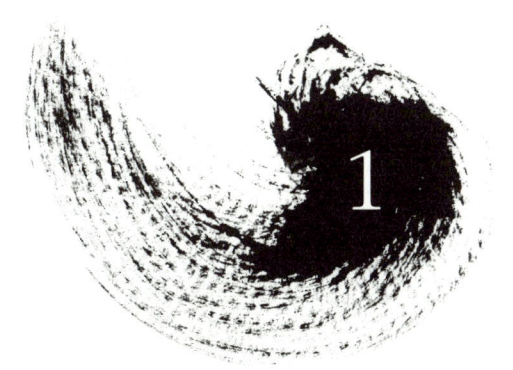

두 개의 복숭아로
세 명의 장군을 죽이다

인간에게는 좀 더 강해지려는 본능적인 욕구가 있기 때문에 자신보다 강한 상대를 질투하고, 심하면 적대감마저 품는다. 이런 심리를 유머러스하게 보여주는 이야기가 있다.

하느님이 한 사내에게 "소원 세 가지를 말하면 다 들어주겠다. 하지만 전제 조건이 하나 있다. 너의 적에게 네 소원과 똑같은 것을 두 배로 주겠다"라고 말했다. 그러자 사내가 세 가지 소원을 말했다.

"첫 번째 소원은 돈을 아주 많이 버는 것입니다. 두 번째 소원도 돈을 많이 버는 것입니다. 그리고 마지막 소원은 하느님이 저를 반쯤 죽을 정도로 때려주시는 겁니다."

이 이야기에는 그저 우스갯소리로 넘길 수 없는 진실이 숨어 있다. 보통 사람은 자기보다 강하거나 잘난 상대를 그대로 놔두지 못하는 고약한 심보가 있다는 것이다. 인간에게 있어 경쟁심은 어쩔 수 없는 천성이므로 항상 강해지려 하고, 강자를 인정하기란 더욱 쉽지 않다. 더욱이 경쟁심은 승부욕을 부추기기 마련이어서, 이해관계가 얽히는 문제가 생겼을 때 냉정하게 '협력'을 고려하기보다는 죽기 살기식의 경쟁을 마다하지 않는다. 이런 현상을 심리학자들은 '경쟁우위 효과(competing advantage effect)'로 표현한다.

춘추전국 시대 제나라의 왕 경공(景公)에게 용맹스런 장군 세 명이 있었다. 공손접(公孫接), 전개강(田開疆), 고야자(古冶子)가 바로 그들인데, 맨손으로 호랑이를 때려잡을 정도로 무예가 뛰어나 많은 공을 세웠다. 그런데 그들은 경공의 각별한 신임과 총애를 받자 오만방자해져서 주군인 경공에게까지 불손하게 굴었다. 경공은 그들을 그대로 두면 안 되겠다는 위기감에 시달리다 제거하기로 했다. 재상 안자[晏子, 안영(晏嬰)을 높여 부르는 이름]를 부른 경공은 장군들을 죽일 방법을 물었다. 비상한 두뇌의 소유자인 안자는 그 자리에서 경공에게 넌지시 묘책을 제시했다.

날을 잡아 세 장군을 위한 연회 자리를 마련한 경공은 복숭아 두 개를 보여주면서 "귀한 복숭아 두 개를 하사할 터이니 그동안의 공로에 따라 나눠 먹도록 하라!"고 명령했다.

공손접이 먼저 입을 열었다.

"저는 폐하와 사냥을 나갔을 때 처음에는 멧돼지를, 그다음에는 호랑이를 때려잡았습니다. 폐하의 생명을 지키는 크나큰 공을 세운 제가 다른 장군들과 복숭아를 나눠 먹을 수는 없습니다."

말을 마친 그는 복숭아를 한 개 집어들었다.

전개강도 가만히 있지 않았다.

"저는 적군을 두 차례나 물리치는 업적을 이뤘습니다. 그런 제가 다른 장군과 복숭아 한 개를 나눠 먹을 수는 없습니다. 온전히 한 개를 가져야겠습니다."

그도 벌떡 일어나 복숭아 한 개를 차지했다.

고야자도 질 수 없다는 듯 열변을 토했다.

"제가 폐하를 모시고 황하를 건널 때의 일입니다. 갑자기 엄청나게 큰 자라가 나타나 수레 왼쪽의 말을 물고 쏜살같이 강 깊숙한 곳으로 들어갔습니다. 그 모습을 본 저는 물속으로 뛰어들어 백 걸음이나 흐름을 거슬러 간 뒤 다시 흐름을 따라 9리(里)를 가서 자라를 죽이고는 말을 끌고 물가로 올라왔습니다. 이렇게 큰 공을 세운 제가 어찌 저들과 복숭아를 나눠 가질 수 있겠습니까! 장군들은 어서 복숭아를 내놓게!"

말이 떨어지기 무섭게 그는 칼을 빼들며 벌떡 일어났다.

고야자의 말에 잠시 할 말을 잊었던 공손접과 전개강이 결연하게 한마디씩 했다.

"우리는 장군처럼 뛰어난 용기도 없고, 공적도 감히 비교할 수 없는데 복숭아를 차지하려 했으니 탐욕스럽기 짝이 없는 인간들입니다. 그런데도 죽지 않고 구구하게 살려 하니 어찌 용기를 논할 자격이 있겠습니까."

두 사람은 손안의 복숭아를 내려놓고는 차고 있던 칼로 스스로 목을 베어 자결했다.

그제야 상황을 파악한 고야자가 경공에게 아뢰었다.

"두 장군이 죽음을 택했는데 저 혼자 살아남는 것은 인(仁)에 어긋나는 짓입니다. 세 치 혀로 다른 사람을 욕보이면서 자신을 높인 것은 의롭지 않은 행동입니다. 그리고 자신의 언행을 후회하면서도 머뭇거리며 죽지 못한다면 감히 대장부라 할 수 없습니다. 기왕 이렇게 된 바에 시비를 가르면, 두 장군이 복숭아 한 개를 나눠 먹어야 했습니다. 그리고 나머지 한 개는 마땅히 제가 가져야 했습니다."

끝까지 자신의 입장을 변호했지만 수치심과 참담함을 이기지 못한 고야자는 장렬하게 자신의 목을 베었다.

역사적으로 전해오는 유명한 '복숭아 두 개로 세 장군을 죽음에 이르게 한' 이야기이다. 세 명의 장군은 천하무적이라는 이름이 무색하지 않은 인물들이었지만 자신이 가장 용감하다는 독단에 빠져 있었다. 그래서 상대가 자신보다 더 강자라는 사실을 수긋하게 받아들이지 못했고, 결국 수치심에 목숨을 버렸다. 완벽한 인간이 존재하지 않는 만큼 사람들은 별의별 약점을 갖고 있다.

개인에 따라 다른 약점이 어떤 결과를 초래하는지에 대해《손자병법》은 장수(오늘날의 개념으로 보면 리더에 해당)를 예로 들어 분석했다.

'장수들이 갖고 있는 매우 위험한 다섯 가지 약점이 있다. 위기를 자초하는 그들의 성격과 행동을 구분하면 다음과 같다. 첫째, 필사적으로 싸우려 하면 죽음을 당하기 쉽다. 둘째, 필사적으로 살아남으려 하면 적의 포로가 될 수 있다. 셋째, 화를 잘 내고 조급한 성격의 장군은 경멸의 대상이 될 수 있다. 넷째, 홀로 청렴하고 고고하려 하면 모욕을 당하기 쉽다. 다섯째, 인자하고 너그럽게 백성을 아끼면 이리저리 휘둘려서 괴로워진다(故将有五危, 必死可杀, 必生可虏, 忿速可悔, 廉洁可辱, 爱民可烦).'

인간관계에서 상대, 그중에서도 라이벌의 약점을 파악하여 잘 이용하면 자신이 원하는 목적을 달성할 수 있다. 예를 들자면, 능력이 뛰어난 사람일수록 경쟁심과 승부욕이 남다르고 자존심도 강해서 자신을 능가하는 상대를 만나면 평소의 페이스를 잃고 쉽게 무너진다. 그것도 상대가 파놓은 올가미에 스스로 목을 거는 치명적인 실수를 저지르면서.

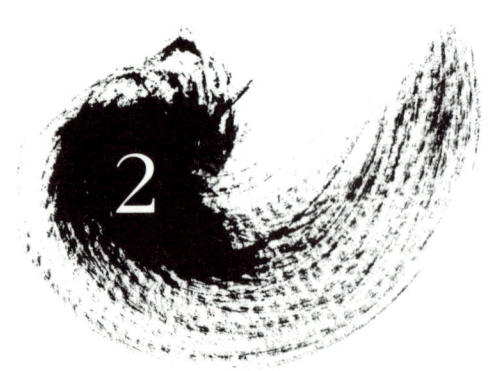

겸손한 태도로
심리적 장벽을 없애다

당나라 초기의 역사학자 이연수(李延壽)가 쓴 《북사(北史)》에 나오는 이야기이다. 북제(北齊)에 종도휘(宗道暉)라는 사람이 있었는데 잘난 척과 허풍이 심했고, 항상 모자를 쓰고 다녔다. 그는 자기보다 직위가 높은 관리를 만나게 될 때는 모자가 떨어지지 않게 손을 높이 올려 모자를 잡고 몸을 한껏 낮춰 절을 했다. 이 모습이 아부의 극치로 보여 '높은 모자를 쓴다'는 말은 상대를 치켜세우고 아부한다는 뜻으로 쓰이게 되었다.

많은 사람이 아부를 받기도, 아부를 하기도 싫어한다. 하지만 누군가가 자신을 은근히 칭찬하고 떠받들어주는 것을 싫어하는 사람은 없다.

청대의 천재적인 시인 원매(袁枚)가 한 지방의 지현(知縣)으로 부임하기에 앞서 은사이자 건륭 황제 연간의 명신인 윤문서(尹文瑞)를 찾아뵈었다. 윤문서는 젊은 나이에 지현(知縣, 중국 송·청나라 때 현의 으뜸 벼슬아치)이 되었으니 마음의 준비를 단단히 했느냐고 물었다. 원매는 아무것도 준비하지 않고, 다만 모자 100개를 가져가서 만나는 사람마다 한 개씩 주면 문제없이 소임을 수행할 것이라고 대답했다(실제로 모자를 주는 것이 아니라 '높은 모자를 씌워 주겠다'는 의미임. 즉 만나는 사람에게 칭찬으로 기분 좋게 해주겠다는 비유이다). 윤문서가 젊은 사람이 기개는 없이 잔머리만 쓰려고 하느냐고 불쾌해하자 그는 "사람들은 모자를 쓰기 좋아합니다. 스승님처럼 아부를 싫어하는 사람은 거의 없습니다"라고 대답했다. 윤문서는 원매의 말이 틀리지 않다며 고개를 끄덕였다. 밖에 있던 원매의 친구들이 스승님과 무슨 말을 했느냐고 묻자 그는 빙그레 웃으며 대답했다.

"모자 한 개를 선물했어."

인간은 남들로부터 인정받고자 하는 강한 욕구가 있으므로 칭찬을 받고 불쾌해하는 사람은 없다. 아부에 약한 것은 인간의 큰 약점이라 할 수 있다.

《손자병법》에서는 '장수에게는 다섯 가지 위험이 있다. 살겠다는 자는 포로가 되고, 필사적으로 싸우는 자는 죽는다. 성을 잘 내고 급한 사람은 모멸을 당한다. 결백한 자는 모함으로 욕을 본다. 백성을 너무 사랑하면 고민이 많다(故将有五危, 必死可杀, 必生可虏, 忿速可悔, 廉洁可辱, 爱民可烦)'라고 했다.

장수마다 다른 약점을 갖고 있어 위기를 자초하게 된다는 뜻인데, 아부를 좋아하는 사람은 그 때문에 위험에 빠질 수 있다. 하지만 상대가 아부를 좋아한다면 적당한 때에 아부하여 마음을 흔들어 놓을 수 있다.

아부도 예술이라는 말처럼, 상대가 기분 좋게 아부를 하면 큰 효과를 볼 수 있다. 증국번은 이 방면의 고수였다. 한번은 이홍장이 부하 세 명을 데리고 증국번을 찾아갔다. 하인은 증국번이 산책에서 아직 돌아오지 않았다며 이홍장 일행에게 거실에서 기다리도록 했다. 얼마 후 돌아온 증국번에게 이홍장이 자신의 부하들을 살펴보고 적당한 일을 맡겨달라고 부탁했다. 그러자 증국번은 살펴볼 필요도 없다며 세 사람의 인상에 대해 품평을 했다.

"왼쪽에 있는 사람은 충직하고 신중하게 일을 하는 성격이므로 후방에서 지원하는 일을 맡기면 됩니다. 중간에 앉은 사람은 앞에서는 명령을 따르지만 뒤에서는 딴 짓을 해서 믿음이 안 가는 형이므로 큰일을 맡겨서는 안 됩니다. 오른쪽의 부하는 장래에 큰 인물이 될 터이니 중용해야 합니다."

이홍장이 깜짝 놀라 어떻게 한눈에 사람됨을 알아보느냐고 물었다. 증국번이 웃으며 설명을 해주었다.

"거실로 들어올 때 저들 곁을 스치면서 일별했죠. 왼쪽의 부하는 고개를 숙이고 나를 쳐다보지 못하는 모습이 소심하고 신중하면서도 충직한 사람임을 말해주더군요. 중간의 부하는 예의 바르고 반듯한 것 같지만 내가 자기 곁을 지나가니까 주위를 둘러보는 모습이 겉과 속이 다르다는 인상을 주었습니다. 오른쪽의 저 부하는 시종일관 반듯하게 서서 앞을 응시하는 모습이 장차 대단한 인물이 될 것 같습니다."

증국번의 안목은 그대로 맞아떨어졌다. 큰 인물이 되리라 예상했던 세 번째 부하는 유명전(劉銘傳)으로 회군(淮軍)의 장군으로 활약했고, 그 후에는 타이완 순무(巡撫)가 되어 많은 업적을 남겼다.

한눈에 사람을 알아볼 정도로 총기가 대단했던 증국번도 아부꾼에게 당한 일화가 있다. 청대 이백원(李伯元)이 쓴《남정필기(南亭筆記)》에 증국번의 실수담이 실려 있다.

증국번이 태평천국의 난을 진압하기 위해 인재를 모았다. 전국에서 증국번의 인격과 실력을 아는 유능한 인물들이 자원하여 증국번의 군대에 지원했다. 어느 날 절강 성 소산(蕭産) 출신의 청년이 증국번을 찾아왔는데, 옷차림은 수수했지만 말솜씨와 행동이 비범했다. 증국번은 청년이 맘에 들어 이런저런 이야기를 하다 당시 조정 대신들에 대한 평가로 화제가 이어졌다.

청년은 "호림익은 워낙 머리가 좋아 사람들이 그를 속일 수 없습니다. 좌종당은 엄격하게 법을 집행하므로 역시 사람들이 감히 기만할 수 없습니다. 하지만 대인께서는 인재들을 목숨처럼 아끼시고, 덕으로 사람들을 감화시키며 앞의 두 사람과는 비교할 수 없을 정도로 너그러우시니 사람들이 감히 속일 마음을 먹지 못할 것입니다"라고 증국번에게 낯간지러운 찬사를 올렸다. 증국번은 청년의 말에 수긍하면서 군대의 요직에 중용했다. 얼마 후 증국번이 청년에게 거금을 주고 무기를 구입하라고 했다. 그런데 며칠 후 증국번은 부하로부터 청년이 돈을 갖고 행방을 감췄다는 보고를 받았다. 사실을 확인한 증국번은 수치심과 후회에 괴로워하며 혼잣말을 했다.

"사람들이 감히 나를 속일 생각을 하지 못할 것이라더니……."

증국번에게 사기를 친 청년의 수법이 대단하게 기발하다고는 할 수는 없다. 그는 단지 '상대가 좋아할 만한 말'로 호감을 사서 제 속셈을 차린 것뿐이다. 동서고금을 막론하고 그럴듯한 아부와 아첨에 넘어가지 않는 사람은 얼마 없다. 왜냐하면 타인의 인정과 과분한 찬사에 넘어가는 것이 인간의 속성이기 때문이다.

나쁜 소식은
좋은 소식으로 바꿔라

한 대기업이 연말 보너스를 취소했다가 직원들의 항의와 파업에 직면했다는 뉴스 보도가 나왔다. 며칠 후 이 회사가 여론의 압박에 못 이겨 보너스를 지급했다는 뉴스가 크게 보도되었다. 이로 인해 대기업은 이미지가 크게 손상되었고, 직원들에게도 체면을 구겼다. 똑같은 일이 벌어졌을 때 이 기업보다 현명하게 처리한 사례를 비교해보자.

내실 있는 기업으로 정평이 난 회사에서 금융 위기로 타격을 받게 되었다. 사장은 직원들에게 1개월분의 보너스만 줘야 한다는 보고에 우울한 심정을 감추지 못했다.

"직원들이 보너스가 최소한 200%는 될 거라고 예상하고 있을 텐데. 보너스로 외국 여행을 가려고 마음먹었거나 가구라도 바꿀 계획을 짰을 텐데 어떡하지?"

옆에 있던 재무 이사가 안타까운 마음에 몇 마디 조언을 했다. 며칠 후 사내에 사정이 너무 안 좋아서 연말에 감원을 하고 송년파티도 취소되었다는 소문이 돌았다. 직원들은 혹시 자신이 잘리는 것이 아닐지 전전긍긍했다. 그런데 며칠 후 사장이 직접 쓴 공고가 붙었다.

"회사가 어렵지만 저와 여러분은 같은 배를 타고 어려움을 이겨나가야 합니다. 절대로 동고동락하는 직원들을 희생시키는 일은 없을 것입니다. 그러나 연말 보너스는 지급할 수 없게 되었습니다……."

감원을 하지 않겠다는 사장의 선언에 직원들은 안도의 한숨을 쉬었다. 해고에 비하면 보너스를 못 받는 것쯤은 아무것도 아니었다. 회사 분위기가 다시 안정을 찾은 며칠 후 사장이 임원 회의를 열었다. 직원들이 또 안 좋은 소식이 있는지 궁금해 하는 차에 회의를 마치고 나온 임원이 회의의 결정 사항을 발표했다. 직원들이 연말을 기분 좋게 보내도록 회사에서 1개월분의 보너스를 지급한다는 것이었다.

인간은 기본적으로 이익을 따르면서 손해와 리스크를 피하려 한다. 이런 심리를 이용하면 먼저 나쁜 소식을, 나중에 좋은 소식을 들려주면 기쁨이 배가된다. 앞서 말한 회사의 사장은 직원들이 '더 이상 나쁠 수 없다'고 낙망하고 있을 때 원래 준비했던 카드를 내놓음으로써 사기를 진작시키는 전략을 구사했다. 최악을 생각하고 마음의 준비를 했을 때 조금이라도 긍정적인 소식을 접하게 되면 감사할 정도로 기분이 좋아지는 것이 인간의 심리이다. 이런 심리를 이용한 사례는 수도 없이 많은데, 미국 모병 광고의 카피 문구는 유머러스하게 청년들을 유혹하고 있다.

"빨리 군대로 오십시오. 군인이 되면 두 가지 상황에 처하게 됩니다. 전쟁 혹은 평화 시대! 전쟁을 하지 않는데 무엇이 두렵나요? 전쟁에는 두 가지 가능성이 있죠, 전선과 후방. 후방에 있다면 무엇이 두렵겠습니까? 전선에서는 두 가지 가능성이 있죠, 부상을 당하거나 그렇지 않거나. 부상을 당하지 않는다면 두려울 것이 없죠? 부상을 당하면 치유되거나 치유되지 못하는 두 가지 가능성이 있습니다. 치유될 수 있다면 뭐가 두렵나요? 치유될 수 없다면 더 이상 두려워할 필요가 없습니다. 이미 죽은 거니까요."

이 광고가 나간 뒤 지원자가 예년보다 많이 늘었다고 한다. 광고 문구에 최악의 결과를 분명히 밝혔기 때문이다. 지원자들은 군대에서 일어날 수 있는 안 좋은 일들을 상상하며 불안해하기보다는, 최악의 경우 죽는다는 사실을 확인하고는 '그래봤자 죽기밖에 더 하겠어?'라는 대담한 결심을 한 것이다.

나쁜 소식은 확실히 기분을 망치게 하지만 나쁜 소식을 좋은 소식으로 바꾸면 분위기는 완전히 반전된다. 단, 사람의 마음을 읽어내지 못하면서 나쁜 소식을 좋은 소식으로 바꿀 수는 없다. 이런 능력을 갖춘다면 힘든 일을 당해도 헤쳐나갈 길은 많다.

4

분열하지 않는 연합은 없다

　　석유는 현대 사회에서 가장 중요한 에너지원이다. 특히 산업에서 석유가 차지하는 비중은 막대하지만 재생할 수 없는 자원이라는 심각성이 있다. 또한 석유 생산국과 석유 수요국가가 일치하지 않는 문제점이 있다. 서구 국가들은 석유 수요량은 크지만 생산량은 미미하다. 이에 비해 페르시아 만 일대의 국가들, 특히 아랍 세계의 석유 생산과 비축량은 풍부하지만 수요는 그리 많지 않다. 따라서 석유의 공급과 수요 사이에서 큰 갈등과 충돌이 일어나고 있다.

　1960년 9월에 이란, 이라크, 쿠웨이트, 사우디아라비아, 베네수엘라의 대표들이 바그다드에 모여 공동으로 서구의 석유회사들에 맞서 원유 가격을 올리기 위한 회의를 열었다. 9월 14일, 회의에 참가한 5개국은 '석유 수출국 기구', 약칭 OPEC의 출범을 선언했다. 그 후 아시아, 아프리카, 남미의 주요 원유 생산 국가들도 이 조직에 가입했다. 1970년대에 OPEC는 회원국들이 공동으로 원유 생산량을 줄임으로써 유가 인상의 목표를 달성했다. 1973년에서 1974년 사이에 원유 가격은 50% 이상 올랐다. 1979년에서 1981년까지 원유가는 2배로 인상되었다. 원유 수출국들은 쾌재를 올렸지만 OPEC는 높은 가격을 고수할 수 없었다. 그래서 1982년에서 1985년까지 매년 평균 10%씩 가격이 인하되었다. 1986년에는 OPEC 회원국 간의 공조 체제가 무너지면서 원유 가격이 45%나 떨어졌다. 1990년에 원유 가격은 1970년대 수준으로 회복하여 이후 10년 동안 이 가격을 유지했다. 2000년대 들어 원유 가격이 한 차례 상승했지만, 그 원인은 중국 경제의 고도성장으로 석유 수요량이 증가했기 때문이다. OPEC가 가격 인상을 주도하지 않았고, 인상된 가격도 1981년도 수준이었다.

OPEC가 유가를 목표만큼 인상하지 못한 이유는 무엇일까? 이 문제에 해답은 인간 본성의 약점에서 찾을 수 있다. 인간은 이기적인 존재이므로 무슨 일을 하든지(이타적인 행동까지도 포함해서) 자신의 이익을 챙기려 한다. OPEC가 결성된 것도 유가 인상으로 이익을 얻기 위해서였는데, 문제는 회원국의 생산량을 규제한 것이다. 가격이 변동하지 않는 상황에서 생산량이 늘어날수록 수입도 많아지므로 회원국들은 규정을 어기고 생산량을 늘렸다. 하지만 회원국들이 모두 생산량을 늘린 결과 과잉 공급으로 유가는 떨어졌고, 동맹 관계가 무너졌다.

《손자병법》은 '적을 알고 나를 알면 백 번 싸워도 위태롭지 않다. 적을 알지 못하고 나를 알면 일승일패하고, 적도 모르고 나도 모르면 싸울 때마다 패배한다(知己知彼, 百战不殆 ; 不知彼而知己. 一胜一负 ; 不知彼不知己, 每战必败)'라고 했다.

OPEC 회원국들은 하나같이 자신만 아는 '헛똑똑이'들이었다. 수익을 늘리려고 생산량을 늘리면서 다른 나라들도 같은 행동을 하리라고는 예상하지 못했던 것이다. 그 결과 OPEC이라는 공동의 이익과 목표를 위한 기구가 유명무실해지면서 제기능을 하지 못하게 되었다. 자신만 알고 상대를 알지 못할 때, 특히 자신만을 챙기고 이타적인 사고를 못하면 아무리 좋은 의도와 취지에서 출발한 조직도 무너지게 된다.

이기적인 행동에는 여러 가지 변수가 작용해 상황을 불리하게 몰아간다.

전국시대 말기에 이르러 진나라의 세력이 독보적으로 커지면서 한, 조, 위, 초, 연, 제의 6국은 진에 대항할 수 없게 되었다. 하지만 이들 나라가 연합하면 진나라와 맞설 정도는 되었다. 위, 초, 연, 조 네 나라가 합종하여 진나라에 대항하자 진나라는 모사 요가(姚賈)를 각 나라에 보내 유리한 조건을 제시하는 분열책을 제시했다. 네 나라가 진나라의 제의를 받아들이는 바람에 연합 관계는 깨졌고, 진나라 왕은 조나라를 공격했다. 다른 나라들이 수수방관하는 바람에 조나라는 멸망했다. 그다음으로 진나라는 위나라를 멸망시켰고, 연이어 다른 나라들이 정복되어 제나라만 남게 되었다. 제나라는 진나라 다음으로 강국이었지만 진나라의 뇌물에 회유되어 나머지 나라들이 도움을 요청할 때 응하지 않았다.

그런데 막판에 이르러 제나라가 진나라의 목표가 더불어 천하를 다스리는 것이 아니라 천하를 통일하는 것이라는 사실을 깨달았지만 때는 늦었다. 처음에 제나라 왕은 5국을 도와주는 것은 손해라는 요가의 말을 믿었다. 하지만 칼날이 들어올 때 비로소 5국을 도와주지 않은 것이 진나라를 도와주고 자신을 해하는 짓이었음을 깨달았다. 합종책(合縱策)이 모사꾼 하나로 와해된 기막힌 역사의 아이러니였다. 진나라의 왕은 6국이 모두 이 기적이라는 진실을 꿰뚫어보고 작은 혜택을 줌으로써 동맹을 해체시키고, 각개 격파로 천하를 통일하는 위업을 달성했던 것이다.

인간의 이기적인 본성은 극복하기 어려운 약점이다. 다음의 우화는 이 사실을 잘 보여주고 있다.

옛날에 행화촌이라는 마을이 있었다. 집집이 각기 다른 술을 잘 빚어 소문이 자자해지자 촌장은 술 축제를 열기로 마음먹었다. 촌장은 마을 사람들에게 집에서 담근 술들을 가져와 큰 독에 붓고 함께 마시며 놀자고 제의했다. 축제 당일에 사람들이 가져온 술을 독에 쏟아 붓고 마셨는데, 이상하게 술 맛이 전혀 나지 않았다. 알고 보니 사람들이 독에 부은 것은 전부 물이었다. 자기 하나가 물을 가져가도 다른 이웃이 술을 가져가 독에 부으면 들통이 날 리가 없다고 잔머리를 굴렸던 것이다. 모두 같은 생각을 했으니 술은 한 방울도 없었다. 자신만 영리하고 딴 사람은 똑같은 생각을 하지 못하리라는 착각과 이기심은 잘 굴러가던 공동체를 멸망시키는 독약으로 작용한다는 사실을 기억해야 한다.

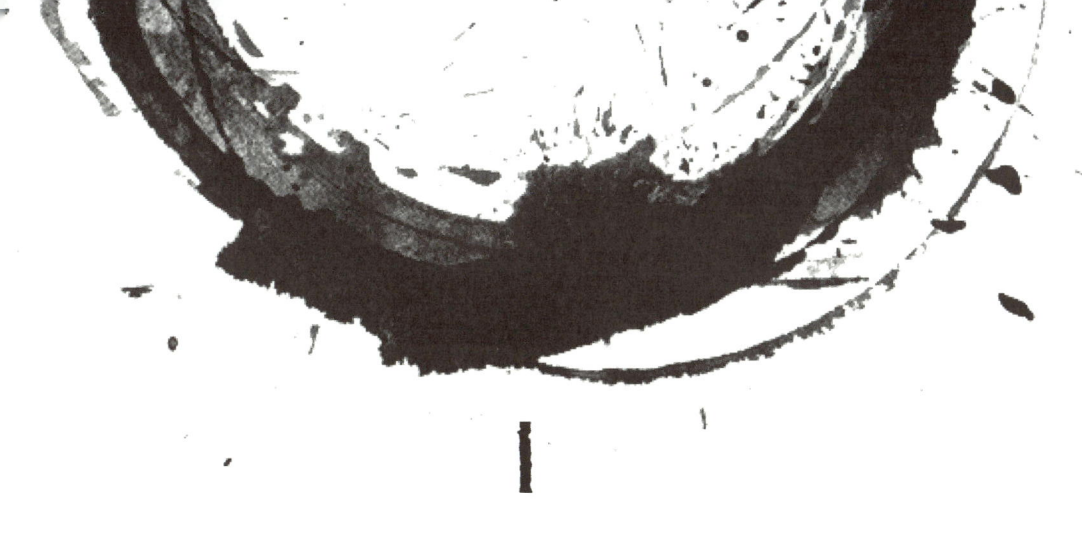

제8장

위기에서 사력을 다해
승리하도록
유도하라

어려움 속에서 승리하는 심리 전략

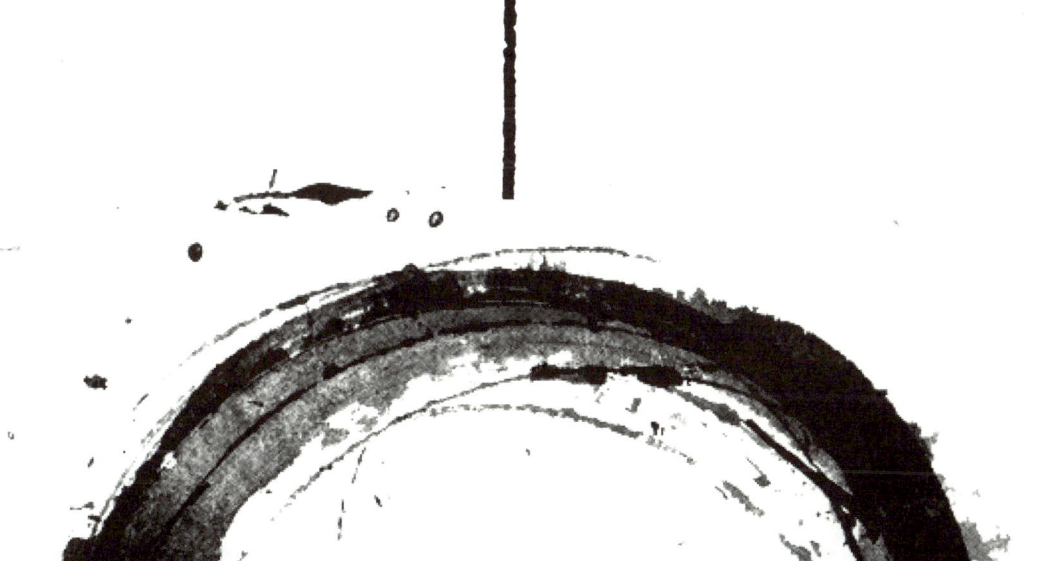

《손자병법》은 군사들의 사기와 용기는 장수가 자극하여 만들어내는 것이라 했다. 열정 역시도 '쥐어짜면' 생겨날 수 있다. 그리고 지도자의 권위는 상과 벌을 분명하게 함으로써 얻어진다. 권위와 함께 지도자가 갖춰야 할 좋은 평판과 명예는 아랫사람들을 자식처럼 아끼는 마음이 있어야 얻어지는 것이다. 병법과 일상생활에서 유용한 전략들은 모두 인간 심리에 기초하고 있다는 사실을 잊지 말아야 한다.

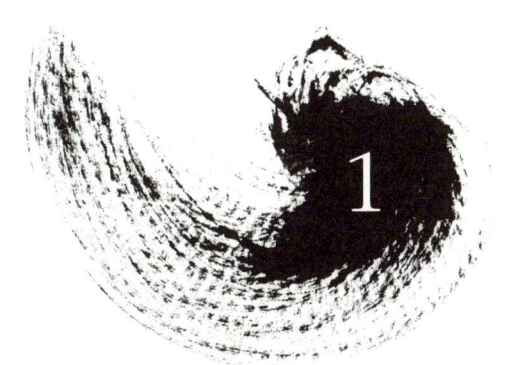

열정은 거저 생겨나지 않는다

멍뉴(蒙牛) 그룹을 일궈낸 뉴건성(牛根生)은 "창업에서 가장 필요한 것은 꿈과 열정이다"라고 했다. 열정은 창업만이 아니라 모든 일에 필요하다. 이상과 목표를 가진 사람에게 열정은 자동적으로 분출되지만, 열정만으로 꿈을 이루기는 어렵다. 다른 사람의 협력과 도움이 수반될 때 성공할 수 있고, 이를 위해 지도자는 부하들의 숨어 있는 열정을 '쥐어짜야' 한다. 뉴건성은 바로 주위 사람들의 열정을 끌어올리는 데 뛰어난 능력을 보인 인물이다.

1991년 1월에 멍뉴유업주식회사가 설립되었을 때 자본금은 100만 위안(우리 돈으로 약 1억 8천만 원)이었다. 뉴건성이 회사를 세웠다는 소식을 들은 옛 부하들이 자발적으로 찾아와 합류했다. '시장, 공장, 우유 공급처'가 없는 '삼무(三無)' 환경으로 출발한 멍뉴의 앞날이 창창하리라 예상한 사람은 없었다. 그러나 뉴건성은 회사 건물이 위치한 끝없이 펼쳐진 초원을 가리키며 몇 년 후에 이곳이 중국 최대의 '우유 제국'이 될 것이라 호언장담했다. 그리고 자신들은 제국을 세운 위대한 인물이 될 것이라고 바람을 잡았다. 그의 열정적인 격려에 힘입어 10년이라는 짧은 시간을 거쳐 멍뉴는 중국 최대의 우유 생산 그룹이 되었다.

한없는 열정을 가지고 다른 사람들의 열정을 이끌어낸 인물은 셀 수 없이 많다. 2,000여 년 전 전국 7웅이 엎치락뒤치락 다투던 국면에서 진나라는 6국을 멸망시키고 천하를 통일했다. 진나라의 승리는 강성한 국력에서 나온 것이지만, 다른 중요한 요소는 젊은 군주 영정(嬴政), 즉 진시황의 열정이었다.

정식으로 진나라 정권을 잡기 전, 영정은 패기와 야심으로 돌돌 뭉친 젊은 군주였다. 가슴에 큰 뜻을 품은 그는 천하를 통일하여 세울 제국의 모습을 그려보았다. 정력적이고 의지가 굳은 그는 6국이라는 강력한 적수들을 제패하려는 자신의 투지를 신하와 백성에게 알려 거국적인 열정을 형성해냈다. 그는 백성과 군대의 사기를 올리기 위해 한 나라를 멸망시키면 그 나라 고유의 건축물을 세웠다. 위수(渭水)에 사방을 내려다보는 웅장한 건물 6개를 완성했을 때 영정의 야심은 현실이 되었다.

영정은 자신의 몸에 가득 한 창업자의 에너지와 열정을 신민들에게 스며들게 하는 데 성공함으로써 10여 년의 길지 않은 시간에 6국을 통일할 수 있었다. 그리고 10년 동안 제국의 규범과 질서를 만들어내어 중국 역사 가운데 '최초의 황제'라는 이름에 부끄럽지 않은 제왕이 되었다.

한 사람이 대업을 이루는 데에 열정은 관건적 요소가 된다. 열정이 없으면 일에 집착할 수 없게 되어 수많은 난제를 해결하지 못한다. 또한 어려운 일에 도전할 용기와 역량이 없어 주도적인 리더가 될 수 없다. 창업에는 의지력과 실패와 좌절을 견디고 극복하는 인내력이 필수적이다. 창업을 하여 리더가 되면 자신은 물론 부하들에게 열정을 불어넣어 목표를 위해 분투하고, 조직을 위해 최대한의 노력을 하도록 해야 한다. 인간은 격려를 통해 열정을 갖게 되므로 리더는 자신을 따르는 사람들에게 비전을 제시하고, 현재의 노력이 상당한 대가를 얻으리라는 확신을 심어줘야 한다.

《손자병법》은 '장수는 사병들의 심리적 상태와 변화를 잘 관찰하고 이해해야 한다(九地方変. 屈伸之利. 人情之理. 不可不察)'라고 했다. 부하들의 심리를 파악하여 열정을 끌어내고, 이용할 수 있다는 의미이다. 물론 상대의 심리를 파악하는 목적이 자신의 이익만을 추구하기 위한 것은 아니다. 성공한 기업가들은 직원들의 심리를 이해하여 적절한 조치를 취하면서 기업의 생산성과 경쟁력을 높인다.

중국 알리바바 그룹의 회장 마윈(馬雲)은 사람들에게 열정을 불어넣는 뛰어난 능력이 있다. 마윈은 1999년에 항저우(杭州)에서 50만 위안으로 전자상거래업체 알리바바를 창업했다. 그는 회사를 출범시킬 때 가족, 친구, 동료 등 18명이 참석한 창업식에서 이렇게 말했다.

"이제부터 우리는 위대한 장정을 시작합니다. 알리바바의 전자상거래는 혁명적인 변화와 업적을 낳을 것입니다. 여러분이 다른 곳에서 일자리를 찾으면 월급으로 3,500위안을 받을 수 있지만, 3년 후에도 수입은 늘지 않을 것입니다. 지금 우리의 월급은 500위안에 불과하지만, 일단 회사가 성공하면 영원히 돈 걱정을 하지 않고 살 수 있습니다."

알리바바는 처음 몇 년 동안 수익 창출을 하지 못하고 막대한 운용 자금만 쏟아부었다. 하지만 마윈의 격려에 직원들은 성실히 업무에 임해 이제 주식 상장회사로 성장했고, 마윈은 중국의 빌 게이츠라 불리게 되었다. 실제로 빌 게이츠는 이런 말을 했다.

"우리 회사의 핵심 문화는 열정입니다. 직원들은 열정을 가져야 몸과 마음을 온전히 일에 투여할 수 있습니다. 능력이나 기술은 키워나갈 수 있습니다."

즉 마이크로소프트의 성공 역시 열정에서 비롯된 것이다.

당신이 누군가를 움직이려면 열정을 선사해야 한다.

배수의 잔을 치면
성공하는 이유는 무엇일까?

　　기원전 207년, 진나라 조정에서는 왕리(王離)에게 10만 대군을 이끌고 거록(巨鹿, 오늘날의 허베이 성 싱타이 시에 있는 핑샹 현)의 조나라를 공격하도록 했다. 겁에 질린 조나라의 왕 헐(歇)은 초나라 회왕(懷王)에게 도움을 요청했다. 회왕은 송의(宋義)를 상장군으로, 항우를 부장으로 임명하여 북상해 조나라를 돕도록 했다.

　초나라 군대가 안양(安陽)에 도착한 후 송의가 더 이상 진군하지 말라고 명령하자 분노한 항우는 그를 죽이고 스스로 상장군의 직책을 맡았다. 같은 해 12월, 항우는 군사를 이끌고 거록의 장수(漳水)에 이르러 영포(英布)에게 군사 2만 명을 지휘하여 장수를 건너 거록에서 싸우도록 했다. 처음 전투에서 승리하자 항우도 나머지 군사를 이끌고 장수를 건너면서 배수의 진을 쳤다. 그 이유는 속전속결로 끝낼 수 있도록 사흘 치 식량만을 지니고 가도록 했기 때문이다. 항우는 진나라 군대의 보급로를 차단하고 왕리의 군대를 포위했다. 사기가 오른 초나라 군대는 9번의 격렬한 전투를 벌여 진나라의 군대를 완파하고 왕리를 포로로 잡았다. 이렇게 항우는 용맹스런 작전으로 곳곳에서 진나라에 반기를 든 의용군의 실질적인 수령이 되었다.

기원전 204년에는 한신과 장이(張耳)는 대군을 이끌고 태행산(太行山)을 넘어 조나라를 공격했다. 조나라의 왕과 대장 진여(陳餘)는 정형산(井陘山) 입구에서 한나라 군대와 싸울 준비를 했다. 한신은 정형산에서 30리 떨어진 곳에 진지를 구축하고 밤을 틈타 2,000명을 곳곳에 포진시켰다. 그리고 군사들이 결사적으로 싸우게 하려면 퇴각로를 차단하여야 한다고 판단하여 산 근처의 면만(綿蔓)강 동쪽에 배수의 진을 쳤다. 날이 밝자 한신은 조나라 군대를 공격하다가 전의를 상실한 듯 퇴각했다. 조나라 군대는 한신의 군대가 강 쪽으로 도망가는 모습을 보고 맹렬히 추격을 했으나 뜻밖에도 한신이 숨겨두었던 군사들의 기습을 받았다. 게다가 강 쪽에 있던 군사들이 사력을 다해 싸우는 바람에 조나라 군대는 미처 손을 쓰지 못하고 무너졌다. 왕은 생포되고, 진여는 처형되었다.

'배수의 진'은 불리한 소수가 다수를 이기기 위해 후퇴할 수 있는 여지를 없애버리는 것이다. 자신을 극한 상황으로 몰아넣는 배수의 진에 대해《손자병법》은 다음과 같이 설명하고 있다.

'군대를 위험한 상황에 빠지게 하면 위기를 극복하여 상황을 호전시킨다. 사졸들을 사지로 몰아넣으면 기사회생할 수 있다. 위험한 상황에서는 군사들이 한마음으로 협력하여 결사적으로 싸우기 때문에 승리하게 된다(投之亡地然后存, 陷之死地然后生, 夫众陷于害, 然后能为胜败).'

항우와 한신의 '배수의 진'은 죽음을 두려워하는 인간의 본능을 이용하여 군사들을 사지로 몰아넣은 것이다. '죽기 아니면 살기'라 하지만 전장에 나간 병사들은 죽을 수도 있다는 생각을 하기보다는 살기 위해 싸운다. 그러므로 장수의 입장에서는 가혹하다 싶어도 승리를 위해 군사들이 싸움을 회피할 수 없는 상황에 빠뜨린다.

미국 자동차 업계의 전설적 인물 리 아이아코카는 적자로 파산 직전인 크라이슬러의 CEO로 스카우트되자 회사 사정을 살펴본 뒤 직원들의 임금을 낮춰야만 살아남을 수 있다는 결론을 내렸다. 노조의 힘이 센 미국에서는 임금을 하향조정하려면 반드시 노조의 동의를 받아야 한다. 아이아코카는 우선 임원들의 임금을 10% 깎고, 자신의 연봉도 36만 달러에서 10만 달러로 삭감했다. 그리고 아이아코카는 노조 회장에게 임금 인하에 동의해달라고 요구했지만 전혀 먹혀들지 않았다. 임금 협상은 1년이나 계속되었고, 회사 상황은 계속 악화되었다. 돌파구를 찾아야 한다고 결심한 아이아코카는 밤 10시에 노조를 찾아가 최후통첩을 했다.

"내일 아침까지 결정하십시오. 당신들이 나를 도와주지 않으면 나도 더 이상 버틸 수 없습니다. 임금 삭감에 동의하지 않으면 나는 오전 중에 파산을 선언할 겁니다. 몇 시간의 여유가 있으니 잘 생각해보기 바랍니다."

노조는 아이아코카가 정말로 파산을 선포하면 조합원인 노동자들이 대부분 실업을 하게 되므로 하는 수 없이 임금 삭감안을 받아들였다.

배수의 진을 쳤던 아이이코카는 자서전에서 '나의 행동은 절대로 좋은 협상 방법이 아니었다. 하지만 그렇게 해야만 할 때가 있다'라고 술회했다. 교착 상태에서 벗어날 뾰족한 해결책이 없는 상태에서는 차선, 아니 최악의 방법이라도 써야 한다. 아이아코카 자신도 하책이라고 생각했지만 회사는 난관을 극복했고, 다음 해 크라이슬러 사는 적자에서 벗어났다.

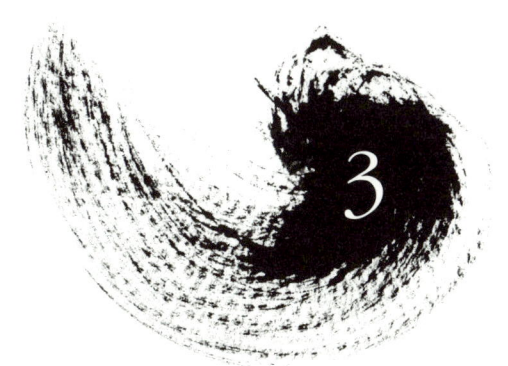

마젤란의 성공이
갖는 의미

페르디난드 마젤란은 콜럼버스 이후 가장 위대한 항해가 중의 하나이다. 그는 최초로 지구 일주 항해를 했고, 지구가 둥글다는 증명을 한 최초의 인물이다. 그러나 그가 자신의 재력과 능력으로만 항해를 했다면 실패했을 것이다. 그가 거둔 성공의 뒤에는 스페인 왕의 지원이 있었다. 그렇다면 그는 어떻게 스페인 왕을 움직여 지원을 얻어냈을까? 해답은 적절하게 '권위의 법칙'을 이용했다는 것이다. 즉, 저명한 지구학자 루이 파레이로의 학술적 권위를 빌어 스페인 왕을 설득하여 도움을 얻어냈다.

'권위의 법칙', 다른 말로 '후광 효과'는 높은 지위와 권위를 지니고, 존경을 받는 사람이 하는 말과 행동은 쉽게 주목과 신뢰를 받는 현상을 일컫는다. 다시 말해 별 볼일 없는 사람의 말은 가볍게 여겨지지만, 높은 사람의 말은 무게를 갖게 된다는 것이다. 콜럼버스가 항해에 성공한 이후 기회

주의자와 사기꾼들이 돈을 벌기 위해 왕궁을 출입했다. 하지만 왕의 금전적 지원을 얻은 사람은 별로 없었다. 마젤란은 단지 입으로만 왕을 설득하려 하지 않고, 당시 지리과학자로 명성이 자자했던 루이 파레이로를 동행하여 왕을 만났다. 파레이로가 왕 앞에 지구의를 놓고 마젤란이 항해를 해야 하는 필요성과 장점들을 설득하자 카를로스 1세는 항해 허가증을 내주었다. 카를로스 1세는 '전문가의 건의'를 신뢰했기 때문에 마젤란의 요구를 들어준 것이다.

마젤란의 예에서 알 수 있듯이 누군가를 설득해야 할 때 유명 인사나 권위 있는 사람과의 친분을 과시하거나 전문가의 견해를 인용하면 성공률이 높아진다. 사람들에게는 권위 있는 의견은 믿고 싶은, 혹은 믿어야 한다는 심리가 있기 때문이다.

《손자병법》은 이렇게 말했다.

'만약 병사가 자신이 왜 벌을 받아야 하는지 납득하지 못하면 벌을 주지 말아야 한다. 하지만 병사가 납득했다면 법률을 적용해야 한다(卒未亲而罚之, 则不服, 不服则难用. 卒已亲附而罚不行, 则不可用).'

법률을 적용하는 가장 중요한 목적은 권위를 세우는 것이다. 사람들은 권위의 영향력에 약하고, 권위 있는 의견과 명령은 따르기 마련이다.

미국의 심리학자 찰스 호플링은 권위의 효과를 증명하기 위해 이런 실험을 했다. 찰스 호플링은 의사로 위장하여 병원 내 22개의 의국에서 근무하는 간호사들에게 전화를 하여 지명한 환자들에게 위험한 약물 20mg을 주사하도록 했다. 실험 결과 간호사 95%가 호플링의 지시를 따랐다. 간호사들은 주사액이 환자에게 투여해서는 위험하고, 용량이 정상치의 2배라는 사실을 분명히 알고 있었음에도 그렇게 했다.

실험 결과를 근거로 하여 찰스 호플링은 다음과 같은 결론을 얻었다. 병원에서는 일반적으로 의사, 간호사, 약사가 협의하여 최선의 치료 방법을 결정하지만, 환자에 대한 치료가 시작되면 의사의 의견이 최고의 권위를 갖는다. 간호사들이 자신들의 간호 경험과 전문 지식을 포기하고 의사의 잘못된 지시와 처방을 따르는 이유는 주치의가 치료의 책임자이고 높은 권위를 갖고 있기 때문이다.

권위의 법칙이 실제로 먹혀든 사건이 있었다. 중국 최고의 '몸짱'으로 알려진 배우가 제약회사 광고를 찍기 직전에 익명의 제보로 탄로가 난 사건이다. 이 제약회사가 얼굴이 알려지지 않은 무명 배우들을 의사로 꾸며 자사의 약품을 처방하게 했고, 전문가들을 동원하여 효과도 없는 약을 광고하여 환자들의 피 같은 돈을 갈취했다는 것이다. 제약회사의 수법은 의사와 전문가들의 말은 확실히 먹혀든다는 점을 악용한 것이다. 일반인들도 그렇지만 특히나 환자들은 자신의 병세를 잘 이해하지 못한 상태에서는 의사나 전문가의 말을 전혀 의심하지 않는다. 권위에 대한 맹신이 검증되지 않은 약조차도 대박을 터뜨리게 하는 것이다.

'권위의 법칙'이 속임수나 사기에만 이용되지는 않는다. 정직하고 머리가 좋은 사람들도 자신의 권위의 법칙으로 자신과 다른 사람들을 이롭게 한다. 예를 들어 경영자들은 실력을 키워 부하 직원들에게 권위 있는 이미지를 심어준다. 권위가 없으면 많은 사람이 복종하고 따르기 어렵고, 효과적으로 관리할 수 없는 것이 인지상정이다. 그런데 '권위의 법칙'이 보편적으로 통용되는 원인은 두 가지로 대별된다.

첫째, 위험을 피하려는 일반적인 심리로 대중은 권위 있는 사람을 따르면 안전하다고 생각한다. 그래서 위기가 적고 안정된 사회에서는 권위가 그리 큰 힘을 발휘하기 어렵다. 둘째, 인정과 칭찬을 받고 싶어 하는 심리가 작용한 것이다. 권위 있는 인물의 요구는 사회적 규범과 일치하는 경향이 강하다. 따라서 많은 사람이 권위 있는 인물의 말이나 요구를 따르면 좋은 평가를 받을 수 있다고 믿는다.

현실적으로 리더나 관리자들은 권위를 세우는 일이 매우 중요하다. 권위가 있어야 밑에 사람들이 의지하고 명령에 복종할 수 있다. 위신이 별로 없는 사람이 일을 추진하는 것은 물을 거슬러 배를 젓는 것처럼 힘들다. 시시때때로 저항과 압력에 부딪히고, 말이 먹혀들지 않아 민망스러운 상황도 다반사다. 리더는 위신에서 나온 힘으로 업적을 만들어나가는 사람이다. 어떤 면에서 보면, 리더의 기술이란 자신의 위신을 만들어 나가는 것이고, 좀 과장하면 위신은 리더의 생명이나 다름없다. 권위는 종종 명령보다 더 효과가 좋아서 혹자는 권위가 최고의 명령이라 말한다.

'나를 따르라'와 '나 대신하라'

　　주변 세력들을 정복하여 새 왕조를 세우기 위한 통일 전쟁을 수행하는 과정에서 후일 당 태종이 된 이세민은 항상 선봉에 섰다. 왕세충(王世充)과 교전할 때 이세민은 부장 진경(秦瓊), 정지절(程知節), 위지공(尉遲恭) 등에게 기병을 지휘하여 번갈아 공격을 하게 했지만, 자신은 언제나 맨 앞에서 싸웠다. 두건덕(竇建德)과 싸울 때는 위지공과 몇 명의 군사만을 데리고 적군을 유인하는 작전을 폈다. 두건덕이 5,000여 명의 기병을 몰고 추격을 하자 이세민은 침착하게 직접 활을 쏘아 몇 명의 장령과 군졸들을 죽였다. 그러자 놀란 적병들이 응수하지 못하고 도망갔다. 통수권자인 이세민이 위험을 무릅쓰고 선봉에 섬으로써 군의 사기는 하늘을 찌를 듯 치솟았고, 승리는 당연히 그들의 몫이 되었다.

　1991년 걸프전쟁을 지휘한 미국의 사령관 노먼 슈워츠코프는 이런 말을 했다.

"전쟁터에서 부하에게 명령을 내리는 사람은 영웅이 아니다. 사병보다 앞에 서서 싸우는 사람이야말로 영웅이다."

사병들이 결사적으로 싸우게 하려면 장군이 앞장서서 귀감이 되어야 한다.

《손자병법》에서도 이렇게 말했다.

'병사를 아이나 아들처럼 여겨 권위를 내세우지 않고 함께 행동하면 존경과 지지를 받고, 사기도 크게 올라간다(視卒如嬰儿, 故可以与之赴深溪 ; 視卒如爱子, 故可与之俱死).'

무엇보다도 리더의 솔선수범이 중요한 이유는 밑에서 따르는 구성원들이 리더는 자신들의 행동에 지침이 되는 교과서라고 생각하기 때문이다(리더가 롤모델이 되기는 쉽지 않다). 그러므로 리더는 명령을 내리기에 앞서 명령이 제대로 통할 수 있는 분위기가 되도록 자신의 언행을 점검해야 한다.

〈포브스〉 지의 기자가 월마트 창립자 샘 월튼과 인터뷰 약속을 잡았다. 다음 날 기자가 월튼의 사무실에서 그를 기다렸지만 약속 시간이 훨씬 지나도록 나타나지 않았다. 기분이 상한 기자를 본 비서가 월튼이 매장 입구 근처에 있다고 알려주었다. 기자가 나가보니 월튼이 고객의 짐을 차에 옮겨 실어주고 있었다. 세계에서 가장 부유하다는 월튼의 행동이 이해가 가지 않았음은 물론이다. 기자가 다가가 "사무실에서 저를 기다린다고 하지 않았나요?" 라고 힐난하듯 묻자, 월튼은 "그렇죠. 나는 계속해서 내 사무실에서 기다리고 있었습니다. 이곳이 내 사무실인데" 라고 했다. 월튼이 짐꾼처럼 직원들과 함께 짐을 나른다는 사실이 성공의 유일한 비결이라 할 수는 없다. 하지만 그의 성공에 얼마나 중요한 작용을 했는지는 굳이 설명할 필요가 없다.

일본 도시바(東芝)그룹의 회장을 지낸 도고 도시미쓰(土光敏夫)는 사장이 모범을 보이는 것이 사원들이 최선을 다하게 만드는 최고의 비결이라고 설명했다. 그가 최고 경영자로 올 당시에 도시바는 생산성 저하로 동종업계에서 위상이 흔들리고 있었다. 경영 상태를 확인한 그는 매일 공장을 순시하고, 국내 각지의 지사와 공장을 찾아가 직원들과 함께 식사를 하고 가벼운 대화를 나눴다. 시간이 어느 정도 흐른 후 직원들의 사기가 올랐고, 생산성이 회복되어 전기기기 업계 1등의 자리를 되찾았다. 도시미쓰의 명언이 있다.

"위에서 죽도록 일하는 모습 자체가 직원에 대한 교육이다. 직원들이 3배의 노력을 하면 사장은 10배의 노력을 해야 한다."

앞장서서 부하들과 함께 노력하는 모습은 '나를 따라오라'고 하는 시범이자 가장 좋은 격려 방법이다.

국민당 정부의 장군이었던 쑨위안량(孫元良)의 별명은 '나르는 장군(飛將軍)'이었다. 민첩하고 용기가 있어 붙여진 것이 아니라, 도망치는 속도가 워낙 남달라 붙여진 아호였다. 1926년 국민혁명군이 북방의 군벌들을 뿌리 뽑기 위한 전쟁에 돌입하면서 쑨위안량은 1사단 1단장에 임명되었다. 그런데 처음 전투에서 상대의 기세에 눌린 그는 제일 먼저 줄행랑을 쳤다. 지휘를 해야 할 장군이 도망을 갔으니 결과는 뻔했다. 전략적 요지들이 모두 함락되었다. 1932년 12월 12일, 일본군이 난징의 위화타이(雨花台)를 점령했다는 정보를 입수한 쑨위안량은 부대에 알리지도 않고 혼자 살겠다고 외국 대사관으로 숨어들어 갔다. 부하들도 싸움터를 이탈하여 '난징 대학

살'의 비극을 막지 못했다. 쑨위안량이 중대 범죄를 저지르고도 여전히 장군 자리를 지킨 비결 아닌 비결은 장제스(蔣介石)의 직계이자 충복이었기 때문이다. 1946년 겨울에 쑨위안량은 임시수도 충칭(重慶)의 경비사령관에 임명되었지만 또다시 인민해방군과 싸우지도 않고 도주했다. 군부에서 처벌해야 한다는 목소리가 높았지만 쑨위안량은 난징으로 가서 장제스의 품에 안겨 보호를 받았다. 결전의 순간 어김없이 도망치는 쑨위안량에 대해 한 작가는 '이길 의지는 없지만 도망치는 결단은 최고'라는 글을 쓰기도 했다. 쑨위안량은 40년 가까이 군에 몸을 담았지만 단 한 번의 승전 기록도 남기지 못했다.

성공한 사람들은 '나를 따르라'고 하지만, 실패한 사람들은 '나 대신해라'고 말한다. 실패한 경영자들은 사무실에서 지시만 할 뿐 직원들과 더불어 분투하지 않는다. 지시와 명령만이 난무하는 기업에서 몸과 마음을 다해 일하는 직원은 없다. 솔선수범하지 않는 지도자 밑에는 개념 있게 행동하는 부하는 없다!

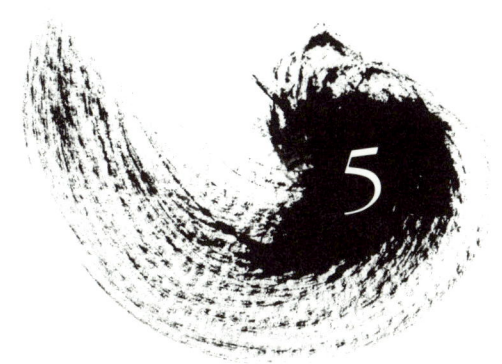

후한 상 앞에서는 누구나 용감해진다

원대 초기의 극작가 왕실보가 쓴 《서상기(西廂記)》에 이런 대목이 나온다.

"큰 상을 주면 용기 있는 자가 반드시 나오고, 상벌이 분명하면 계략이 성공한다."

이 말에는 역사적인 전고(典故)가 있다. 전국시대에 진 나라는 상앙(商鞅)을 등용하여 법치를 펴도록 했다. 법이 제대로 집행되려면 신뢰가 바탕이 되어야 하므로 상앙은 성의 남쪽 문에 세워둔 큰 기둥을 북쪽 문으로 옮기는 사람에게 상금을 주겠다는 방을 붙였다. 아무것도 아닌 일에 상금을 줄 리가 없다고 백성은 콧방귀를 뀌었다. 상금이 올라가 5배가 되자 한 젊은 이가 기둥을 북문으로 옮겨놓았다. 북문에서 대기하고 있던 상앙이 즉석에서 상금을 주자 백성은 깜짝 놀랐다. 상앙의 말은 믿을 만하고, 명령도 분명히 집행될 것이라는 여론이 형성되었다. 그 결과 상앙은 새로운 법 체제로 개혁에 성공했다.

상앙의 '깜짝쇼'는 변법[신법(新法)] 질서를 정착시키기 위한 미끼라 할 수 있지만, 한 가지 진실을 입증했다. 즉, 후한 상을 내리면 반드시 용기를 내는 사람이 있다는 것이다. 만약 상금이 올라가지 않았다면 기둥을 옮기는 사람이 끝내 안 나타났을지도 모른다.

상벌의 문제에 대해 《손자병법》은 이렇게 말했다.

'병사와 친근한 관계가 아닐 때 벌을 주면 승복하지 않고, 승복하지 않는 병사는 거느리기 힘들다. 병사들이 장수에게 충성을 다하고 친근함을 느끼게 되었다고 벌을 주지 않아 기율이 느슨해지면 싸움을 제대로 할 수 없게 된다(卒未亲而罚之, 则不服, 不服则难用. 卒已亲附而罚不行, 则不可用).'

군대에서 상벌을 분명하게 해야 하는 이유는 상과 벌 모두가 병사를 격려하는 방법이기 때문이다. 심리학적으로 볼 때 사람들은 격려를 민감하게 받아들여 반응한다. 긍정적인 격려가 상이라면, 부정적인 격려는 벌이다. 그런데 인간은 무슨 일을 하든지 이익을 얻으려 하고 위험은 피하려 한다. 그러므로 상벌을 확실하게 하면 상대의 마음을 조종할 수 있다. 대부분의 리더는 상벌을 분명하게 하여 조직을 움직인다.

조조는 상과 벌을 엄격하게 하는 지도자였다. 한번은 군대가 이동을 하게 되자 조조가 말을 타고 가는 기병이 보리밭을 밟으면 죽인다는 명령을 내렸다. 기병들이 말에서 내려 조심스럽게 보리밭을 지나갔는데, 조조가 타고 있던 말이 경기를 일으켜 보리밭으로 뛰어들어갔다. 군의 우두머리로서 스스로 목을 벨 수 없었던 조조는 자신의 머리카락을 잘라 죗값을 치렀다. 군사들은 조조의 행동이 위선적이라고 생각했다. 하지만 조조가 자신의 머리카락을 자른 것은 매우 무거운 형벌이었다. 고대 중국에서 머리카락을 잘라 참수를 대신하는 '곤형(髡刑)'은 극도의 수치였기 때문이다. 조조가 곤형을 감수한 것은 자신이 한 말의 무게를 잃지 않기 위해서였다. 벌을 주는 데 엄격했던 조조는 상을 내리는 데도 인색하지 않았다. 그래서 상을 받은 사람들은 조조를 위해 충성을 바치는 것을 영광으로 알았다. 조조가 아직 세력이 미약할 때부터 많은 사람이 그를 따르며 최선을 다했고, 그 결과 조조는 천하의 3분의 2를 얻을 수 있었다.

조조가 보잘것없는 군사 세력에서 패주로 부상할 수 있었던 큰 이유는 부하들을 공평무사하게 격려했기 때문이다. 대조적으로, 초나라의 항우는 부하들을 제대로 다스리지 못해 중원을 잃은 대표적인 인물이다.《사기》의〈회음후열전(淮陰侯列傳)〉에 기록된 항우는 다음과 같다.

'자신의 밑에 어질고 유능한 장수를 두지 못했다. 왕은 어질고 인자한 성격이어서 아픈 사람을 보면 눈물을 흘리며 음식을 나눠 먹었다. 하지만 공을 세웠을 때 상을 주려고 하지 않았고, 상벌을 분명하게 하지 못했다.'

항우의 이런 성격 탓에 한신, 진평과 같은 뛰어난 신하들이 배신을 했고, 신하들의 인심을 얻는 데 성공한 유방에게 패배했다. 항우의 비극적인 최후는 유방이 만들었다기보다는 자초했다고 할 수 있다. 리더에게 있어 상과 벌의 의미가 얼마나 지대한가를 보여주는 예이다.

사람은 누구의 영향을 가장 크게 받는가?

중국의 농구 스타 야오밍(姚明)은 13세에 나이키 모델이 된 것을 시작으로 26세가 된 2006년까지 10개 이상의 나이키 브랜드의 얼굴이 되었다.

나이키가 거액의 모델료를 지급하며 야오밍을 모델로 선택한 이유는 무엇일까? 해답은 아주 단순한 '전시 효과' 때문이다. 전시 효과가 옛날부터 얼마나 큰 위력을 발휘했는지를 보여주는 일화가 있다.

《묵자(墨子)》에 기록된 이야기이다.

'초의 영왕(靈王)은 특별히 허리가 가는 여자를 선호했다. 그래서 궁녀들은 왕의 총애를 받고자 밥도 먹지 않으며 개미허리를 만들려고 안간힘을 썼다. 얼마 후 궁녀들은 하나같이 얼굴이 누렇게 뜨고 바람에 날아갈 것 같이 말라버렸고, 굶어 죽는 궁녀도 있었다.'

《손자병법》에 '병사를 아이처럼 아끼면 장수와 더불어 위험을 마다하지 않고, 병사를 사랑하는 자식처럼 여기면 (병사들은) 사력을 다해 싸운다(視卒如嬰儿, 故可以与之赴深溪 ; 視卒如爱子, 故可与之俱死)'라는 대목이 있다. 심리학적으로 이해하면, 병사들은 장군의 깊은 관심을 받으면 장군을 위해 목숨까지 바친다는 것이다. 따라서 자신을 위해 일해 줄 사람을 포섭하려면 먼저 그에게 진심으로 다가가야 한다.

영향력을 충분히 갖고 있는 사람이나, 그렇게 되고 싶은 사람은 '시범 효과' 혹은 '전시 효과'의 힘을 가져야 한다. 전시 효과의 대표적인 예는 패션쇼이다. 시즌마다 세계 각지에서 열리는 각종 패션쇼에서 모델들이 입는 옷들을 보통사람들이 그대로 소화하기는 어렵다. 하지만 출품되는 옷의 스타일과 컬러는 그대로 유행이 되는 '전시 효과'의 힘을 톡톡히 발휘한다.

소비자들의 상품 구매 욕구는 취향과 선호도에서 나온다. 쉽게 말해, 어떤 상품에 관심을 갖게 되면 소비자는 물불을 가리지 않고 사려 한다. 그런데 소비자의 취향과 선호는 심리적 현상이다. 심리 현상은 사람마다 다르지만, 어느 정도는 일치한다. 또한 다른 사람들이나 외부적 요인에도 쉽게 영향을 받는다. 예를 들어 광고, 전통, 마케팅 전략 등이 사람들을 쉽게 좌우하는데, 이것이 바로 전시 효과이다.

상품은 소비자의 욕망을 충족시켜야 시장을 점유할 수 있으므로 기업들은 소비 성향에 자유로울 수 없다. 만약 초나라 왕이 허리가 가는 여자들을 선호한다는 사실을 이용하여 효과적으로 살을 빼는 상품들을 개발한 사람이 있었다면 분명히 대박을 터뜨렸을 것이다. 현대의 기업들은 '전시 효과'로 마케팅을 할 때 소비 성향을 따라가는 것이 정석이지만, 소비 패턴을 '만들어 내는' 일도 게을리하지 않는다.

물론 전시 효과가 모든 사람에게 먹혀들지는 않는다. 동물행동학자가 행한 실험이 있다. 새끼 원숭이에게 과일을 먹기 전에 물로 깨끗이 씻는 버릇을 들인 다음 무리에 넣고 관찰을 했다. 어느 정도 시간이 흐른 뒤, 원숭이들은 과일을 씻어서 먹기는커녕 새끼 원숭이를 집단 구타하는 재미있는 모습을 보였다. 만약 원숭이들의 우두머리가 과일을 씻어 먹었다면 다른 놈들도 따라했을 것이다. 인간의 전시 효과는 동물의 본능에 뿌리를 두고 있고, 사회적 요인이 추가적으로 작용하여 형성된 것이다. 이 이론은 유행이나 소비 패턴이 대부분 상류사회에서 파생된다는 현실로 입증된다. 그래서 광고회사는 유명 인사를 모델로 내세우고, 기업이나 단체들은 크고 작은 행사를 할 때 명사들을 초대하는 데 혈안이 된다.

결론을 말하면, 보통사람들은 유명한 공인들의 영향을 가장 많이 받는다. 공적 인물의 반듯하고 모범적인 언행은 일반 대중의 정서를 움직이는 힘이 있다. 범위가 비교적 작은 조직에서 사람들은 영향력을 가진 사람에게 쉽게 공감하고 좌우된다. 그러므로 군림까지는 아니더라도 영향력을 행사하고 싶은 욕망이 있다면 전시 효과를 공부해볼 만하다.

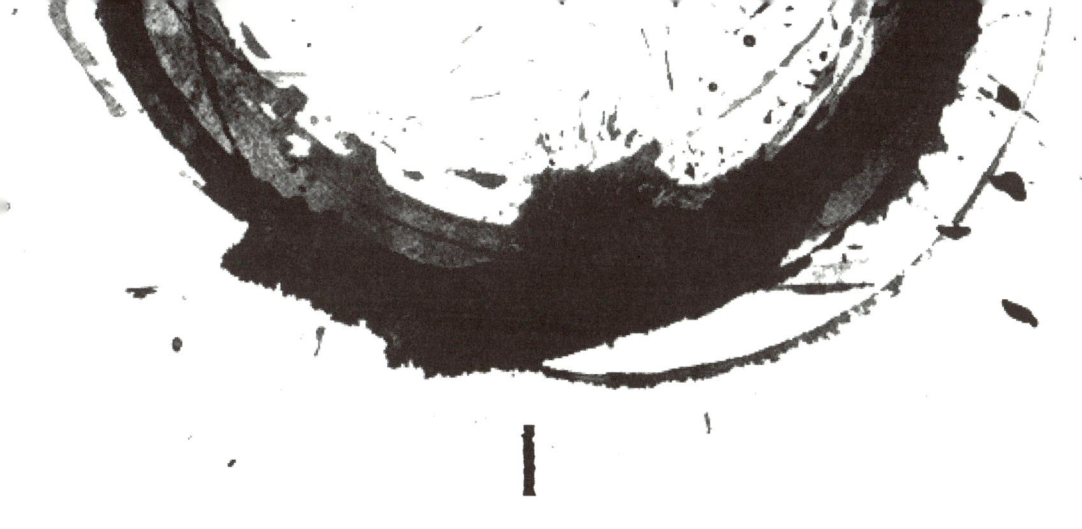

제9장

감정을
조절할 수 있어야
조직을 이끌 수 있다

CEO가 가져야 할 감정의 심리 전략

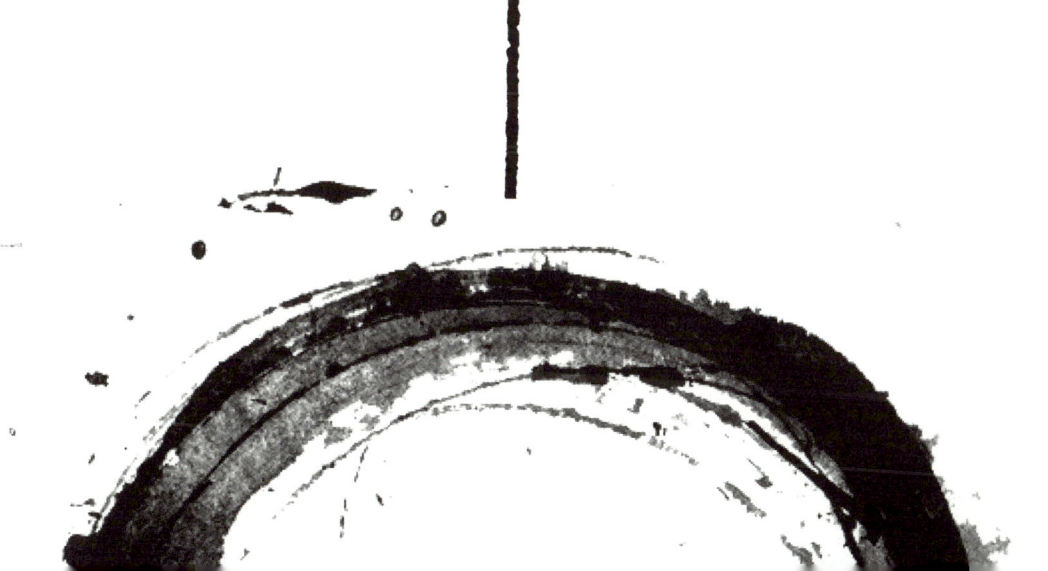

충동은 악마와도 같다. 《삼국지》에 나오는 주유(周瑜)와 관우는 충동적인 성격, 요즘 말로
하면 '자신의 감정을 조절하는 능력'이 없어 죽음을 자초했다고 할 수 있다. 이들과는 대
조적으로, 사마의(司馬懿)는 분노를 조절하는 데 탁월했다. 제갈량이 여자의 치마를 보내
수치심을 자극해 일전을 벌이려 했지만, 사마의는 꿈쩍도 하지 않았고, 제갈량은 오장원
(五丈原)에서 병으로 세상을 하직했다. '사마' 가문이 최후의 승자가 된 것은 결코 우연이
아니었다.

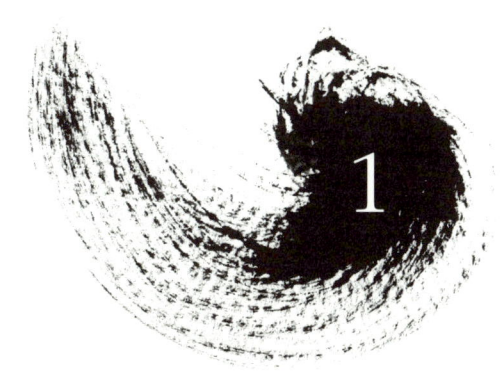

주유와 사마의의 대조적인 성격

《삼국지》는 제갈량을 구름과 바람을 부르고 신기에 가까운 발상을 하는, 마치 신선과 같은 인물로 미화했다. 눈치빠른 독자라면 제갈량의 가장 뛰어난 능력이 타인의 기분과 감정을 자신의 의도대로 움직여서 목적을 달성하는 것임을 알아차렸을 것이다.

오나라의 대도독 주유는 제갈량에게 세 번 당하고 화병으로 죽었다. 첫 번째 사건은 주유가 남군(南郡)을 점령하지 못하면 유비가 다시 공격을 한다는 제갈량과 주유의 약속에서 비롯되었다. 주유가 첫 번째 시도에서 실패하여 부상을 입자 유비는 약속대로 남군을 공략하여 성공했다. 그러나 제갈량은 기회를 틈타 남군을 비롯한 다른 지역을 차지하여 약속을 위반했고, 주유의 기반도 빼앗았다.

두 번째로 주유를 분격시킨 사건은 적벽대전에서 승리한 후 제갈량이 유비를 무사히 형주로 되돌아가게 하고, 주유를 골탕 먹인 것이었다. 여기서 그치지 않고 제갈량은 군사들에게 '주유는 천하를 안정시켰지만 부인과 군사를 잃었다'는 비웃음을 노랫말로 만들어 부르게 했다.

세 번째로 제갈량이 주유를 분노하게 한 사건은 태수에 임명된 주유가 유비에게 복수하기 위해 손권에게 상소를 올린 뒤 일어났다. 노숙이 요지인 형주를 되찾기 위해 유비를 찾아오자, 유비는 형주를 돌려주면 자신은 몸 둘 곳이 없다고 대성통곡을 했다. 동석했던 제갈량이 노숙에게 형주를 반환하는 시간을 좀 연장하게 손권을 설득해달라고 했다. 점잖은 노숙이 응낙하고 주유에게 사정을 이야기하자 주유가 말했다.

"또 제갈량의 꾀에 넘어갔군요."

그러면서 주유가 노숙에게 다시 유비를 만나 오나라가 서천(西川)을 차지하면 넘겨주겠다고 약속하고 형주를 찾아오라고 했다. 노숙이 이유를 묻자 주유가 대답했다.

"이렇게 하는 것은 명분에 불과합니다. 우리 군대가 서천을 치러갈 때 형주를 거치면서 유비를 죽이고 형주도 되찾으면 됩니다."

주유가 대군 5만여 명을 이끌고 형주에 거의 도착해보니 성문 위에 백기 두 개가 걸려 있을 뿐, 인기척이 전혀 없었다. 배를 강에 정박시키고 주유가 기병 20명을 데리고 성 안을 들여다보는데 갑자기 조자룡이 성루에서 소리쳤다.

"공명(제갈량) 장군이 도독의 계책을 간파하고 나에게 지켜보라 했소이다!"

이와 동시에 척후병이 관우, 장비, 황충, 위연이 각각 사방에서 공격하러 오고 있다고 보고했다. 주유가 예전에 입은 상처가 도져 신음을 내뱉으며 말에서 떨어지자 부하들이 급히 구급 조치를 했다. 주유는 입에서 핏덩어리가 쏟아지자 죽음을 예감하고 손권에게 노숙이 자신의 자리를 맡게 해 달라는 상서를 썼다. 그는 죽기 직전 "하늘은 나를 세상에 내고 왜 또 공명을 냈단 말인가!"라는 탄식을 하며 숨을 거뒀다.

《삼국지》에 묘사된 유비는 근본적으로 오나라를 상대할만한 능력이 없었다. 달리 말하면, 제갈량은 주유와 군사적으로 정면 승부를 하면 이길 수 없었다. 그러나 제갈량은 주유가 지극히 감정적이어서 분노하게 하면 승산이 있다고 판단하고 세 번이나 주유를 '도발'하여 죽음으로 몰고 갔다.

《손자병법》은 '군주가 분노하여 군사를 일으키면 안 된다. 장수도 화가 난 상태에서 전쟁을 하면 안 된다(主不可以怒而兴师, 将不可以愠而攻战)'라고 충고하고 있다. 감정을 다스리지 못하면 스스로 멸망한다는 의미이다. 그런데 주유는 지나치게 흥분하여 제갈량의 손안에서 놀아나다 화병으로 죽었다. 주유의 죽음은 자신의 기분과 감정을 제어하는 것이 얼마나 중요한지를 반면교사 격으로 보여주고 있다.

한편, 《삼국지》에서 제갈량의 최대 적수는 사마의였다. 두 사람은 여러 차례 맞부딪쳤다. 처음 공성계를 펼 때 제갈량은 성의 누각에서 신선 마냥 유유히 거문고를 뜯으며 사마의를 맞이했다. 이 모습을 본 사마의는 제갈량의 기에 눌려 진공하지 못했다. 하지만 두 번째 싸움, 즉 제갈량이 마지막으로 위나라를 정벌하러 나섰을 때 사마의는 요리조리 피하면서 교전하지 않았다. 제갈량은 사마의가 싸움을 하러 나오도록 자극하기 위해 여자 옷을 보냈다. 여자의 지위가 형편없었던 봉건사회에서 군의 최고 권력자에게 여자의 옷을 보내는 것은 더할 나위 없는 모욕이었다. 제갈량의 사신이 옷을 내놓자 사마의는 피가 거꾸로 솟는 것 같았지만 숨을 고르고 진정한 뒤 옷을 입고 물었다.

"이 옷이 잘 어울리나?"

사신이 돌아가 사실대로 고하자 제갈량은 충격을 받았다. 강적 사마의가 보여준 엄청난 기세와 오랜 세월 누적된 피로에 눌린 제갈량은 결국 오장원에서 세상을 떠났다.

사람의 기분과 감정은 결정에 많은 영향을 미친다. 누군가가 의도적으로 감정을 휘두르면 아무리 냉정한 사람이라도 일을 그르치기 쉽다.

2001년 3월 29일, 호주 출신의 세계은행 총재 제임스 울펀슨이 핀란드에서 기자회견을 할 때 케이크 투척 세례를 받았다. 얼굴과 머리가 케이크로 범벅된 울펀슨은 전혀 당황하지 않고 말했다.

"기자회견에 좀 방해가 되었지만 케이크 맛이 괜찮네요."

그리고 케이크를 던진 사람을 문제 삼지 않겠다고 했다.

같은 해 5월 16일에 영국 총리 토니 블레어가 버밍엄에서 선거 운동을 할 때 부총리인 존 프레스콧은 노스 웨일스 지역의 노동당 집회에 참석했다. 그런데 현장에서 시위를 하던 한 남자가 프레스콧에게 달걀 세례를 퍼부었다. 얼굴과 옷에 달걀이 낭자해진 프레스콧은 예상을 깨는 행동으로 사람들을 놀라게 했다. 정치인들이 흔히 그러하듯 프레스콧도 어깨를 들썩이며 어쩔 수 없다는 제스처를 보일 줄 알았는데, 프레스콧은 달걀을 던진 남자의 얼굴에 번개같이 주먹을 날린 것이다. 상대도 만만치 않아서 반격을 날렸고, 두 사람은 권투 선수들처럼 잠시 난투극을 벌였다.

다음 날 영국 언론은 이 사건을 대대적으로 보도했다. 영상 자료에 덧붙여진 프레스콧의 주먹질에 대한 상세한 묘사가 곁들어진 덕분에 영국 시민은 보기 드문 역사적 사건을 그대로 뇌리에 각인하게 되었다. 토니 블레어 총리가 얼마나 난처했는지는 불문가지이다.

일부 매체들은 집권당인 노동당이 새로운 정책을 발표하고 선거 운동에 열을 올리는 마당에 관심이 온통 프레스콧에게 쏠리는 것이 문제라고 비판했다. 야당인 보수당의 의원들은 공개적으로 프레스콧이 사임해야 한다고 압박을 했다. 이들은 "젊은이들에게 프레스콧의 행동을 보여줘서는 안 된다"라고 목소리를 높였고, 프레스콧이 물러나야 한다는 시민의 비난이 빗발쳤다.

달걀 투척은 별로 큰 사건이 아니었지만 존 프레스콧은 감정을 누르지 못하고 주먹을 날리는 바람에 결국 사퇴하고 말았다. 잠시 화를 참으며 인내했으면 프레스콧이 부총리라는 막강한 자리에서 물러나지는 않았을 것이다. 물론 그의 성격으로 봐서 또 어떤 돌발 사고를 일으켰을지는 알 수 없지만 말이다.

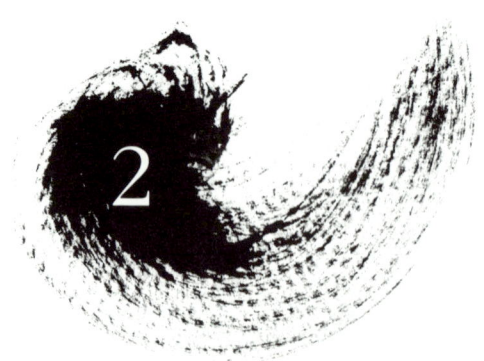

세상은 못 바꿔도
자신의 감정은 바꿀 수 있다

한 노부인이 마트 문 앞에서 유모차를 끌고 가면서 아기에게 정답게 이야기를 하는 아빠를 보았다.

"따바오, 화내지 마. 몇 분만 있으면 집에 도착한단다."

아기를 그렇게 부드럽게 달래는 아버지를 본 적이 없는 노부인이 다가가서 칭찬을 했다.

"젊은 아빠가 정말 세심하네요. 아기를 그렇게 잘 달래는 사람은 처음 봤어요."

그러자 아빠가 멋쩍게 웃었다.

"아기를 달래는 게 아니라 저 자신을 달래고 있었어요. 사람 많은 데 오면 정신이 없어지고 화날 일도 많은데, 그러면 안 되잖아요. 그래서 저 자신에게 화내지 말자, 화내지 말자라고 암시를 하는 거예요. 따바오는 제 이름입니다."

이 젊은이는 주변 환경을 바꿀 수는 없지만 자기 기분은 바꿀 줄 아는 지혜를 가졌다.

소설가 왕샤오보(王小波)는 "인간의 모든 고통은 본질적으로 자신의 무능력에 대한 분노에서 비롯된다"라고 했다. 분노나 격한 감정은 자신에 대한 질책이므로 화가 난 상태에서 일하면 아주 후회하게 된다. 그러므로 세상을 변화시킬 수는 없어도 자신의 감정을 다스려야 한다.

《손자병법》에서는 이렇게 말했다.

'싸움을 잘하는 장수는 이길 수 없는 전쟁은 피했다가 적이 약점을 보일 때 공격하여 승리한다(昔之善战者, 先为不可胜, 以待敌之可胜. 不可胜在己, 可胜在敌).'

다른 각도에서 풀어보면, 당신이 세상을 변화시킬 수 없지만, 자신의 감정은 충분히 제어할 수 있다는 의미이다.

린쩌쉬는 청대를 통틀어 열 손가락 안에 드는 유명한 관리였다. 그가 명신이 되는 데 가장 큰 몫을 한 사람은 아버지였다. 그의 아버지 린빈르(林賓日)는 서당 선생이었는데 아들의 교육에 지극한 정성을 들였다. 린쩌쉬는 어렸을 때부터 총기가 남달라 네 살에 서당에서 공부를 시작했고, 일곱 살 때에는 어른들이 혀를 내두를 정도의 글 솜씨를 보였다. 린빈르는 아들의 재능에 흐뭇해하면서 장래에 큰 인물이 될 것이라 믿었다. 그러나 아들이 커가면서 성격에 문제가 있다고 느꼈다. 어린 소년이 감정 기복이 너무 심해서 뜻대로 일이 풀리면 지나치게 기뻐했지만, 조금이라도 좌절을 하면 불같이 화를 냈기 때문이다. 린빈르는 큰 인물이 되려면 두뇌와 학문을 갖춰야 하지만, 더 중요한 것은 인품과 성격이라 생각했다. 그래서 린빈르는 아들의 성격을 고치는 데 힘을 쏟았다.

먼저 아들의 언행에 주의하여 급한 일을 당해도 화를 내지 않고 느긋하게 대처하며, 공손하고 신중하게 사람들과 잘 어울리도록 교육했다. 그는 아들이 실수해도 윗사람으로서 고압적으로 야단을 치지 않았다. 무엇보다도 린빈르의 말과 행동은 린쩌쉬가 배울만한 모범이 되었다.

그다음으로 린빈르는 암시의 방법으로 아들을 가르쳤다. 하루는 아버지의 어두운 얼굴을 보고 린쩌쉬가 무슨 안 좋은 일이 있었느냐고 물었다. 린빈르는 아들에게 교훈을 줄 좋은 기회라 여겨 '성질 급한 판관' 이야기를 들려주었다.

어느 마을에 보기 드문 효자로 이름난 현감이 있었다. 그는 마을에 효성스럽지 못한 사람이 있으면 그대로 두지 않고 벌을 내렸다. 어느 날 민가에 들어가 소 한 마리를 훔친 도둑 두 명이 그 집 아들을 포승으로 묶어서 관아로 데려왔다. 도둑들은 이 청년이 부모를 때리고 욕을 하는 패륜아라고 고발했다. 현감은 사정을 묻지도 않고 분격해서 곧장 50대의 장형을 명령했다. 청년이 곤장을 맞고 있을 때 부모가 달려와 현감에게 아들이 절대로 불효자가 아닌데 누명을 쓴 것이라고 호소했다. 덧붙여서 평소에 아들이 자신들을 얼마나 잘 모시는지 설명했다. 이야기를 들은 현감은 진상을 파악하지도 않고 무고한 청년을 벌준 것이 너무 미안하고 후회가 되었다. 현감이 괘씸한 도둑들을 처벌하려고 찾으니, 당연히 그들은 사라진 뒤였다.

린쩌쉬는 아버지가 들려준 이야기를 평생 잊지 않았다고 한다. 후일 고위 관리가 된 린쩌쉬는 쉽게 화를 내는 버릇을 경계하기 위해 관청에 '분노를 자제하자'는 뜻의 '제노(制怒)' 두 글자를 쓴 액자를 걸어두고 수시로 들여다보았다. 이 밖에도 지금까지 명문으로 인구에 회자되는 글을 써서 자신을 채찍질했다. '海納百川 有容乃大 壁立千仞 無慾則剛(해납백천 유용내대 벽립천인 무욕즉강)'이 바로 그것으로, '바다는 모든 물을 받아들이기에 그 너그러움이 거대하고, 바위의 높이는 천 길에 달하지만 욕심이 없기에 굳건하다'는 의미이다. 끝없이 너그러운 마음을 가져야 한다는 각오를 큰 스케일의 멋스런 비유로 표현한 것이다.

그가 살았던 시대는 중국이 근대를 맞이하는 변화와 위기로 점철되었다. 어지러운 세상을 혼자서 바꿀 수는 없었지만, 린쩌쉬는 아버지의 훈도와 자신의 수행으로 얻은 불굴의 의지와 인격으로 역사의 한 페이지를 장식하는 인물이 되었다. 열악한 변경 지대 신장(新疆)으로 쫓겨났을 때도 그는 노구를 이끌고 '서역 3만 리'를 돌아다니며 민중의 삶을 살폈고, 러시아의 중국에 대한 위협을 절감하여 영국에 저항하고 러시아를 막아야 한다는 국방 정책을 제시했다. 또한 현지 주민들을 위해 치수 사업을 하여 경제적인 도움을 주었다.

만약 린쩌쉬가 어렸을 때의 정서 불안과 쉽게 화를 내는 성격을 벗어나지 못했다면 과감하게 빗발치는 반대 여론에 맞서 아편을 소각하는 담대한 행동을 하지 못했을 것이다. 그리고 애국심에서 우러난 행동에 보상은커녕 신장으로 쫓겨나는 수모를 당할 때 분노를 자제할 수 없었다면 꿋꿋하게 민중을 위한 사업들을 펼치지 못했을 것이다. 한 마디로 린쩌쉬는 감정을 조절하는 데 고수였다. 그는 환경을 바꾸고 사람들을 움직이기는 어렵지만, 자신을 다스릴 수 있다는 믿음으로 올곧은 삶을 산, 보기 드물게 본받을만한 가치가 있는 사람이었다.

마흔이 되면
자신의 얼굴에 책임을 져야 한다

마흔 살 나이는 성공한 사람이라면 사회의 주춧돌이 되고, 평범한 사람이라면 가정의 기둥이 된다. 사회나 가정에서 중심이 되는 마흔 살이 되면 각별히 자신의 말과 행동거지를 되돌아보며 책임을 져야 한다.

1959년 당시 현직 부통령이었던 리처드 닉슨은 대선에서 근소한 표 차이로 존 F. 케네디에게 패했다. 패배의 원인은 텔레비전 토론에서 닉슨이 좋은 점수를 받지 못했기 때문이다. 역사상 처음으로 텔레비전 토론이 방송되었을 때 국민은 닉슨의 피곤함을 감추지 못하는 얼굴과 패션 감각이라고는 찾아볼 수 없는 차림새에 실망했다. 닉슨과 달리 케네디는 형형한 눈빛에 에너지가 넘치는 젊은 얼굴로 시청자들을 사로잡았다. 낙선한 닉슨은 이렇게 토로했다.

"마흔이 넘으면 자신의 얼굴에 책임을 져야 한다."

젊은 시절의 매력은 외모에서 나오지만, 나이를 먹은 다음에는 인상과 분위기가 좋아야 사람들을 사로잡을 수 있다. 젊은 사람의 깨끗한 얼굴은 신선한 느낌을 주지만, 마흔 살이 넘은 얼굴은 탄력과 깨끗한 인상을 갖기 힘들다. 그러므로 자신의 얼굴에 책임져야 한다는 말은 어떻게 사람들을 대할지 고민해야 한다는 의미이다.

《손자병법》〈군형편(軍刑篇)〉에 '방어를 잘하는 사람은 아득히 깊은 지하에 숨어 적이 찾을 수 없게 하고, 공격을 잘하는 사람은 까마득히 높은 데까지 뛰어올라 적이 방어할 수 없게 만든다(善守者藏于九地之下, 善攻者动于九天之下)' 라는 대목이 있다.

이 병법에 비유하면, 사람이 마흔 살이 넘으면 돌발 상황이나 난처한 일을 당하더라도 감정의 변화를 얼굴에 나타내지 않을 정도의 내공을 갖춰야 한다.

캘리포니아 주의 자동차 세일즈맨 폴은 한 달에 평균 15대를 팔아 회사에서 항상 판매실적 1등을 기록했다. 판매 비결을 묻는 사람에게 그는 "비결은 없어요. 어떤 때는 정신없이 문전박대를 당하는 데요"라고 했다. 그의 말은 100% 진실이다. 영업을 하면서 비인간적인 대접을 받는 일은 다반사이다. 문을 열고 더러운 물을 퍼붓는 사람도 있다. 굴욕적인 일을 당하면서 분노와 무력감에 시달리던 폴은 직업을 바꿀 생각도 많이 했다. 하지만 냉정하게 생각해보니 판매 실적이 좋은 것은 세일즈맨으로서 자격이 충분하다는 증거이고, 화나는 일들이 자신을 단련시킨다는 사실을 깨달았다. 이후 폴은 충동적이고 화를 잘 내는 성격을 고쳐 누구에게나 이성적으로 대한 결과 지역 총 매니저가 되었다.

청조 말기 중국 공화정 초기의 신식 육군을 바탕으로 30년 이상 중국을 지배한 군사 세력인 북양군벌(北洋軍閥) 중에는 능력을 바탕으로 장군이 된 사람이 많았다. 하지만 쉬스창(徐世昌)은 무능함과는 상관없이 관운이 대단해서 중화민국의 총통을 지냈다. 저명한 전기 작가 타오쥐인(陶菊隱)은 쉬스창을 이렇게 평했다.

"학문과는 거리가 멀고 작전 능력도 없지만 친화력이 탁월했다. 청대 말기에 협리(協理)대신을 지냈고, 중화민국에서는 총통의 자리에 올랐다. 그는 감정을 전혀 드러내지 않았기 때문에 사람들은 그가 무슨 생각을 하는지 도통 알지 못했다. 그래서 그는 많은 세력 사이에서 별 탈 없이 생존하면서 출세를 거듭했다."

옛사람들은 "사람들의 속내는 겉으로 잘 드러나므로 예리한 관찰자는 표정을 읽어 자신의 의도대로 상대를 움직인다"고 했다. 전국시대 말기에 진나라가 한나라와 조나라를 멸망시킨 뒤 연나라를 치려 했다. 연나라의 태자 단(丹)은 자객 형가(荊軻)와 13세에 이미 사람을 죽였을 정도로 담이 큰 무사 진무양(秦舞陽)에게 연나라의 지도를 바친다는 구실로 진나라 왕 영정을 알현하는 자리에서 암살하도록 했다. 진나라 궁전에서 영정을 본 진무양이 놀라서 얼굴이 창백해지자 영정은 의심이 들었다. 그러자 형가가 "이 사람은 작은 나라에서 살아 대왕의 위엄을 접한 적이 없으므로 겁이 났으니 양해해 주십시오"라고 변명을 했다. 영정이 반신반의하면서 형가에게 다가와 지도를 바치라고 했다. 일이 꼬이느라 형가가 실수로 지도 속에 감추었던 비수가 바닥에 떨어뜨리자 영정은 도망을 쳤다. 결국 형가는 영정을 죽이지 못하고 자신의 목숨을 잃었다. 진무양도 죽음을 면치 못했다.

진나라의 환관 출신으로 막강한 권력가였던 조고(趙高)는 냉정함을 타고난 인물이었다. 그는 진시황이 죽은 후 조서를 위조하여 진시황의 우둔한 막내아들 호해(胡亥)를 황제로 만들었다. 그리고 후환을 없애려고 대신 몽의(蒙毅)와 그의 형 몽념(蒙恬), 종실 사람들을 거의 다 죽였다. 공이 큰 승상 이사(李斯)도 죽인 조고는 자영(子嬰)을 진왕의 자리에 앉혔다. 마지막으로 호해마저 죽인 조고는 대권을 장악했다. 하지만 권력에 취해 경계를 늦춘 그는 자영을 우습게 여기며 국정을 농단했다. 자영은 조고에 한이 맺혔지만 아무런 내색을 하지 않으며 냉정하게 때를 기다렸다.

기원전 207년 9월에 조고는 자영에게 종묘에 예를 올리고 옥새를 받으라고 했다. 하지만 자영은 예를 올리는 틈을 타 자신을 죽이려는 조고의 음모를 알아차리고 병을 핑계로 차일피일 미뤘다. 마침내 냉정하기 짝이 없는 조고도 참지 못하고 몇 번이나 사람을 보내 종묘에 가도록 권했지만 자영은 꿈쩍도 하지 않았다. 얼마 후 자영이 조고를 찾아가 만날 때 한담(韓談)이 조고를 죽였고, 연이어 조고의 가족들도 모조리 처형했다.

"마흔이 넘으면 자신의 얼굴에 책임을 져야 한다"라고 한 말의 진정한 뜻은 마음에 품은 생각을 얼굴에 드러내어 사람들이 자신을 파악하게 해서는 안 된다는 것이다. 그러려면 무엇보다도 화를 잘 삭일 수 있어야 한다.

기분을 다스려야
하는 일도 순조롭다

  사람의 행동을 결정하는 의식은 기분의 영향을 받는다. 그래서 기분이 좋지 않으면 일을 그르치기 쉽다. 달리 말하면, 마음이 편안하고 기분이 좋아야 하는 일도 술술 풀리게 된다. '기분이 안 좋으면 냉수를 마셔도 잇새에 낀다'는 속담은 불쾌한 기분에 사로잡히면 재수가 없다는 진리를 살짝 과장한 것이다.

  《손자병법》은 '군주가 분노하여 군사를 일으켜서는 안 되고, 장수가 홧김에 적을 공격을 해서는 안 된다(主不可怒而興師, 將不可以慍而攻戰)'고 했다.

  사람은 화가 나면 쉽게 이성을 잃게 되고, 감정적인 상태에서는 올바른 선택을 할 수 없어 일을 그르치게 된다. 《손자병법》〈작전편〉에서는 '적군을 죽이려면 부하들이 분노해야 한다(故殺敵者, 怒也)'고 했다. 여기서 적을 죽이는 것을 '노기(怒氣)'라고 했는데, 이 '노(怒)'는 일반적인 분노가 아니라 고취된 사기를 뜻한다. 감정에 호소하지 않고 이성적으로 사기를 진작시키면 그 힘으로 군사들이 적군과 싸워 승리할 수 있다는 것이다.

초나라와 한나라가 패권을 다툴 때 항우의 세력은 유방보다 압도적이었다. 하지만 항우는 수하를 아끼고 비호할 줄 몰랐고, 사람의 마음을 얻을 줄 몰라 인재들을 잃었다. 그럼에도 범증(范增)은 항우를 떠나지 않고 많은 계책을 내놓았는데, 고령임에도 성격이 불 같았다. 자신의 권고를 듣지 않은 항우 때문에 홍문연 계획이 실패하자 그는 항우에게 대놓고 "등신 같은 놈, 같이 못 해먹겠네!" 라고 욕을 했다.

기원전 204년에 초나라 군대가 한나라의 보급로를 끊자 형양(滎陽, 오늘날의 허난 성 싱양 시)에 발이 묶여 있던 유방은 항우에게 화전을 청했다. 항우가 유방의 제의를 수락하려 하자 범증이 극렬히 반대했다. 항우는 범증이 '유방과 화의를 했다가는 반드시 후회할 것'이라는 말이 마음에 걸려 형양을 공격했다. 그런데 유방의 모사 진평은 수하를 시켜 항우와 범증의 사이를 이간하기 위해 범증이 한나라와 내통하고 있다는 무고를 하게 했다. 이간책인 줄 눈치 채지 못한 항우는 범증의 군사권을 몰수했다. 화가 뻗친 범증은 마음에도 없는 고향으로 돌아가겠다는 말로 항우의 자신에 대한 신임을 확인하려 했다. 그런데 기가 막히게도 항우는 선선히 범증의 의사를 받아들였다. 할 수 없이 고향으로 향하던 범증은 생각할수록 분통이 뻗친 데다 등의 부상이 도져 불행하게도 길에서 운명했다.

항우는 유방처럼 영리하고 꾀가 많은 스타일은 아니었지만, 그렇게 멍청하지도 않았다. 비록 범증의 군사권을 박탈하기는 했지만 다른 반란 세력을 참수하듯 야박하게 대접하지는 않았다. 잠시 범증을 지켜보려 했지 쫓아낼 마음은 없었던 것이다. 그런데 범증이 화를 이기지 못하고 속셈이 뻔히 보이는 이유를 들어 항우를 시험하려다 진짜로 쫓겨났고, 죽음까지 자초했다. 항우도 조금만 참으면서 범증을 만류했다면 비참한 최후를 맞이하지는 않았을 것이다. 총애를 받던 범증마저 버림을 받는 판에 다른 부하들이 자신의 앞날이 어떻게 될지 불안하고, 항우에 대한 실망이 커져 유방에게로 돌아선 것은 자연스러운 귀결이라 할 수 있다. 범증의 죽음이 결정적 계기가 되어 항우는 수족과 같은 유능한 부하들을 잃었고, 그 여파로 세력이 기울면서 비극으로 치달았다.

충동은 악마와도 같아서, 충동이 일면 사람들은 과격하게 행동하여 수습할 수 없는 결말을 맞이한다. 역사를 살펴보면 충동을 이기지 못해 엄청난 과오를 범한 인물들을 쉽게 발견하게 된다.

1851년에 시작된 태평천국의 난은 1857년에 이르러 주도 세력 간에 내분이 발생하는 위기를 맞이했다. 익왕(翼王) 스다카이(石達開)가 홍수취안(洪秀全)이 장수들을 멋대로 죽이는 데 분격하여 톈징[天京, 지금의 난징(南京)]에서 10만 명의 군대를 이끌고 서쪽으로 정벌을 떠났다. 하지만 화를 이기지 못하고 싸운 탓에 스다카이는 싸움에서 매번 패했다. 1859년에 스다카이는 후난 성 바오칭(寶慶)에서 패배하자 광서성으로 되돌아갔다. 3년 뒤 스다카이는 직접 주력군 10만 명을 지휘하여 쓰촨 지역을 공격했다가 상군(湘軍)의 장군 뤄빙장(駱秉章)에게 패퇴했다. 같은 해 4월에 또다시 쓰촨 성의 여러 지역을 공격했지만 모두 패배하고, 강을 건너는 데에도 실패했다. 1863년 1월에서 5월 사이에 벌인 싸움에서도 모두 실패하자 도강하려 했지만 정부군이 상류에서 방류한 물 때문에 강을 건너지 못했다. 속수무책이 된 스다카이는 청두(成都)를 점령하려던 계획을 포기하고 다른 지역으로 이동하여 한숨을 돌리려 했다. 그래서 토착 세력인 왕잉위안(王應元)에게 말과 백금을 보내 길을 내달라고 요청했지만, 뤄빙장에게 이미 매수된 왕잉위안은 제안을 거절했다. 6월 9일, 스다카이는 왕잉위안의 공격을 받아 20일 이상 싸워 군사 1만 명만이 살아남는 참담한 패배를 했다. 이런 와중에도 지도자의 책임감과 기개를 잃지 않은 스다카이는 뤄빙장에게 자신을 죽이는 대신 군사들은 살려달라는 서한을 보냈다. 하지만 이성을 잃은 상태에서 조정이 태평천국을 소탕하려는 의지와 뤄빙장이 공을 세우기 위해 혈안이 된 사실을 간과한 스다카이는 속임수에 빠져 체포되었다. 청두로 압송된 스다카이는 능지처참을 당했고, 살아남은 군사 6천 명도 모두 처형되었다.

태평천국의 맹장인 스다카이는 초기에 무서운 전력을 과시했다. 전군을 지휘하여 28일간 1,200리를 행군하며 전승하여 청나라 군대의 간담을 서늘하게 했다. 하지만 내분이 일어나자 화를 삼키지 못하고 군대를 이끌고 좌충우돌하다 비참한 최후를 맞이했다. 철학자 칸트는 "분노는 다른 사람의 실수에 휘둘려 자신을 벌하는 것이다"라고 했다. 스다카이가 텐징을 떠날 때 홍수취안은 만류를 했다고 한다. 만약 스다카이가 이성적으로 형세를 판단하여 텐징을 벗어나지 않았다면 실수에 실수를 거듭하는 자충수로 목숨을 잃지는 않았을 것이다.

인생은 꽤 길지만 결정적인 순간은 얼마 되지 않는다. 중요한 순간에 감정을 이기지 못해 잘못된 선택을 하면 실패의 덫에 걸리게 된다. 그래서 《손자병법》은 어떤 일을 결정해야 할 때 분노하지 말라는 충고를 아끼지 않았다. 아무리 뛰어난 군주와 장수도 화를 참지 못하고 싸움을 했다가는 필패하기 때문이다.

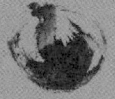

조조가 쓴 《손자병법》의 서문

나는 고대부터 활과 화살의 이로움을 잘 활용했다는 사실을 들어서 알고 있다. 《논어》에서는 나라를 다스리려면 '충분한 병력'이 있어야 한다고 했다. 《상서(尙書)》는 여덟 가지 중요한 정사 가운데 하나가 '군사'라고 했다. 《역경》은 '군사를 일으키는 대의명분이 옳아야 전쟁의 결과가 좋다'고 했다. 《시경》에는 '주나라 왕이 크게 분노하여 군대를 이끄셨다'는 구절이 나온다. 고대의 황제(黃帝) 헌원씨(軒轅氏), 상나라의 탕왕(湯王), 주나라의 무왕(武王)은 모두 무력으로 세상을 구하셨다. 《사마법(司馬法)》에는 '누구든 고의로 사람을 살해한다면, 그자를 죽여도 된다'고 했다. 무력에만 의존하는 자는 멸망하고, 인의(仁義)에만 의존한 자도 망했다. 오나라 왕 부차(夫差)와 서(徐)나라 언왕(偃王)이 대표적인 인물이다. 슬기로운 성인은 평소에 병기를 준비했다가 적절한 시기에 출병했지만, 부득이한 경우에만 싸움을 했다.

나는 병법에 관한 서적과 전쟁에서 활용하는 계책에 관한 책을 많이 읽었지만 손무가 쓴 병법의 내용이 가장 심오했다. 손자는 제나라 사람으로 이름은 무이다. 오나라 왕 합려(闔閭)를 위해 병법 13편을 지어 바쳤다. 합려는 손자에게 자신의 병법으로 궁녀들을 지휘하게 한 뒤 마음에 들자 장군으로 임명했다. 오나라의 장군이 된 손자는 서쪽의 강국 초나라를 격파하고 국도인 영(郢)에 입성했고, 북쪽의 제나라와 진(晉)나라를 위협했다. 백여 년이 지나 제나라에서 또 뛰어난 병법가 손빈(孫臏)이 출현했으니, 손무의 후손이다.

《손자병법》에는 손무의 치밀한 생각과 신중한 행동, 정확하고 깊이 있는 책략이 그대로 들어 있으니 함부로 해석해서는 안 된다. 그러나 세상 사람들이 이 책을 쉽게 이해할만한 해설이 지금까지도 없다. 해설을 한 글들이 많고도 많지만, 돌아다니는 판본들은 손자가 주장한 사상과 요지에서 벗어나 있다. 그런 까닭에 내가 《손자병법》에 간략한 해설을 붙였다.

《손자병법》의 원문 해석과 심리적 응용

시계편(始計篇)

〈원문〉

孫子曰 : 兵者, 國之大事, 死生之地, 存亡之道, 不可不察也.

(손자왈 : 병자, 국지대사, 사생지지, 존망지도, 불가불찰야.)

손자가 말하길, 전쟁은 국가의 중대한 일이다. 백성의 생사와 나라의 존망
이 달려 있으니 신중히 살펴야만 한다.

〈원문〉

故經之以五事, 校之以計, 以索其情: 一曰道, 二曰天, 三曰地, 四曰將, 五曰
法. 道者, 令民於同意, 可與之死, 可與之生, 而不危也; 天者, 陰陽·寒暑·時
制也; 地者, 遠近·險易·廣狹·死生也; 將者, 智·信·仁·勇·嚴也; 法者,
曲制·官道·主用也. 凡此五者, 將莫不聞, 知之者勝, 不知之者不勝. 故校之
以計, 而索其情, 曰: 主孰有道? 將孰有能? 天地孰得? 法令孰得? 兵衆孰强? 士
卒孰練? 賞罰孰明? 吾以此知勝負矣.

(고경지이오사, 교지이계, 이삭기정: 일왈도, 이왈천, 삼왈지, 사왈장, 오왈법. 도자, 령민

어동의, 가여지사, 가여지생, 이불위야; 천자, 음양, 한서, 시제야; 지자, 원근, 험역, 광협, 사생야; 장자, 지·신·인·용·엄야; 법자, 곡제·관도·주용야. 범차오자, 장막불문, 지 지자승, 불지지자불승. 고교지이계, 이삭기정, 왈: 주숙유도? 장숙유능? 천지숙득? 법령숙 득? 병중숙강? 사졸숙련? 상벌숙명? 오이차지승부의.)

그러므로 다음의 다섯 가지를 기준으로 쌍방의 형세를 비교 검토하여 싸움 의 승패를 예상해봐야 한다. 첫째는 '도(道)', 둘째는 '하늘(天)', 셋째는 '지리', 넷째는 '장수', 다섯째는 '법'이다. '도'는 정치적으로 민중과 군주의 생각이 일치하는 것이다. 민중과 군주가 같은 생각을 가질 때 생사와 환난을 함께 할 수 있으며 흔들림 없이 단결할 수 있다. '하늘'은 맑고 흐림, 추위와 더위, 사 계절과 절기의 순환 법칙을 뜻한다. '지리'는 행군의 거리, 지세의 험준함과 평탄함, 싸움터의 크기, 지형의 유리함과 불리함 등을 말한다. '장수'는 지모, 신의, 인애, 용기, 위엄 등의 기량을 말한다. '법'은 군대의 조직이나 규율, 장 비 등 조직체계이다. 곡제(曲制)는 의사소통을 위한 신호체계를 의미한다. 관은 관리자이며 도는 병참보급로, 주용(主用)은 주력부대의 운용에 필요 한 제반비용을 말한다. 이상 다섯 가지 조건은 장수라면 반드시 알고 있어 야 한다. 이것을 제대로 이해하고 아는 자는 승리하고, 알지 못하는 자는 승리하지 못한다. 그러므로 이 다섯 가지 조건을 다시 전략적인 면에서 비 교하여 적과 아군을 정밀하게 탐색해야 한다. 어느 쪽 군주의 정치가 도리 에 맞는가? 양쪽 장수 중 누가 더 유능한가? 지리적으로 어느 쪽이 더 유리 한가? 군대의 법령을 어느 편이 더 잘 집행하는가? 병력은 누가 더 강대한 가? 어느 쪽 병졸이 더 훈련이 잘되어 있는가? 상과 벌을 어느 쪽이 더 공정하고 분명하게 내리는가? 이와 같은 분석을 하면 싸움의 승부를 예견할 수 있다.

<원문>

將聽吾計, 用之必勝, 留之; 將不聽吾計, 用之必敗, 去之. 計利以聽, 乃爲之勢, 以佐其外. 勢者, 因利而制權也.

(장청오계, 용지필승, 류지; 장부청오계, 용지필패, 거지. 계리이청, 내위지세, 이좌기외. 세자, 인리이제권야.)

만일 장수가 내 계략을 받아들여 실천한다면 반드시 승리할 터이니 나도 고문으로서 머물러 있을 수 있다. 그러나 장수가 내 계략을 채택하지 않으면 반드시 패배할 것이므로 떠날 수밖에 없다. 나의 계략이 그럴 듯하다고 생각하여 채택하면 나는 당신(장수)을 위해 군사적으로 세력을 형성하여 보좌할 것이다. 군사적으로 세력을 형성한다는 의미는 변화무쌍한 전쟁 상황에서 유리한 시기를 포착하여 임기응변의 조치를 취하는 것이다.

<원문>

兵者, 詭道也. 故能而示之不能, 用而示之不用, 近而視之遠, 遠而示之近. 利而誘之, 亂而取之, 實而備之, 强而避之, 怒而撓之, 卑而驕之, 佚而勞之, 親而離之, 攻其無備, 出其不意. 此兵家之勝, 不可先傳也.

(병자, 궤도야. 고능이시지부능, 용이시지부용, 근이시지원, 원이시지근. 리이유지, 난이취지, 실이비지, 강이피지, 노이요지, 비이교지, 일이노지, 친이리지, 공기무비, 출기부의.

차병가지승, 부가선전야.)

병법의 기본은 교묘한 속임수이다. 그래서 능력이 있으면서도 적에게 능력이 없는 것처럼 보이게 하고, 필요하면서도 필요하지 않은 것처럼 위장한다. 가까운 것을 노리면서도 적에게는 먼 곳을 노리는 것처럼 보이게 하고, 먼 곳을 노리면서도 가까운 곳을 공격할 듯이 보이게 한다. 적이 이익을 탐하면 이익으로 유혹하고, 적들이 혼란에 빠져 있으면 기회를 틈타 무너뜨린다. 적의 군비가 충실하면 대비를 하고, 적의 전력이 막강하면 정면으로 충돌하는 것을 피해야 한다. 적이 조급해하고 분노할 때는 도발하여 이성을 잃게 한다. 적이 조심스럽게 신중을 기할 때에는 교만해지게 만든다. 적이 내부적으로 화기애애하고 단결하면 이간책을 써야 한다. 적이 무방비 상태일 때 공격하고, 예상하고 있지 못할 때 출격한다. 이러한 기만술은 병법가가 승리하는 비결이므로 사전에 누설되어서는 안 된다.

〈원문〉

夫未戰而廟算勝者, 得算多也; 未戰而廟算不勝者, 得算少也. 多算勝少算, 而況於無算乎! 吾以此觀之, 勝負見矣.

(부미전이묘산승자, 득산다야; 미전이묘산부승자, 득산소야. 다산승소산, 이황어무산호! 오이차관지, 승부견의.)

전쟁을 시작하기 전에 가장 중요한 일은 묘산(苗算), 즉 조정에서 세우는 계책과 계산을 통해 얻어진 승산이 얼마나 되는가 하는 것이다. 승리가 예상되는 이유는 승리할 조건을 갖추었기 때문이다. 승산이 많으면 승리할 것이고, 승산이 적으면 패배할 것이다. 하물며 승산이 없다면 어떻게 되겠는가. 내가 이런 관점으로 관찰하건대, 승부는 저절로 결정되는 것이다.

〈해석과 응용〉

'계(計)'는 원래 계산한다는 의미이나, 병법에서는 싸움에 대한 전략과 수단을 강구한다는 뜻으로 쓰인다. 〈시계편(始計篇)〉은 《손자병법》 전체를 관통하는 핵심적 사상을 담고 있다.

손자는 전쟁은 국가의 존망이 걸린 중대한 문제이므로 승리하려면 아군과 적군의 상황을 주도면밀하게 분석하여 작전 계획을 짜야 한다고 강조하고 있다. 작전 계획을 짜기 위해서는 반드시 '도(道), 하늘(天), 지리(地), 장수(將), 법(法)'을 기준으로 적과 아군의 상황을 파악하고 우열을 비교하여야 한다. 다시 말해, 전쟁을 하기 전에 군 수뇌는 정치, 경제, 군사, 지리, 군의 역량 등을 객관적으로 평가하여 승패를 가를 요인들을 찾아내고 전쟁 과정과 결과를 예측하여 전반적인 전술과 전략을 결정해야 한다.

〈시계편〉은 장수가 전쟁을 어떻게 지휘해야 하는가에 대해 논하고 있다. 손자는 전쟁을 할 계획을 세우고 나면 장수는 상황의 변화를 주시하여 적시에 병력을 배치, 작전에 유리하도록 해야 한다고 강조했다. '병법은 기만술'이라는 의미는 실력 이외에도 자신을 숨기면서 적을 유혹하는 능력이 있어야 승리할 수 있다는 것이다.

전쟁을 시작하기 전의 준비를 중점적으로 설명하고 있는 〈시계편〉의 내용을 심리전과 연관시켜 보면, 타인의 심리를 조종하기 전의 준비 작업이라

할 수 있다. 국가 간의 무력 싸움이 전쟁이라면, 개인 혹은 조직 간의 심리적 겨룸 역시 전쟁이라 할 수 있다. 이런 관점에서 보면 주도적으로 상대가 나의 뜻대로 움직이게 하려면 상당한 사전 계획이 필요하다.

병법에서의 '도, 하늘, 지리, 장수, 법'은 전쟁을 하는 의미, 시기, 재력, 물자, 유능한 지도자, 작전 등을 의미한다. 이 조건들을 철저히 검토하여 부족한 부분들을 보충한다면 절반의 승리는 거뒀다고 할 수 있다.

'기만술'의 핵심은 마음을 움직이는 단서를 찾아 이용하는 것이다. 사람의 마음을 읽는다는 것은 매우 어려운 일이고, 나와 상대 모두 다른 계산을 하게 되므로 똑같은 생각을 하기 어렵다. 만약 당신이 상대를 움직이고 싶다면 속내를 숨기면서 상대를 미혹시켜 자신도 모르게 당신의 '레이더' 안으로 들어오게 하면 된다. 이것이 보통사람들이 〈시계편〉에서 배울 수 있는 심리전의 핵심이다.

작전편(作戰篇)

〈원문〉

孫子曰: 凡用兵之法, 馳車千駟, 革車千乘, 帶甲十萬, 千里饋糧, 則內外之費, 賓客之用, 膠漆之材, 車甲之奉, 日費千金, 然後十萬之師擧矣. 其用戰也, 勝久則鈍兵挫銳, 攻城則力屈, 久暴師則國用不足. 夫鈍兵挫銳, 屈力殫貨, 則諸侯乘其弊而起, 雖有智者不能善其後矣. 故兵聞拙速, 未睹巧之久也. 夫兵久而國利者, 未之有也. 故不盡知用兵之害者, 則不能盡知用兵之利也.

(손자왈: 범용병지법, 치거천사, 혁거천승, 대갑십만, 천리궤량. 칙내외지비, 빈객지용, 교
칠지재, 거갑지봉, 일비천금, 연후십만지사거의. 기용전야, 승구칙둔병좌에, 공성칙력굴,
구포사칙국용부족. 부둔병좌에, 굴력탄화, 칙제후승기페이기. 수유지자부능선기후의.
고병문졸속, 미도교지구야. 부병구이국리자, 미지유야. 고부진지용병지해자, 칙부능진지
용병지리야.)

손자는 이렇게 말했다. 전쟁을 수행하기 위해서는 전차 1,000대, 운송을 하
는 수레 1,000대, 무장한 병사 10만 명, 천 리 길의 식량 수송, 안과 밖으로
일상적으로 소비되는 비용, 사신의 왕래 비용, 무기 유지와 수리에 들어가
는 아교와 옻칠, 전차 유지에 필요한 기름, 갑옷과 도구의 비용 등 하루에 천
금이 필요하다. 이런 준비가 있어야 10만의 군사를 움직여 전쟁을 할 수 있
다. 전쟁에서 무엇보다 중요한 것은 신속하게 승리하는 것이다. 조속히 승
부가 나지 않고 대치 상태가 오래 지속되면 병사가 둔해지고 예기가 꺾여서
공격력이 약화된다. 또한 군대가 장기간 국외에 주둔하면 재정이 고갈된다.
만약 군의 사기와 병력이 저하되고, 재정이 고갈되면 다른 제후국들이 이런
상황을 틈타 침략하려 할 것이다. 그러면 아무리 지략이 뛰어난 사람이라도
수습하기 어려워진다. 계획과 전략에서 미흡한 부분이 있더라도 속전속결
로 해야 한다는 말은 들었지만, 치밀하게 전쟁을 수행하겠다고 오래 끌어서
승리한 경우를 보지 못했다. 장기전을 하여 이득을 본 나라는 없다. 그러므
로 전쟁의 폐해를 완전히 이해하지 못한 자는 전쟁으로 얻는 이익 역시 잘
알고 있지 못한 것이다.

<원문>

善用兵者, 役不再籍, 糧不三載, 取用於國, 因糧於敵, 故軍食可足也.

(선용병자, 역부재적, 량부삼재, 취용어국, 인량어적, 고군식가족야.)

전쟁을 잘하는 자는 장정을 두 번 징집하지 않고, 군량을 세 번 싣지 않는다. 군수물자는 국내에서 조달하지만 군량과 말을 먹일 꼴은 적국에서 해결하므로 군대의 양식은 풍족하다.

<원문>

國之貧於師者遠輸, 遠輸則百姓貧; 近於師者貴賣, 貴賣則百姓財竭, 財竭則急於丘役. 力屈中原, 內虛於家, 百姓之費, 十去其七; 公家之費, 破軍罷馬, 甲胄矢弩, 戟楯蔽櫓, 丘牛大車, 十去其六.

(국지빈어사자원수, 원수칙백성빈; 근어사자귀매, 귀매칙백성재갈, 재갈칙급어구역. 력굴중원, 내허어가, 백성지비, 십거기칠; 공가지비, 파군파마, 갑주시노, 극순폐노, 구우대거, 십거기륙.)

전쟁으로 국가가 빈곤해지는 이유는 군대와 군수물자를 먼 거리까지 수송하기 때문이다. 장거리 수송은 백성을 가난의 늪으로 빠뜨린다. 군대가 주둔하는 일대는 물가가 폭등하고, 그 영향으로 백성의 재산이 고갈된다. 가난해진 백성은 부역을 담당하기 어려워진다. 전쟁이 장기화되면 병력이 약화되고, 재물은 전쟁터에서 다 없어지며 집안이 텅 비게 되면서 백성은 수입의 70%를 세금으로 빼앗기게 된다. 국가 재정의 60%는 전차, 말, 갑옷, 활과 화살, 창과 방패, 소, 수레 등의 전쟁 물자 마련에 소모된다.

〈원문〉

故智將務食於敵, 食敵一鍾, 當吾二十鍾; 萁秆一石, 當吾二十石. 故殺敵者, 怒也; 取敵之利者, 貨也. 車戰得車十乘已上, 賞其先得者而更其旌旗, 車雜而乘之, 卒善而養之, 是謂勝敵而益强.
(고지장무식어적, 식적일종, 당오이십종; ㅇ간일석, 당오이십석. 고살적자, 노야; 취적지리자, 화야. 처전득처십승이상, 상기선득자이갱기정기, 거잡이승지, 졸선이양지, 시위승적이익강.)

그러므로 지략이 뛰어난 장군은 적국의 식량과 물자를 빼앗아 아군을 먹이는 데 주력한다. 적에게서 빼앗은 곡식 1종(鍾)은 멀리 본국에서 수송해 온 20종에, 말에게 먹이는 꼴 1석(石)은 본국에서 운반해온 20석과 맞먹는다. 적을 죽이려면 사졸들의 적개심을 불러일으켜야 한다. 그리고 적의 물자를 빼앗으려면 사졸들에게 상을 주어 격려해야 한다. 따라서 전차전에서 적의 전차를 10대 이상 노획했을 때는 먼저 노획한 자에게 상을 주고, 전차의 깃발을 바꿔 달아 아군의 전차 부대에 편입시킨다. 포로는 제대로 대우를 해 주어 전향케 한 다음 우리 편에서 싸우도록 한다. 이상이 승리하면서 아군이 강성해지는 비결이다.

〈원문〉

故兵貴勝, 不貴久. 故知兵之將, 民之司命, 國家安危之主也.

(고병귀승, 부귀구. 고지병지장, 민지사명. 국가안위지주야.)

전쟁은 속전속결로 승리하는 데 가치가 있고, 지구전으로 오래 끌어서는 안된다. 그러므로 전쟁의 본질을 인식하고 있는 장군만이 백성의 생명을 관장하고 국가안위를 책임질 수 있다.

〈해석과 응용〉

본 편의 제목 '작전(作戰)'에서 '작'은 원래 '처음으로 만들다', '기획하고 준비한다'는 뜻이 있다. 따라서 〈작전편〉은 전쟁을 시작하기 전의 준비 작업에 관한 내용으로, 전략의 관점에서 후방을 어떻게 합리적으로 관리할 것인지에 대해 논하고 있다.

전쟁에는 대규모의 인력, 물자, 자금 등이 소요되므로 최소의 비용으로 최대 효과를 낼 수 있는 속전속결로 승패를 가려야 한다. 손자는 전쟁의 방대한 규모, 전방과 후방 간의 원거리 때문에 장기간의 대치 상태는 국가와 백성을 피폐하게 만들므로 속전속결을 원칙으로 삼아야 한다고 주장했다. '병사는 신속해야 가치가 있다'는 의미도 기동성을 강조한 것이라기보다는 전쟁에 들어가는 모든 비용을 절감하기 위해 단기간에 승부를 결정지어야 한다는 중요성을 일깨운 것이다.

본 편은 전쟁 경제학의 원론적 성격을 띠고 있다. 중국 역사상 최고의 전략가로 꼽히는 손자는 전쟁과 국가 경제의 관계에도 조예가 깊었다. 그는 '하루에 천금이 소요'되는 전쟁이 장기간 계속되면 국가 재정이 타격을 받아 제후국들의 침입을 받으므로 반드시 속전속결을 해야 한다고 주장했다. 그런데 막대한 전비를 부담할 수 없다면 '적국의 식량과 물자를 빼앗아' 아군을 먹여야 한다는, 약육강식의 논리를 펴고 있다.

이와 동시에 손자는 '승리하면서 강성해지는' 비결은 용감한 병사들에게 후하게 상을 내리고, 포로를 너그럽게 대하고, 전리품으로 아군의 수요를 충당하는 것이라고 했다. 단순히 승리에 그치지 않고 전쟁을 통해 강성해진다는 논리는 현대의 전쟁에서도 참고할 가치가 충분히 있다고 하겠다.

〈작전편〉은 심리학적 측면에서 보면 팽팽한 '시소게임'에 들어가는 비용을 어떻게 산출할 것인지의 문제라고 할 수 있다. 비즈니스에서의 협상, 입찰, 오퍼 등이 상대와 팽팽하게 시소게임을 벌이는 대표적인 예이다. 기업의 책임자들은 자금 회전을 위해 골몰하는데, 이 점을 이용하여 상대는 고의적으로 시간을 연장하여 이익을 얻거나 추가 조건을 제시한다. 이 밖에도 '아군에 필요한 식량은 적에게서 빼앗아 조달하는' 방식은 심리 조종의 대표적인 사례이다. 상대를 이용하여 자신이 필요한 것을 얻으면서도 '당신에게도 좋다'는 식으로 세뇌를 시키는 것 역시 〈작전편〉에서 얻을 수 있는 교훈이다.

모공편(謀攻篇)

〈원문〉

孫子曰: 夫用兵之法, 全國爲上, 破國次之; 全軍爲上, 破軍次之; 全旅爲上, 破旅次之; 全卒爲上, 破卒次之; 全伍爲上, 破伍次之.

(손자왈: 부용병지법, 전국위상, 파국차지; 전군위상, 파군차지; 전려위상, 파려차지; 전졸 위상, 파졸차지; 전오위상, 파오차지.)

손자가 말했다. 무릇 전략은 적국과 싸우지 않고 항복을 받아내는 것이 상 책이고, 적국을 격파하여 항복하게 하는 것은 차선책이다. 적의 군단을 그 대로 포섭하는 것이 최상이며, 파괴하여 얻는 것은 차선이다. 적의 여단을 온전히 포섭하는 것이 최상이며, 여단을 파괴하여 얻는 것은 차선이다. 적 의 사졸들과 싸우지 않고 항복시키는 것은 상책이고, 싸워서 얻는 것은 차 선이다. 분대를 그대로 항복시키는 것은 상책이고, 무력으로 파괴하여 얻는 것은 차선이다.

〈원문〉

是故百戰百勝, 非善之善者也; 不戰而屈人之兵, 善之善者也. 故上兵伐謀, 其 次伐交, 其次伐兵, 其下攻城. 攻城之法, 爲不得已. 修櫓轒轀, 具器械, 三月 而後成; 距堙, 又三月而後已. 將不勝其忿而蟻附之, 殺士三分之一, 而城不拔 者, 此攻之災也.

(시고백전백승, 비선지선자야; 부전이굴인지병, 선지선자야. 고상병벌모, 기차벌교, 기차 벌병, 기하공성. 공성지법, 위부득이. 수노분온, 구기계, 삼월이후성; 거인, 우삼월이후이. 장부승기분이의부지, 살사삼분지일, 이성부발자, 차공지재야.)

따라서 백전백승이 결코 최상의 전략은 아니다. 싸우지 않고 적을 굴복시키 는 것이 최상의 방법이다. 그러므로 최상의 전법은 모략으로 승리하는 것이고, 그다음이 외교관계를 파괴하는 것이며, 그다음은 직접 교전하여 적군을 분쇄하는 것이고, 최악의 방법은 적의 성을 공격하는 것이다. 성을 공격하는 것은 부득이한 경우에 취하는 방법이다. 그 이유는 성을 공격하려면 방패, 분온(轒轀, 성 공격용 전차), 장비 등을 준비하는 데 3개월이나 걸리기 때문이다. 또한 성을 공략하기 위한 흙산을 쌓는 데에도 3개월이 소요된다. 그런데 장수들이 화가 나고 조급한 기분에 사병들을 적의 성벽에 개미떼처럼 기어오르게 하면 3분의 1은 죽고, 성도 함락시키지 못한다. 이것이 바로 성을 공격하는 전투의 폐해이다.

〈원문〉

故善用兵者, 屈人之兵而非戰也. 拔人之城而非攻也, 毁人之國而非久也, 必以全爭於天下, 故兵不頓而利可全, 此謀攻之法也.

(고선용병자, 굴인지병이비전야. 발인지성이비공야, 훼인지국이비구야, 필이전쟁어천하, 고병부돈이리가전, 차모공지법야.)

그러므로 전쟁에 능한 자는 적군을 굴복시키지만 전투를 감행하지 않는다. 적의 성을 함락시키지만 구태여 공격하지 않는다. 적국을 멸망시키되 장기전은 하지 않는다. 반드시 자신의 군사를 온전히 지키면서 천하의 승부를 다툰다. 그러므로 병력의 손실 없이 이익을 지키는 것이 모략으로 공격하는 방법, 즉 모공(謀攻)이다.

<원문>

故用兵之法, 十則圍之, 五則攻之, 倍則分之, 敵則能戰之, 少則能逃之, 不若
則能避之. 故小敵之堅, 大敵之擒也.

(고용병지법, 십즉위지, 오즉공지, 배즉분지, 적즉능전지, 소즉능도지, 부야즉능피지. 고
소적지견, 대적지금야.)

병법의 원칙에 따르면, 아군의 수가 적군의 10배이면 포위하고, 5배이면 공
격 가능하고, 2배이면 적군을 분산시켜 공격한다. 아군과 적군의 병력이 엇
비슷하면 싸워볼 만하고 적보다 병력이 적으면 방어하고, 전투력이 떨어지
면 싸움을 피해야 한다. 소수의 병력으로 완강하게 버티며 싸우면 대군의
포로가 된다.

<원문>

夫將者, 國之輔也. 輔周則國必强, 輔隙則國必弱. 故君之所以患於軍者三: 不
知軍之不可以進而謂之進, 不知軍之不可以退而謂之退, 是爲縻軍; 不知三軍
之事而同三軍之政, 則軍士惑矣; 不知三軍之權而同三軍之任, 則軍士疑矣.
三軍旣惑且疑, 則諸侯之難至矣, 是謂亂軍引勝.

(부장자, 국지보야. 보주즉국필강, 보극즉국필약. 고군지소이환어군자삼: 부지군지부가이진
이위지진, 부지군지부가이퇴이위지퇴, 시위미군; 부지삼군지사이동삼군지정, 즉군사혹의;
부지삼군지권이동삼군지임, 즉군사의의. 삼군기혹차의, 즉제후지난지의. 시위난군인승.)

장수는 국가, 즉 군주를 보좌한다. 주도면밀하게 보좌를 하면 나라가 강성

해지지만, 조금의 틈이라도 생기면 국력이 약화된다. 군주가 군대를 위태롭게 하는 세 가지 일이 있다. 군대에 대해 잘 알지도 못하면서 진격하라고 명령하고, 후퇴하지 말아야 할 때 후퇴를 명령하는 등 군을 속박하는 일이다. 군의 내부사정을 모르면서 간섭하여 혼란을 야기하고, 군의 권력 체제를 모르면서 지휘를 하여 불신감을 조성한다. 군대 내에 혼란과 불신이 팽배하면 제후들의 침략을 받게 될 것이다. 이것이 바로 스스로를 혼란스럽게 하여 적에게 승리를 가져다주는 자멸 행위이다.

〈원문〉

故知勝有五: 知可以戰與不可以戰者勝, 識衆寡之用者勝, 上下同欲者勝, 以虞待不虞者勝, 將能而君不御者勝. 此五者, 知勝之道也. 故曰: 知己知彼, 百戰不殆; 不知彼而知己, 一勝一負; 不知彼不知己, 每戰必敗.

(고지승유오: 지가이전여부가이전자승, 식중과지용자승, 상하동욕자승, 이우대부우자승, 장능이군부어자승. 차오자, 지승지도야. 고왈: 지기지피, 백전부이; 부지피이지기, 일승일부; 부지피부지기, 매전필패.)

승리를 예상할 수 있는 다섯 가지 요소가 있다. 첫째, 싸워도 되는 조건과 싸워서는 안 되는 조건을 알면 승리한다. 둘째, 많은 병력과 적은 병력을 각기 운용하는 방법을 알면 승리한다. 셋째, 장수와 병사가 한 마음이 되면 승리할 수 있다. 넷째, 준비를 하여 준비되지 않은 적을 공격하면 이길 수 있다. 다섯째, 장수가 유능하면서 군주가 간섭하고 견제하지 않으면 승리한다. 그러므로 상대를 알고 나를 알면 백번 싸워도 위태롭지 않다. 상대를 모르지만 자신을 잘 알면 한 번은 승리하고 한 번은 패배한다. 자신과 상대를 모두 알지 못하면 모든 싸움에서 패배한다.

〈해석과 응용〉

〈모공편(謀攻篇)〉은 《손자병법》의 공격을 위한 전략 이론에 관한 내용이다. '모공'은 선제공격으로 승리하는 방법을 모색하고 계획한다는 의미이다. '나를 알고 적을 알면 백번 싸워도 위태롭지 않다'는 명언은 〈모공편〉의 핵심 내용이라 할 수 있다. 적과 아군의 상황을 명확하게 인식하여야 하는 중요성과 전쟁에서의 보편적인 규율을 설명하고 있기 때문이다.

손자는 승리의 요건을 모략, 외교, 전투, 성의 공격 순서로 분석했다. 모략을 승리의 최상책으로 꼽은 사실은 의미심장하다. 그래서 모략의 최고 원칙은 '싸우지 않고 굴복시키고', '자신의 군사를 온전히 지키면서 천하의 승부를 내는' 것이다. 이를 위해서는 적보다 병력이 우세하면 싸우되, 열세이면서 무리해 싸워서는 안 된다. 구체적으로는 병력이 상대보다 '10배이면 포위하고, 5배이면 공격하고, 2배이면 적을 분산시켜 싸우고, 엇비슷하면 싸우고, 적보다 소수이면 도망쳐야 한다'는 용병의 법칙을 제시하고 있다. 아군과 적군의 전력을 비교하여 다른 전술을 선택하도록 한 이론은 그 정교함이 돋보인다.

본 편에서 손자는 장수의 지위, 군주와 군대의 관계에 대해서 이야기하고 있다. 특히 군주가 군대를 위태롭게 하는 세 가지 상황을 열거한 것은 사실상 군주가 군사에 함부로 간섭해서는 안 된다는 경고성 발언이라 하겠다.

손자는 〈모공편〉에서 반복해서 군에 대한 '아는' 것과 '모르는' 것이 싸움의 승패를 어떻게 결정짓는지를 강조하고 있다. 자신은 물론이고 상대에 대한 이해는 인간관계에서 가장 기본이 된다. 그중에서도 심리 조종술은 그 자체가 '모략'이다. 상대의 방어 심리를 무너뜨려 자신의 뜻대로 움직이기 위해서는 웬만큼 머리를 쓰지 않고는 불가능하기 때문이다. 〈모공편〉은 기업의 합병, 구조조정 등에 큰 도움이 될 수 있다. 경영자라면 자신의 기업과 라이벌 기업의 실력을 객관적으로 평가해야 실패를 면할 수 있다. 예를 들어 자사의 규모나 능력이 부족하면서 더 큰 기업과의 경쟁을 불사해서는 곤란하다. 또한 조직의 개혁에 있어 총체적인 이해가 없이 대대적인 수술을 단행하는 것도 현명한 행동은 아니다. 이는 충분한 준비 없이 '교전'을 하거나 적의 요새를 공격하는 것과 다름없다.

이 밖에도 〈모공편〉은 사람을 관리하는 중요한 사실을 역설하고 있다. 즉, 아랫사람을 믿으면 직책에 걸맞은 권한을 주고, 임무를 수행하는 데 지장을 주는 간섭을 해서는 안 된다는 것이다. 비유를 하자면, 아랫사람은 최전선에서 돌격을 하는 장수이고, 관리자는 통치자이다. 통치자가 장수에게 힘을 실어주지 않으면서 간섭하는 것은 적에게 승리를 안겨주는 행위에 맞먹는 자충수를 두는 것이다.

군형편(軍形篇)

〈원문〉

孫子曰: 昔之善戰者, 先爲不可勝, 以待敵之可勝. 不可勝在己, 可勝在敵. 故善戰者, 能爲不可勝, 不能使敵之必可勝. 故曰: 勝可知, 而不可爲. 不可勝者, 守也; 可勝者, 攻也. 守則不足, 攻則有餘. 善守者藏於九地之下, 善攻者動於九天之上, 故能自保而全勝也. 見勝不過衆人之所知, 非善之善者也; 戰勝而天下曰善, 非善之善者也.

(손자왈: 석지선전자, 선위부가승, 이시적지가승. 부가승재기, 가승재적. 고선전자, 능위부가승, 부능사적지필가승. 고왈: 승가지, 이부가위. 부가승자, 수야; 가승자, 공야. 수칙부족, 공칙유여. 선수자장어구지지하, 선공자동어구천지상, 고능자보이전승야. 견승부과중인지소지, 비선지선자야; 전승이천하왈선, 비선지선자야.)

손자가 말했다. 예로부터 전쟁에 능한 자는 먼저 적이 이길 수 없게 힘을 키워두고 적을 공격하여 승리할 수 있는 때를 기다렸다. 적군이 승리할 수 없게 하는 것은 자신에게 달려 있고, 자신이 승리하는 것은 적군에게 달려 있다. 그러므로 병법에 능한 자는 적군의 승리를 막을 수 있지만, 자신이 반드시 승리할 수 있도록 적을 움직일 수는 없다. 따라서 승리를 예상할 수는 있어도 이길 수 있는 확실한 방법은 알 수 없다. 이길 수 없는 자는 지키고, 이길 수 있는 자는 공격한다. 방어는 힘이 부족하기 때문이고, 공격은 힘이 있기 때문이다. 방어를 잘하는 자는 병력을 땅속 깊숙이 감춰둔 것 같이 하여 적이 어디를 공격해야 할지 모르게 한다. 공격을 잘하는 자는 하늘에서 움직이는 것 같아 적이 대응을 할 수 없게 만든다. 그렇게 함으로써 자신의 군사력을 그대로 보전하면서 완전한 승리를 거둘 수 있다. 많은 사람이 예측할 수 있는 승리는 최상의 승리가 아니다. 전쟁에서 이기더라도 모든 사람이 찬사를 늘어놓는다면 최선의 승리가 아니다.

<원문>

故擧秋毫不爲多力, 見日月不爲明目, 聞雷霆不爲聰耳. 古之所謂善戰者, 勝
於易勝者也. 故善戰者之勝也, 無智名, 無勇功, 故其戰勝不忒. 不忒者, 其所
措勝, 勝已敗者也. 故善戰者, 立於不敗之地, 而不失敵之敗也. 是故勝兵先勝
而後求戰, 敗兵先戰而後求勝. 善用兵者, 修道而保法, 故能爲勝敗之政.
(고거추호부위다력, 견일월부위명목, 문뇌정부위총이. 고지소위선전자, 승어역승자야.
고선전자지승야, 무지명, 무용공, 고기전승부특. 부특자, 기소조승, 승이패자야. 고선전
자, 립어부패지지, 이부실적지패야. 시고승병선승이후구전, 패병선전이후구승. 선용병
자, 수도이보법, 고능위승패지정.)

그러므로 추호(가을날의 기러기의 터럭)와 같이 가는 털을 들어 올렸다고 힘이
세다고 하지 않고, 태양이나 달을 보았다고 해서 눈이 밝다고 하지 않으며,
천둥소리를 들었다고 해서 아무도 귀가 밝다고 하지 않는다. 자고로 전투를
잘하는 자는 쉽게 이길 수 있는 적과 싸워 승리했다. 따라서 싸움을 잘하는
자는 승리해도 지략이나 명성, 용맹함이나 공적 따위가 눈에 띄지 않았다.
그의 승리에는 조금의 오차도 없었다. 그 이유는 틀림없이 이길 수 있는 방
식으로 싸우고, 패배할 수밖에 없는 적과 싸우기 때문이다. 싸움을 잘하는
자는 항상 패배하지 않을 태세를 갖추고 있고, 적을 패배시킬 수 있는 기회
를 놓치지 않는다. 그러므로 승리하는 군대는 먼저 승리할 수 있는 여건을
갖춰놓고 전쟁을 시작하고, 실패하는 군대는 무작정 전쟁을 벌인 다음 요행
으로 승리하려 한다. 군사를 잘 다스리는 자는 정치적 능력, 즉 군사와 한마
음이 되어 생사를 함께하며 위험도 두려워하지 않는 도(道)를 잘 수양하고,

군의 법도를 제대로 지킨다. 그 결과 싸움의 승패를 좌우하는 능력을 갖추게 된다.

<원문>

兵法: 一曰度, 二曰量, 三曰數, 四曰稱, 五曰勝. 地生度, 度生量, 量生數, 數生稱, 稱生勝. 故勝兵若以鎰稱銖, 敗兵若以銖稱鎰. 稱勝者之戰民也, 若決積水於千仞之谿者, 形也.

(병법: 일왈도, 이왈량, 삼왈삭, 사왈칭, 오왈승. 지생도, 도생량, 량생삭, 삭생칭, 칭생승. 고승병야이일칭수, 패병야이수칭일. 칭승자지전민야, 야결적수어천인지계자, 형야.)

병법에서 반드시 주의해야 할 다섯 가지 요소가 있다. 첫째는 지형의 계측, 둘째는 자원, 셋째는 인구, 넷째는 전력의 평가, 다섯째는 우열과 승패에 대한 평가이다. 토지 넓이를 측량하여 인구와 자원의 양을 판단하고, 이를 근거로 군사의 수와 군수물자의 동원 정도를 가늠할 수 있다. 그리고 군사력의 강약에 승패가 결정된다. 승리하는 군대는 무거운 일(鎰, 중량의 단위)로 가벼운 주(銖, 중량의 단위)를 상대하는 것과 같으며, 패전군은 가벼운 주의 무게로 무거운 일의 중량을 대하듯 약한 군사력으로 강한 상대에 대적하는 것이다. 뛰어난 장수가 지휘하는 전투는 마치 막아둔 물을 터서 천 길 계곡으로 떨어지게 하는 것 같은데, 이것을 형(形)이라 한다.

<해석과 응용>

〈군형편(軍形篇)〉과 다음의 〈병세편(兵勢篇)〉은 전쟁에서 승부를 결정짓는

두 가지 기본 요소를 설명하고 있다. '형(形)'은 전투력, 전쟁 물자의 준비 등과 같이 객관적이고 쉽게 파악할 수 있는 요소이다.

손자는 군사 운용의 이론을 연구하여 적과 아군의 물질적 조건을 분석해 공격과 방어를 융통성 있게 선택함으로써 적을 패배시키는 목적을 달성해야 한다고 주장했다. 그는 전쟁에서 충분한 준비를 중시했으므로 '승리할 수 없으면 적을 이길 때까지 기다려야 한다'는 신중론을 폈다. 당연한 말 같지만, 손자는 이길 수 없는 싸움은 하지 말아야 한다는 '경제적인' 전쟁을 강조했다.

손자는 전쟁의 승패를 가르는 원칙은 적과 아군의 실력에 대한 명확한 평가라고 인식했다. 따라서 뛰어난 장수는 먼저 군사력에서 절대적인 우위를 차지하도록 여건을 조성하여 거침없는 기세로 나아가야 한다. 이는 적을 압도적으로 이길 수 없으면 전쟁을 피해야 한다는 이론과 맥이 통하는데, 관건은 역시 '자신의 실력을 아는 데' 있다.

본 편에서는 공격과 방어 대해 논하면서 승리할 수 있는 조건이 불충분하면 당연히 방어를 하고, 승리할 확률이 높으면 공세를 취해야 한다고 했다. 하지만 손자는 승리란 단순히 적을 물리치는 것이 아니라 '자신을 온전히 지키는 것'이라고 말한다. 이 점은 전쟁을 하는 당사자들이 반드시 고려해야 할 중요한 가치이다.

〈군형편〉을 우리의 현실에 구체적으로 대입해본다면, 개인과 조직의 능력과 유형의 자산에 대한 평가라고 할 수 있다. 예를 들어 용모, 체력, 경제력 등은 외형적인 조건이자 자산이 된다. 자산이 많으면 경쟁에서 우위를 차지할 수 있듯이, 사람의 외형적인 조건도 인간관계에서 유리한 고지를 점하는 요인이 된다. 만약 당신이 어떤 상황에서 많은 후보자와 경쟁을 할 때 좋은 조건을 갖추었다면 선발하는 사람은 자연스럽게 호감을 품게 된다. 기업이나 조직도 자본, 인맥, 브랜드 효과와 같은 '형'에서 우위를 점한다면 경쟁에서 승리할 수 있다. 그러므로 우리가 상대의 마음을 움직이려 한다면 '형', 곧 조건을 갖추는 데 많은 노력을 기울여야 한다. 수많은 사람이 자신의 재력이나 능력을 과시하는 '쇼'를 하면서 산다.

병세편(兵勢篇)

〈원문〉

孫子曰: 凡治衆如治寡, 分數是也; 鬪衆如鬪寡, 形名是也; 三軍之衆, 可使必受敵而無敗者, 奇正是也; 兵之所加, 如以碬投卵者, 虛實是也.

(손자왈: 범치중여치과, 분삭시야; 투중여투과, 형명시야; 삼군지중, 가사필수적이무패자, 기정시야; 병지소가, 여이하투난자, 허실시야.)

손자가 말했다. 다수의 병력과 소수의 병력을 통솔하는 방법이 같은 이유는 조직과 편제가 동일하기 때문이다. 또 다수의 군대와 소수의 군대가 싸우는 방법이 같은 이유는 지휘와 명령 체계와 동일하기 때문이다. 전군이 적의 공격을 받고도 패배하지 않는 것은 정공법과 기습 공격을 절묘하게 운용하기 때문이다. 병력을 마치 숫돌로 계란을 치듯 움직이는 것은 충실함으로 적의 허점을 공격하는 것이다.

凡戰者, 以正合, 以奇勝. 故善出奇者, 無窮如天地, 不竭如江海. 終而復始, 日月是也. 死而復生, 四時是也. 聲不過五, 五聲之變, 不可勝聽也; 色不過五, 五色之變, 不可勝觀也; 味不過五, 五味之變, 不可勝嘗也; 戰勢不過奇正, 奇正之變, 不可勝窮也. 奇正相生, 如循環之無端, 孰能窮之?

(범전자, 이정합, 이기승. 고선출기자, 무궁여천지, 부갈여강해. 종이복시, 일월시야. 사이복생, 사시시야. 성부과오, 오성지변, 부가승청야; 색부과오, 오색지변, 부가승관야; 미부과오, 오미지변, 부가승상야; 전세부과기정, 기정지변, 부가승궁야. 기정상생, 여순환지무단, 숙능궁지?)

모든 전쟁은 정공법으로 대결하고 기습으로 승리한다. 기습작전을 잘 쓰는 자의 변칙적인 병법은 천지 만물의 변화처럼 무궁무진하고, 흐르는 강물처럼 마르는 일이 없다. 끝난 듯싶다가 다시 시작되는 것은 해와 달이 졌다가 다시 뜨는 것과 같으며, 죽은 듯싶다가 다시 살아나는 것은 사계절이 지나갔다가 다시 오는 것과 같다. 소리의 기본은 다섯 가지(궁, 상, 각, 치, 우)에 불과하지만 어우러져 내는 음악은 다 들을 수 없을 정도로 많고, 원색은 다섯 가지(청, 황, 적, 백, 흑)에 불과하지만 섞여져서 만들어낸 색채의 변화는 다 볼 수 없을 정도로 많다. 맛의 기본은 다섯 가지뿐이지만 그것의 변화는 수도 없이 많아 다 맛볼 수 없다. 전세를 결정짓는 전투 방식은 정공법과 기공법(奇攻法) 두 가지뿐이지만 그 변화에서 파생된 전략전술은 헤아릴 수 없이 많다. 정공법과 기공법이 순환하는 고리처럼 변화에 변화를 낳으니 아무도 그 궁극을 알 수 없다.

激水之疾, 至於漂石者, 勢也; 鷙鳥之疾, 至於毀折者, 節也. 故善戰者, 其勢險, 其節短. 勢如擴弩, 節如發機. 紛紛紜紜, 鬪亂而不可亂; 渾渾沌沌, 形圓而不可敗. 亂生於治, 怯生於勇, 弱生於彊. 治亂, 數也; 勇怯, 勢也; 强弱, 形也.

(격수지질, 지어표석자, 세야; 지조지질, 지어훼절자, 절야. 고선전자, 기세험, 기절단. 세여확노, 절여발기. 분분운운, 투난이부가난; 혼혼돈돈, 형원이부가패. 난생어치, 겁생어용, 약생어강. 치난, 삭야; 용겁, 세야; 강약, 형야.)

급류의 흐름이 빠르고 거세어 바위조차도 떠내려가게 하는 것을 가리켜 '세(勢)'라고 한다. 또한 사나운 새가 질풍과 같이 짐승을 기습하여 뼈를 부수고 날개를 꺾는 것을 '절(節)'이라 한다. 그래서 싸움에 능한 자는 그 기세가 사나우며 행동거리와 속도가 짧고 맹렬하다. 그 기세는 시위를 팽팽하게 당긴 활과 같고, 속도는 화살을 격발시키듯 순간적이어야 한다. 혼전이 되어도 진영이 흐트러지지 않고 원래의 모습을 유지하면 패배하지 않는다. 전쟁터에서 한쪽의 혼란은 상대방의 질서에서 야기된 것이다. 또한 두려움과 약함은 상대의 용맹함과 강함에서 비롯된 것이다. 혼란과 질서는 군의 조직과 자질의 문제이며, 비겁하거나 용감한 것은 전세의 차이에 달렸고, 약함과 강함은 실력이 그대로 드러난 것이다.

〈원문〉

故善動敵者, 形之, 敵必從之; 予之, 敵必取之. 以利動之, 以卒待之.

(고선동적자, 형지, 적필종지; 여지, 적필취지. 이리동지, 이졸대지.)

적을 능수능란하게 조종할 줄 아는 자는 교묘히 가장한 거짓 모습으로 적이 말려들게 하고, 적에게 조금의 이익을 주어 유인한다. 즉, 작은 이익을 미끼로 적을 움직이게 하여 기습할 기회를 기다리는 것이다.

<원문>

故善戰者, 求之於勢, 不責於人, 故能擇人而任勢. 任勢者, 其戰人也, 如轉木石. 木石之性, 安則靜, 危則動, 方則止, 圓則行. 故善戰人之勢, 如轉圓石於千仞之山者, 勢也.

(고선전자, 구지어세, 부책어인, 고능택인이임세. 임세자, 기전인야, 여전목석. 목석지성, 안칙정, 위칙동, 방칙지, 원칙항. 고선전인지세, 여전원석어천인지산자, 세야.)

그러므로 유능한 장수는 자신이 '세'를 만들어 승리를 일궈내지, 부하가 힘들게 전투를 하여 이기도록 질책하지 않는다. 인재를 발탁하여 적재적소에 배치하고 나머지는 세에 맡기는 것이다. 세에 맡긴다는 것은 군대를 싸우게 하되 나무나 돌을 굴리는 것처럼 한다. 나무와 돌은 평지에 두면 움직이지 않으나, 높고 경사진 곳에 놓아두면 미끄러져 굴러간다. 그 모양이 모나면 정지하고, 둥글면 굴러간다. 그러므로 유능한 장수는 천길 높이의 산에서 둥근 돌을 굴리는 것과 같은 전세를 만든다. 이것이 병법에서 말하는 '세'이다.

<해석과 응용>

'세'는 '형'과 상반되는 개념으로 태세, 기세 등으로 풀이된다. 세는 병력의

배치, 군사들의 사기나 용맹성과 같이 주관적이고, 쉽게 변화할 수 있고 우연성이 개재되는 성격을 띠고 있다. 세는 '형'과 모순되는 성격이지만 양자가 합쳐져서 '형세'를 만든다. 그 이유는 형은 객관적이지만 세는 만들어낼 수 있고, 서로 변화시킬 수 있기 때문이다.

〈병세편〉은 〈군형편〉과 연결되는 내용으로, 군사력을 바탕으로 장수가 주도적으로 유리한 작전 태세를 만들어내고, 허를 찌르는 방식으로 승리하는 비결을 논하고 있다. 손자는 '세'를 대단히 중요하게 생각했기 때문에 장수는 적을 압도하는 기세를 형성하는 지휘 능력을 갖춰야 한다고 강조했다. 그는 적이 도저히 대적할 수 없는 기세를 갖춰야 사병들이 용감무쌍해지고, 전투력도 십분 발휘할 수 있다고 본 것이다.

세를 형성하고, 기세를 타기 위해서는 적에게 '과시'를 하고, 적이 '움직이게' 해야 한다. 과시와 적을 움직이게 하는 주요한 수단은 정공법이 아닌 변칙적인 공격이다. 손자는 특별히 정공법에서 벗어나는 변칙적인 기공법(奇攻法)의 활용을 강조했다. '정통적'인 병법으로 적과 싸워야 하지만, 승리의 비결은 '변칙적'이어야 한다고 믿었기 때문이다. 손자는 수많은 전략과 전술은 결국 '정공법'과 '기공법'으로 귀납되고, 둘은 보완적이면서도 통합되어 또 다른 변화를 이끌어낼 수 있다고 보았다. 이는 천지 만물이 무궁무진하게 변화하는 것과 같은 이치이다.

손자의 변증법적인 병법론은 〈군형편〉과 〈병세편〉에 고스란히 드러나고 있다. '형과 세', 정공법과 기공법, 혼란과 질서, 군사의 비겁함과 용맹함 등은 절대적인 개념이 아니라 상호 의존적이다. 예를 들어 혼란은 적의 질서 정연함에서 생겨나고, (군사의) 두려움은 적의 강함에서 비롯된다는 언술은 상대적이고 모순된 상황에서 서로에게 영향을 미친다는 사실을 보여주는 것이다.

〈병세편〉을 통해 우리는 손자가 지적한 장수의 지휘 원칙, 지도력의 비결, 세의 조성, 주도권을 장악하는 방법이 얼마나 탁월한가를 느낄 수 있다. 손자의 이런 병법은 인간관계에서도 유효하게 작용한다. '세'를 잘 이용할 줄 아는 사람은 통나무나 돌을 굴리듯 사람의 마음을 움직일 수 있다. 돌과 통나무는 평지에서는 정지해 있지만 경사진 곳에 두면 움직인다. 이와 마찬가지로, 누군가를 자신의 뜻대로 하고 싶다면 평지나 경사지를 정해 인도, 혹은 유혹하면 될 것이다. 물론 선결과제는 상대가 어느 곳에 있고 싶은지를 알아내는 것이다.

허실편(虛實篇)

〈원문〉

孫子曰: 凡先處戰地而待敵者佚, 後處戰地而趨戰者勞. 故善戰者, 致人而不致於人. 能使敵人自至者, 利之也; 能使敵人不得至者, 害之也. 故敵佚能勞之, 飽能飢之, 安能動之.

(손자왈: 범선처전지이대적자일, 후처전지이추전자노. 고선전자, 치인이부치어인. 능사적인자지자, 리지야; 능사적인부득지지자, 해지야. 고적일능노지, 포능기지, 안능동지.)

손자가 말했다. 싸움터에서 먼저 자리를 잡고 적을 기다리는 군대는 편안하고, 뒤늦게 싸움터로 달려가는 군대는 피로하다. 그러므로 전쟁을 잘하는 자는 적을 조종은 하되 적에게 조종을 당하지 않는다. 적군으로 하여금 공격해 오도록 하려면 이익이 있다는 사실을 알게 해야 하고, 적군이 오지 못하도록 하려면 피해가 있다는 것을 시사해야 한다. 그러므로 적이 편안히 휴식을 취하고 있으면 피로하게 만들고, 배부르게 먹고 있으면 굶주리게 하며, 안정된 상태이면 뒤흔들어 놓아야 한다.

〈원문〉

出其所必趨, 趨其所不意. 行千里而不勞者, 行於無人之地也; 攻而必取者, 攻其所不守也. 守而必固者, 守其所必攻也. 故善攻者, 敵不知其所守; 善守者, 敵不知其所攻. 微乎微乎, 至於無形; 神乎神乎, 至於無聲, 故能爲敵之司命. 進而不可禦者, 衝其虛也; 退而不可追者, 速而不可及也. 故我欲戰, 敵雖高壘深溝, 不得不與我戰者, 攻其所必救也; 我不欲戰, 雖畵地而守之, 敵不得與我戰者, 乖其所之也.

(출기소필추, 추기소부의. 행천리이부노자, 행어무인지지야; 공이필취자, 공기소부수야. 수이필고자, 수기소필공야. 고선공자, 적부지기소수; 선수자, 적부지기소공. 미호미호, 지어무형; 신호신호, 지어무성, 고능위적지사명. 진이부가어자, 충기허야; 퇴이부가추자, 속이부가급야. 고아욕전, 적수고누심구, 부득부여아전자, 공기소필구야; 아부욕전, 수화지이수지, 적부득여아전자, 괴기소지야.)

적이 신속하게 구조를 받을 곳으로 출격하여 예상할 수 없는 상황에서 공격한다. 천 리를 행군해도 피로하지 않은 이유는 적이 방어할 수 없는 곳으로 가기 때문이다. 공격하여 문제없이 점령하는 까닭은 그들이 지킬 수 없는 곳으로 가기 때문이다. 방어가 견고한 것은 적이 공격할 수 없는 곳을 지키기 때문이다. 그러므로 공격을 잘하는 자는 적이 어디를 방어해야 할지 모르게 하고, 방어를 잘하는 자는 적이 어디를 공격해야 할지 모르게 한다. 이렇게 하면 너무 미묘하여 보이지 않으며, 신비하기 그지없어 들리지 않는다. 그리하여 적의 생사를 손에 쥐고 흔들게 된다. 적이 아군의 공격을 방어하지 못함은 그 허점을 찔렀기 때문이고, 적이 추격하지 못함은 아군의 행동이 신속하여 따라잡지 못하기 때문이다. 이편에서 교전하려 하면 아무리 높은 성루를 쌓고 깊은 참호를 파고 방어를 하던 적이라도 응전할 수밖에 없는 이유는 그들이 반드시 구해야 하는 곳을 공격하기 때문이다. 이편에서 싸움을 원치 않을 때는 비록 땅 위에 선을 그어놓고 지키더라도 적이 침입하지 못하는 것은 그들이 원하는 바를 이루지 못하게 만들어놓았기 때문이다(적으로 하여금 아군이 기만술을 쓰고 있다고 의심케 하거나, 엉뚱한 방향으로 유도하는 등의 속임수를 사용하는 것이다).

〈원문〉

故形人而我無形, 則我專而敵分; 我專爲一, 敵分爲十, 是以十攻其一也. 則我衆敵寡, 能以衆擊寡者, 則吾之所與戰者約矣. 吾所與戰之地不可知, 不可知則敵所備者多, 敵所備者多, 則吾所與戰者寡矣. 故備前則後寡, 備後則前寡, 備左則右寡, 備右則左寡, 無所不備, 則無所不寡. 寡者, 備人者也; 衆者, 使人備己者也.

(고형인이아무형, 즉아전이적분; 아전위일, 적분위십, 시이십공기일야. 즉아중적과, 능이

중격과자, 칙오지소여전자약의. 오소여전지지부가지, 부가지칙적소비자다, 적소비자다, 칙오소여전자과의. 고비전칙후과, 비후칙전과, 비좌칙우과, 비우칙좌과, 무소부비, 칙무소부과. 과자, 비인자야; 중자, 사인비기자야.)

따라서 적의 모습을 노출시키게 하고 아군의 진면목을 숨기면 아군은 병력을 집중할 수 있고, 적병은 분산될 수밖에 없다. 아군은 한 곳으로 집중하고, 적군이 열 곳으로 분산되면 열 사람이 한 사람을 공격하는 꼴이 된다. 즉, 아군의 수는 많아지고 적군은 감소하는 형국이 된다. 대규모의 아군이 수적으로 열세인 적군을 공격하면 적은 곤경에 처하게 된다. 아군이 공격할 지점을 적이 모르게 해야 한다. 싸움을 벌일 장소와 시기를 모르면 적은 수비할 곳이 많아진다. 수비할 곳이 늘어나면 병력이 분산되므로 아군과 싸울 적병의 수는 줄어든다. 전방을 지키는 데 치중하면 후방이 약화되고, 후방의 수비에 치중하면 전방이 허술해진다. 좌측의 방어에 치중하면 우측이 소홀해지고, 우측에 집중하면 좌측이 약해진다. 전후좌우를 모두 방어하려면 어느 곳이나 병력이 적어질 수밖에 없다. 적의 병력이 줄어들고 약해지는 원인은 도처를 방어해야 하기 때문이다. 상대적으로 아군이 많은 이유는 적병으로 하여금 아군을 방어하게 만들기 때문이다.

〈원문〉

故知戰之地, 知戰之日, 則可千里而會戰; 不知戰之地, 不知戰日, 則左不能救右, 右不能救左, 前不能救後, 後不能救前, 而況遠者數十里, 近者數里乎! 以吾度之, 越人之兵雖多, 亦奚益於勝敗哉! 故曰: 勝可爲也. 敵雖衆, 可使無鬪.

(고지전지지, 지전지일, 칙가천리이회전; 부지전지지, 부지전일, 칙좌부능구우, 우부능구좌, 전부능구후, 후부능구전, 이황원자삭십리, 근자삭리호! 이오도지, 월인지병수다, 역해익어승패재! 고왈: 승가위야. 적수중, 가사무두.)

따라서 전투할 곳과 시기를 알면 천 리의 먼 곳에서 대전하여도 좋지만, 그렇지 못하면 좌측은 우측을 구원하지 못하고, 우측은 좌측을 구원하지 못하게 된다. 전방은 후방을 구원하지 못하고, 후방은 전방을 구원할 수 없게 된다. 하물며 멀게는 수십 리, 가깝게는 몇 리 밖에 있는 우군에 대해서는 더말할 나위도 없다. 내가 생각하건대 월나라 군사의 수가 많다고 해도 결코전쟁의 승패에 어떤 영향도 미치지 못할 것이다. 따라서 아군의 승리는 당연하다고 할 수 있다. 적이 비록 다수라 할지라도 병력을 분산시킬 수만 있다면 전쟁을 하지 못하게 만들 수 있다.

〈원문〉

故策之而知得失之計, 候之而知動靜之理, 形之而知死生之地, 角之而知有餘不足之處. 故形兵之極, 至於無形. 無形則深間不能窺, 智者不能謀. 因形而措勝於衆, 衆不能知. 人皆知我所以勝之形, 而莫知吾所以制勝之形. 故其戰勝不復, 而應形於無窮.

(고책지이지득실지계, 후지이지동정지리, 형지이지사생지지, 각지이지유여부족지처. 고형병지극, 지어무형. 무형칙심간부능규, 지자부능모. 인형이조승어중, 중부능지. 인개지아소이승지형, 이막지오소이제승지형. 고기전승부복, 이응형어무궁.)

그러므로 적의 정세를 분석하여 이해득실을 계산하고, 적을 자극하여 그 반응으로 동정을 파악해야 한다. 적이 실체를 드러내도록 하여 그들이 패배할 위치에 있는지, 그렇지 않은지를 알아낸 다음 충돌을 일으키면 병력의 우세한 점과 부족한 부분을 판단한다. 최상의 병력 배치는 남의 눈에 띄지 않는 것이다. 형체가 없는 병력 배치가 되면 잠입한 첩자도 아군의 사정을 탐지하지 못하게 되고, 지략가도 전략을 짤 수 없다. 무형의 병력 배치로 승리를 거두면 사람들은 승리의 유래를 알 수 없게 된다. 많은 사람이 자기편이 승리한 때의 외형적인 군의 형태나 태세(병력 배치)는 알고 있으나, 승리할 수 있게 만든 내부적인 계획은 알지 못한다. 그러므로 과거에 승리했던 방법을 되풀이해서는 안 되고, 적의 변화에 맞춰 변화무쌍한 전략 전술을 구사해야 한다.

〈원문〉

夫兵形像水, 水之行避高而趨下, 兵之形避實而擊虛; 水因地而制流, 兵因敵而制勝. 故兵無常勢, 水無常形. 能因敵變化而取勝者, 謂之神. 故五行無常勝, 四時無常位, 日有短長, 月有死生.

(부병형상수, 수지행피고이추하, 병지형피실이격허; 수인지이제류, 병인적이제승. 고병무상세, 수무상형. 능인적변화이취승자, 위지신. 고오항무상승, 사시무상위, 일유단장, 월유사생.)

무릇 군대의 운용이나 군의 형태는 물과 같아야 한다. 물은 높은 곳을 피하며 아래로 흐른다. 군대의 운용도 적의 강한 곳을 피하면서 허점을 공격해야 한다. 물의 흐름이 지형에 따라 정해지듯, 군사 작전도 적의 상황에 맞춰 승리할 방법을 강구해야 한다. 그래서 군의 형태는 고정불변하지 않고, 물도 일정한 형상이 없다. 적의 상황 변화에 따라 유연하게 대처하여 승리하는 사람은 가히 '전신(戰神)'이라 할 수 있다. 그런 까닭에 오행(五行)은 끝없이 유동하는 것이고, 계절은 교체를 멈추지 않는다. 해가 비추는 시간도 길고 짧음이 있고, 달도 차고 기울면서 존재한다.

〈해석과 응용〉

〈허실편(虛實篇)〉의 주제는 분산과 집중, 포위와 우회 등의 전략으로 아군의 실력을 강화하고 적을 무력화시켜 승리하는 병법에 관한 것이다. '허(虛)'는 병력을 분산하여 약화시키는 것이고, '실(實)'은 병력을 집중하여 강력해지는 것이다. 그리고 '허실(虛實)'은 전투에서 허허실실, 성동격서 등의 행동을 의미한다. 본 편은 〈병세편〉의 '세력에 맡기는' 세의 병법을 심화한 것이다.

손자는 대립되는 개념인 허와 실이 서로를 변화시키는 원리에 대해 논하면서 군사적으로 어떻게 응용할 것인지 소개하고 있다. 기본적으로 '실로서 허를 공격하고, 실을 피하면서 허를 찌르는' 허허실실의 전법은 능동적으로 유연성 있게 적을 공격하는 것이다. 중요한 사실은, 병법에 능한 장수는 적을 자신의 의도대로 움직일 줄 안다는 것이다. 적을 유인하여 자멸시키거나, 위협을 하여 공격을 하지 못하게 만드는 것이 대표적인 방법이다. 적을 움직인다는 의미를 좀 더 확대하면, 안정적인 상황의 적군을 뒤흔들어 전력을 떨어뜨리는 것이다. 적군이 편안한 상태이면 피로하게 만들고, 식량이 충분하면 기아 상태로 만들고, 요새를 지키고 있으면 나와서 싸우게 하는 것 등이 대표적인 방법이다. 결론을 이야기하면, 전쟁은 단순히 전력의 절대적인 우세함으로 싸울 것이 아니라 적의 실력과 허점을 이용하여 승리하는 것이다. 손자의 이런 병법은 전술과 전략을 세워 효과적으로 시행하는 데 매우 중요한 역할을 한다.

손자는 군대를 '물'의 속성에 빗댄 용병의 법칙을 내세웠다. 물이 '높은 곳을 피해 아래로 흐르고', '지형에 따라 흐름이 달라지는 것'처럼 자신의 장점으로 상대의 허점을 공격해야 이길 수 있다고 강조했다.

손자는 '허실'의 논리를 전개하는 데 있어서도 기계적인 해석이 아니라 허와 실의 가변성을 함께 논하고 있다. 앞서 군대의 배치와 운용을 물에 비유했듯이, 또 다른 비유로 자연의 법칙을 들고 있다. 그래서 오행, 계절, 해, 달 등의 주기성과 변화를 예로 들면서 변화의 법칙성을 이해하면 허와 실을 뒤바꿀 수 있는 병법을 제시했다.

〈허실편〉은 심리 조종술과 가장 밀접한 관계가 있다. 타인의 심리가 '허'라면, 자신의 실력은 '실'에 해당한다. 그러므로 자신의 '실'로 상대의 '허'를 이용하면 효과적으로 공략할 수 있다. 〈허실편〉의 논리에 따르면 상대의 허점은 나의 실력으로 끌려오게 된다. 상대의 정보를 최대한 수집하여 상대가 속내를 털어놓게 하면 자신의 의도대로 움직일 수 있다. 그리고 사람마다 입장과 원하는 것들이 다르므로 물 흐르듯이 변화 있게 대응하면 소통하고 관계를 맺는 것이 한층 수월해진다.

〈원문〉

孫子曰: 凡用兵之法, 將受命於君, 合軍聚衆, 交和而舍, 莫難於軍爭. 軍爭之
難者, 以迂爲直, 以患爲利. 故迂其途, 而誘之以利, 後人發, 先人至, 此知迂直
之計者也.

(손자왈: 범용병지법, 장수명어군, 합군취중, 교화이사, 막난어군쟁. 군쟁지난자, 이우위
직, 이환위리. 고우기도, 이유지이리, 후인발, 선인지, 차지우직지계자야.)

손자가 말했다. 장수는 통수권자인 군주의 명령을 받아 군을 소집 편성하여
적과 대치하여 주둔한다. 따라서 적보다 유리한 위치를 얻기 위해 경쟁하는
것은 어렵지 않다. 그럼에도 선점 경쟁이 어려운 것은 우회하면서도 직진
하는 효과를 얻어야 하고, 아군의 어려움을 이득으로 전환해야 하기 때문이
다. 그러므로 우회를 하여 적이 유리하다는 판단을 하게 하고, 적보다 뒤에
출발하여 먼저 도착한다면 우회와 직행의 전략을 이해하는 사람이라 할 수
있다.

〈원문〉

軍爭爲利, 軍爭爲危. 擧軍而爭利則不及, 委軍而爭利則輜重捐. 是故卷甲而
趨, 日夜不處, 倍道兼行, 百里而爭利, 則擒三將軍, 勁者先, 疲者後, 其法十一
而至; 五十里而爭利, 則蹶上將軍, 其法半至; 三十里而爭利, 則三分之二至.
是故軍無輜重則亡, 無糧食則亡, 無委積則亡. 故不知諸侯之謀者, 不能豫交;

不知山林・險阻・沮澤之形者, 不能行軍; 不用鄉導者, 不能得地利. 故兵以
詐立, 以利動, 以分和爲變者也. 故其疾如風, 其徐如林, 侵掠如火, 不動如山,
難知如陰, 動如雷震. 掠鄉分衆, 廓地分利, 懸權而動. 先知迂直之計者勝, 此
軍爭之法也.

(군쟁위리, 군쟁위위. 거군이쟁리칙부급, 위군이쟁리칙치중연. 시고권갑이추, 일야부처,
배도겸항, 백리이쟁리, 칙금삼장군, 경자선, 피자후, 기법십일이지; 오십리이쟁리, 칙궐상
장군, 기법반지; 삼십리이쟁리, 칙삼분지이지. 시고군무치중칙망, 무량식칙망, 무위적칙
망. 고부지제후지모자, 부능예교; 부지산림・험조・저택지형자, 부능항군; 부용향도자,
부능득지리. 고병이사립, 이리동, 이분화위변자야. 고기질여풍, 기서여림, 침략여화, 부
동여산, 난지여음, 동여뇌진. 략향분중, 곽지분리, 현권이동. 선지우직지계자승, 차군쟁
지법야.)

군쟁(軍爭)에는 유리함과 위해가 동시에 존재한다. 전군을 이끌어 유리한 곳
을 차지하기 위해 경쟁하면 늦어질 수 있다. 그러므로 지휘관에게 위임하여
경쟁시키면 수송 부대는 버려져 군수물자에 손실이 갈 수 있다. 조급한 군
대가 무장을 하지 않고 급하게 이동하고, 밤낮으로 속도를 내어 백 리를 가
서 먼저 이익을 쟁취하려 한다면 장수들이 적의 포로가 된다. 강한 병사는
앞서 가지만 피로한 병사는 뒤처진다. 이런 방식으로는 군사의 10분의 1도
목적지에 도착하지 못한다. 50리 거리를 경쟁적으로 이동하여 이익을 쟁취
하려고 하면 상장군이 넘어지고 군대는 절반으로 감소할 것이다. 30리 거
리를 치열하게 경쟁하며 이동하여 먼저 이익을 취하려 하면 군대의 3분의 2
정도만 도착할 것이다. 그러므로 군대에 수송 보급이 없으면 패망하고, 군

량이 없으면 패망하고, 저축해둔 물자가 없으면 패망한다. 제후의 모략을 모르는 자는 미리 외교교섭을 맺지 못하고, 산림의 험준함과 습지대의 지형을 알지 못하는 자는 행군을 할 수 없고, 지형을 잘 아는 자를 앞세워 행군하지 않는 자는 지리적인 이점을 취할 수 없다. 전쟁은 적을 기만하면서 유리함을 찾아 행동하는 것이다. 병력을 분산시키거나 집합시키는 등 수시로 변화해야 한다. 그 행동은 질풍과 같이 빠르고, 서행은 숲처럼 고요하고, 침략은 타는 불처럼 맹렬하고, 움직이지 않을 때는 산 같고, 숨을 때는 어둠 같고, 움직일 때는 벼락과 같다. 적국의 고을에서 얻은 전리품은 군사들에게 나눠주고, 영토 확장으로 얻은 이익을 분배하고, 매사를 저울질하여 신중히 행동한다. 우회와 직행의 계략을 아는 자가 먼저 승리하니, 이것이 전투의 원칙이다.

〈원문〉

《軍政》曰 : "言不相聞, 故爲之金鼓; 視不相見, 故爲之旌旗." 夫金鼓旌旗者, 所以一民之耳目也. 民旣專一, 則勇者不得獨進, 怯者不得獨退, 此用衆之法也. 故夜戰多金鼓, 晝戰多旌旗, 所以變人之耳目也.

(《군정》왈 : "언불상문, 고위지김고; 시불상견, 고위지정기." 부금고정기자, 소이일민지이목야. 민기전일, 칙용자부득독진, 겁자부득독퇴, 차용중지법야. 고야전다금고, 주전다정기, 소이변인지이목야.)

《군정(軍政)》이라는 병서에 의하면 말이 서로 들리지 않기 때문에 북과 징을 치며, 보이지 않기 때문에 깃발을 사용한다. 징, 북, 깃발은 사람의 눈과 귀를 한 곳에 집중시키는 효과가 있다. 사람이 한 곳에 집중하면 용감한 자라 하더라도 단독으로 전진하지 못할 것이고, 비겁한 자도 홀로 도주하지 못할 것이다. 이것이 무리를 지휘하는 방법이다. 밤에는 횃불과 북을, 낮에는 깃발을 많이 사용한다. 이는 적군의 눈과 귀를 현혹하기 위해서이다.

〈원문〉

三軍可奪氣, 將軍可奪心. 是故朝氣銳, 晝氣惰, 暮氣歸. 善用兵者, 避其銳氣, 擊其惰歸, 此治氣者也. 以治待亂, 以靜待嘩, 此治心者也. 以近待遠, 以佚待勞, 以飽待飢, 此治力者也. 無邀正正之旗, 無擊堂堂之陣, 此治變者也.
(삼군가탈기, 장군가탈심. 시고조기예, 주기타, 모기귀. 선용병자, 피기예기, 격기타귀, 차치기자야. 이치대난, 이정대화, 차치심자야. 이근대원, 이일대노, 이포대기, 차치력자야. 무요정정지기, 무격당당지진, 차치변자야.)

적군의 사기를 저하하고 적장의 심리를 동요시킬 수 있다. 전쟁 초기에는 기력이 왕성하지만 시간이 갈수록 사기가 떨어지고, 후반기가 되면 나태하고 사기가 없어진다. 그러므로 전투에 능한 자는 적군의 사기가 높을 때를 피하다가 사기가 떨어졌을 때 공략한다. 이것이 사기를 이용하여 적을 이기는 방법이다. 잘 정비된 군대로써 혼란스러운 군대를 대적하고, 군기를 엄격히 해서 적의 해이함을 공격하는 것이 심리를 다스리는 방법이다. 가까운 곳에서 멀리서 행군해오는 적군을 기다리고, 편안한 자세로 적군이 피로해지기를 기다리고, 배부르게 먹은 뒤 적군의 굶주림을 기다린다. 이것이 체력을 적절히 조절하는 방법이다. 정연한 대형으로 깃발을 들고 오는 적군을 요격하지 말고, 진영을 잘 갖춘 적군을 공격하지 않는 것이 상황 변화에 대한 옳은 대처법이다.

〈원문〉

故用兵之法, 高陵勿向, 背丘勿逆, 佯北勿從, 銳卒勿攻, 餌兵勿食, 歸師勿遏, 圍師遺闕, 窮寇勿迫, 此用兵之法也.
(고용병지법, 고능물향, 배구물역, 양배물종, 예졸물공, 이병물식, 귀사물알, 위사유궐, 궁구물박, 차용병지법야.)

그러므로 용병의 원칙은 다음과 같다. 고지를 점령하고 있는 적을 향하여 싸우지 말고, 언덕을 등진 적을 맞이하여 싸우지 말며, 도망치는 척하는 적을 쫓아가지 말고, 정예 부대를 공격하지 말며, 미끼로 유인하는 적병에게 넘어가지 않고, 철수하는 부대를 막지 않고, 적군을 포위할 때는 반드시 달아날 여지를 남겨 두고, 막다른 궁지에 몰린 적을 지나치게 몰아세우지 말아야 한다.

〈해석과 응용〉

'군쟁'은 아군과 적군이 승리하기에 유리한 조건과 주도권을 다투는 것이다. 〈군쟁편〉에서 주로 논하는 것은 우회와 직행, 환란을 이익으로 전환시켜 먼저 기선을 제압하는 비결이다. 손자는 전쟁에서 유리한 위치를 점하는 것이 매우 중요하다고 생각했기 때문에 어떻게 이익을 취하면서 손해를 피해갈 것인가에 대해 많은 모색을 했다. 이런 생각은 '허허실실' 전법과 정공법과 변칙적인 공격법의 조합으로 승리를 쟁취해야 한다는 전법의 연장선이라 할 수 있다.

손자는 적보다 먼저 요지를 점령하는 것이 매우 중요하다고 생각했다. 요지를 점령하기 위해서는 우회와 직격의 방법을 절묘하게 운용해야 한다. 싸움에서 유리한 조건을 선점하기가 어려운 이유는 굽은 길을 직선로로, 불리함을 유리함으로 바꿔야 하기 때문이다.

그러나 가까운 길도 돌아감으로써 승리를 얻는다는 '우직지계(迂直之計)'는 유리함도 있지만 실행하기 어려운 문제도 있다. 신속히 행동해야 하고, 무거운 무기들도 소지해야 하기 때문이다. 가벼운 행장을 했다가는 적의 공격에 일시에 무너질 수 있다. 손자는 우직지계를 쓰기 위한 세 가지 원칙을 제시했다. 첫째, 적의 계략을 모르면서 싸워서는 안 된다. 둘째, 지형의 특성을 파악하지 못한 상태에서 행군해서는 안 된다. 셋째, 적국 깊숙이 들어갈 때는 반드시 현지인을 안내자로 써야 한다. 이 밖에도 손자는 '기, 마음, 힘, 변화'의 네 가지를 다스려야 한다고 강조했다.

본 편의 마지막 부분에서는 '고지를 점령한 적, 언덕을 등진 적을 공격하지 말라. 도망치는 척하는 적을 쫓아가지 말고, 정예 부대를 공격하지 말며, 미끼로 유인하는 적병에게 넘어가지 않고, 철수하는 부대를 막지 않고, 적군을 포위할 때는 반드시 달아날 여지를 남겨 두고, 막다른 궁지에 몰린 적을 지나치게 몰아세우지 말아야 한다'는 여덟 가지 원칙을 준수해야 한다고 했다. 전쟁의 전술을 구체적으로 망라한 것이다.

현실에서 심리전을 벌일 경우에는 먼저 기선을 잡아 주도권을 잡는 것이 중요하다. 특히 상대를 자신의 의도대로 움직이려면 반드시 우회하는 방법을 써야 한다. 만약 직접적으로 상대방의 심리를 움직일 수 있다면 좋지만, 그렇지 않다면 시간이 걸리더라도 우회적으로 접근해야 소기의 목적을 달성할 수 있기 때문이다.

구변편(九變篇)

〈원문〉

孫子曰: 凡用兵之法, 將受命於君, 合軍聚合. 泛地無舍, 衢地合交, 絶地無留, 圍地則謀, 死地則戰, 塗有所不由, 軍有所不擊, 城有所不攻, 地有所不爭, 君命有所不受. 故將通於九變之利者, 知用兵矣; 將不通於九變之利, 雖知地形, 不能得地之利矣; 治兵不知九變之術, 雖知五利, 不能得人之用矣.

(손자왈: 범용병지법, 장수명어군, 합군취합, 범지무사, 구지합교, 절지무류, 위지칙모, 사지칙전, 도유소부유, 군유소부격, 성유소부공, 지유소부쟁, 군명유소부수. 고장통어구변지리자, 지용병의; 장부통어구변지리, 수지지형, 부능득지지리의; 치병부지구변지술, 수지오리, 부능득인지용의.)

손자가 말했다. 무릇 전쟁을 수행하는 방법은 장수가 군주의 명을 받아 백성을 징집하여 군대를 편성하되 작전을 펴기 곤란한 좋지 않은 지형에 주둔하지 말고, 교통의 요지여서 외국 세력이 들어온 곳에서는 제후들과 좋은 관계를 맺고, 연락하기 불편한 곳에서는 머무르지 않아야 하며, 사방이 산이나 강으로 둘러싸여 포위되기 쉬운 지형에서는 조속히 빠져나갈 계획을 세우며, 나갈 수도 물러설 수도 없는 사지에서는 사력을 다해 싸워야 한다. 길에도 가서는 안 되는 길이 있고, 싸워서는 안 되는 적이 있고, 공격해서는 안 되는 성이 있고, 탐을 내서는 안 되는 땅이 있고, 군주의 명령 중에도 들어서는 안 되는 명령이 있다. 그러므로 장수가 아홉 가지 전투의 원칙, 즉 구변(九變)에 정통하면 용병에 뛰어나다고 할 수 있다. 장수가 구변에 통달하지 못하면 지형을 이해하더라도 지리적 이점을 활용할 수 없다. 아홉 가지 전술을 제대로 펼치지 못하면 비록 다섯 가지 이익을 알고 있다 하더라도 군사들을 효과적으로 다룰 수 없다.

〈원문〉

是故智者之慮, 必雜於利害, 雜於利而務可信也, 雜於害而患可解也. 是故屈諸侯者以害, 役諸侯者以業, 趨諸侯者以利. 故用兵之法, 無恃其不來, 恃吾有以待之; 無恃其不攻, 恃吾有所不可攻也.

(시고지자지려, 필잡어리해, 잡어리이무가신야, 잡어해이환가해야. 시고굴제후자이해, 역제후자이업, 추제후자이리. 고용병지법, 무시기부내, 시오유이대지; 무시기부공, 시오유소부가공야.)

지혜로운 자는 판단할 때 반드시 이익과 손실을 아울러 고려해야 한다. 이익을 미리 계산해 두어야 자기가 하는 일에 확신을 가질 수 있고, 손실을 계산해 놓아야 근심되는 일을 배제할 수 있다. 그러므로 적국을 굴복시키려면 공포심을 조장하고, 큰일을 만들어 사역하게 함으로써 피로하게 만들고, 작은 이익들을 제시하여 분망하게 만들면 된다. 전쟁의 원칙은 적이 오지 않으리라 믿지 말고, 적이 언제 와도 대적할 수 있다는 준비태세를 갖추는 것이다. 적이 공격하지 않으리라 믿지 말고, 감히 공격할 마음을 먹지 못하도록 하는 자신의 실력을 믿어야 한다.

〈원문〉

故將有五危, 必死可殺, 必生可虜, 忿速可侮, 廉潔可辱, 愛民可煩. 凡此五者, 將之過也, 用兵之災也. 覆軍殺將, 必以五危, 不可不察也.

(고장유오위, 필사가살, 필생가노, 분속가모, 렴결가욕, 애민가번. 범차오자, 장지과야, 용병지재야. 복군살장, 필이오위, 부가부찰야.)

장수가 다음의 다섯 가지 성격을 가지면 위험에 빠질 수 있다. 첫째, 필사적으로 싸우는 자는 죽음을 당할 수 있다. 둘째, 살기 위해 안간힘을 쓰며 사로잡힐 수 있다. 셋째, 조급하고 화를 잘 내는 성격이면 능멸을 당할 수 있다. 넷째, 청렴결백한 자는 모욕을 당할 수 있다. 다섯째, 백성(군사)을 지나치게 아끼고 인자하면 냉정하게 일을 처리하지 못하므로 괴로워진다. 이런 위험은 장수의 과실이요, 군사를 지휘하거나 전쟁을 하는 데 있어 재앙이 된다. 군대의 패배와 장수의 죽음은 이 다섯 가지 위험에서 비롯하는 법이니 반드시 유념해야 한다.

〈해석과 응용〉

〈구변편(九變篇)〉에서는 전쟁터의 아홉 가지 특성(주로 지형과 관련)을 중심으로 임기응변적인 병법을 소개하고 있다.

구변의 장점과 이를 이용한 전술은 국가의 이익과 직결된다. 지리적 특성을 이해한 다음에는 군사를 다스리는 방법에 집중해야 한다. 그러려면 장수는 전쟁의 기술을 활용하여 험준한 환경과 복잡한 상황에서도 유연하게 대처해야 한다. 이것이 〈구변편〉의 핵심 내용이다.

물론 임기응변과 군사의 탄력적인 운용은 별개의 것이 아니라, 체계적으로 계획하고 부수적인 문제들을 함께 고려해야 한다. 첫 번째 문제는 장수가 병사를 다스리면서 유리한 면과 불리한 면을 함께 계산해야 한다는 것이다. 유리함이나 불리함 가운데 한쪽으로 쏠려 작전을 짜면 패배할 확률이 크기 때문이다. 이와 동시에 많은 적국을 상대할 때는 각기 다른 방법을 사용해야 한다. 항복을 받거나, 귀의하게 하거나, 완전히 승복하지는 않더라도 도발을 하지 않도록 하는 등의 여러 방식으로 적을 제압할 수 있다. 두 번째 문제는 완벽한 준비를 하여 적이 약해지기를 바라는 요행 심리를 버려야 한다. 그렇지 않으면 주도적인 위치를 상실하고 시기를 놓쳐 후환을 남길 수 있기 때문이다. 세 번째 문제는 장수가 직면할 수 있는 다섯 가지 치명적 약점을 명심하여 군대가 전멸하고 장수가 죽음을 당하는 비극을 면해야 한다.

중국은 고대로부터 수를 음양으로 구분했다. 9는 양의 수 가운데 가장 큰 것이다. 〈구변편〉에서 '9'는 무한히 많다는 의미이고, '변(變)'은 상법(常法)에 구애받지 않는 임기응변을 뜻한다. 따라서 '구변'은 단순히 아홉 가지 변화를 일컫는 것이 아니라 수없이 많은 변화로 해석해야 한다. 그러나 수많은 변화는 자연, 지형, 인간과 관련된 것이지, 다른 변수가 작용하는 것은 아니다. 병법에서의 구변과 같이 현실적으로 복잡한 변화와 위기에 부딪혔을 때는 문제를 단순화하면 해결이 쉬워진다. '쾌도난마'라는 말이 있듯이, 얽혀 있는 갈등과 모순들은 과단하게 행동할 때 의외로 쉽게 풀리기 때문이다.

행군편(行軍篇)

〈원문〉

孫子曰: 凡處軍相敵, 絶山依谷, 視生處高, 戰隆無登, 此處山之軍也. 絶水必遠水, 客絶水而來, 勿迎之於水內, 令半渡而擊之利, 欲戰者, 無附於水而迎客, 視生處高, 無迎水流, 此處水上之軍也. 絶斥澤, 惟亟去無留, 若交軍於斥澤之中, 必依水草而背衆樹, 此處斥澤之軍也. 平陸處易, 右背高, 前死後生, 此處平陸之軍也. 凡此四軍之利, 黃帝之所以勝四帝也.

(손자왈: 범처군상적, 절산의곡, 시생처고, 전륭무등, 차처산지군야. 절수필원수, 객절수이내, 물영지어수내, 령반도이격지리, 욕전자, 무부어수이영객, 시생처고, 무영수류, 차처수상지군야. 절척택, 유극거무류, 야교군어척택지중, 필의수초이배중수, 차처척택지군야. 평륙처역, 우배고, 전사후생, 차처평륙지군야. 범차사군지리, 황제지소이승사제야.)

손자가 말했다. 무릇 전투는 군진을 정비한 다음 적정을 관찰하면서 시작된다. 산을 넘을 때는 계곡을 의지해야 하며, 시야를 확보할 수 있는 고지를 점거해야 한다. 적이 고지에 있으면 대적해서는 안 된다. 이것이 산악전의 원칙이다. 물을 건너면 반드시 물에서 멀리 떨어져야 한다. 적이 물을 건너오면 물속에서 대적하지 말고 반쯤 건너온 뒤에 공격하는 것이 유리하다. 아군이 공격하려고 할 경우에는 물가에 다가가서 대적하지 말고 높은 곳으로 나아가야 한다. 하류에서 상류의 적을 공격해서는 안 되는 것이 물에서 전투하는 원칙이다. 소택지에서는 머물지 말고 되도록 빨리 지나가야 한다. 부득이하게 소택지에서 싸워야 할 경우에는 반드시 수초가 있는 곳을 찾아 은폐하고 숲을 등지고 싸워야 한다. 이것이 소택지에서 전투하는 원칙이다. 평지에서는 편리한 곳에 위치해야 한다. 고지를 배후나 오른편에 두고, 불리한 지형을 앞으로 하고 이로운 지형을 등지고 있어야 한다. 이것이 평지에서 전투하는 원칙이다. 이러한 네 가지 군대의 운용법은 그 옛날 황제(黃帝)가 사방의 왕들과 싸워 승리를 거둔 비결이다.

〈원문〉

凡軍好高而惡下, 貴陽而賤陰, 養生而處實, 軍無百疾, 是謂必勝. 邱陵堤防, 必處其陽而右背之, 此兵之利, 地之助也. 上雨水流至, 欲涉者, 待其定也. 凡地有絶澗·天井·天牢·天羅·天陷·天隙, 必亟去之, 勿近也. 吾遠之, 敵近之; 吾迎之, 敵背之. 軍旁有險阻·潢井·兼葭葦·小林·蘙薈者, 必謹覆索之, 此伏奸之所處也.

(범군호고이악하, 귀양이천음, 양생이처실, 군무백질, 시위필승. 구릉제방, 필처기양이우배지, 차병지리, 지지조야. 상우수류지, 욕섭자, 대기정야. 범지유절간·천정·천뇌·천나·천함·천극, 필극거지, 물근야. 오원지, 적근지; 오영지, 적배지. 군방유험조·황정·겸가·소림·예회자, 필근복삭지, 차복간지소처야.)

무릇 군대에는 높은 곳은 좋으나 낮은 곳은 좋지 않고, 양지는 좋으나 음지는 좋지 않다. 양생에 도움이 될 곳을 점거하면 군대에는 질병이 발생하지 않는다. 이것을 필승의 군대라고 한다. 언덕이나 둑이 있는 곳에서는 반드시 양지쪽에 자리 잡고, 높은 곳을 오른쪽 등 뒤에 둔다. 이것이 전쟁을 유리한 지형을 활용하는 방법이다. 상류에 비가 내려 물거품이 내려올 때 부득이 건너야 한다면 물의 흐름이 잦아들 때까지 기다려야 한다. 지형에는 위험한 곳이 있다. 절벽에 둘러싸인 깊은 계곡, 사방이 높고 가운데는 낮아 물이 고이는 분지, 험준하여 감옥과 같은 곳, 그물처럼 초목이 빽빽한 숲, 늪지대, 땅이 갈라진 것 같은 험한 골짜기 등이 그러하다. 위험한 곳은 반드시 빨리 통과해야 한다. 아군은 그러한 곳을 멀리하되 적은 가까이하도록 하며, 아군은 그러한 곳을 마주하되 적은 등지도록 해야 한다. 군대 부근에 험준한 땅이나 소택지 혹은 갈대나 무성한 초목이 있으면 반드시 여러 번 수색해야 한다. 그런 곳에는 반드시 숨은 복병들이 있기 때문이다.

〈원문〉

敵近而靜者, 恃其險也; 遠而挑戰者, 欲人之進也; 其所居易者, 利也; 衆樹動者, 來也; 衆草多障者, 疑也; 鳥起者, 伏也; 獸駭者, 覆也; 塵高而銳者, 車來也; 卑而廣者, 徒來也; 散而條達者, 樵採也; 少而往來者, 營軍也; 辭卑而備者, 進也; 辭强而進驅者, 退也; 輕車先出居其側者, 陳也; 無約而請和者, 謀也; 奔走而陳兵者, 期也; 半進半退者, 誘也; 杖而立者, 飢也; 汲而先飮者, 渴也; 見利而不進者, 勞也; 鳥集者, 虛也; 夜呼者, 恐也; 軍擾者, 將不重也; 旌旗動者, 亂也; 吏怒者, 倦也; 殺馬肉食者, 軍無糧也; 懸甀不返其舍者, 窮寇也; 諄諄翕翕, 徐與人言者, 失衆也; 數賞者, 窘也; 數罰者, 困也; 先暴而後畏其衆者, 不精之至也; 來委謝者, 欲休息也. 兵怒而相迎, 久而不合, 又不相去,必謹察之.

(적근이정자, 시기험야; 원이도전자, 욕인지진야; 기소거역자, 리야; 중수동자, 내야; 중초다장자, 의야; 조기자, 복야; 수해자, 복야; 진고이예자, 차내야; 비이광자, 도내야; 산이조달자, 초채야; 소이왕내자, 영군야; 사비이비자, 진야; 사강이진구자, 퇴야; 경거선출거기측자, 진야; 무약이청화자, 모야; 분주이진병자, 기야; 반진반퇴자, 유야; 장이립자, 기야; 급이선음자, 갈야; 견리이부진자, 노야; 조집자, 허야; 야호자, 공야; 군요자, 장부중야; 정기동자, 난야; 리노자, 권야; 살마육식자, 군무량야; 현추부반기사자, 궁구야; 순순흡흡, 서여인언자, 실중야; 수상자, 군야; 삭벌자, 곤야; 선포이후외기중자, 부정지지야; 내위사자, 욕휴식야. 병노이상영, 구이부합, 우부상거, 필근찰지.)

적이 가까이 있는 데도 조용한 것은 험준한 지형의 이점을 믿고 있기 때문이다. 멀리 포진하고서도 자주 도발하는 이유는 공격을 유도하기 위해서이다. 적이 평탄한 곳에 있는 것은 유리함이 있기 때문이다. 나무들이 움직이는 것은 적이 오고 있다는 신호이다. 많은 풀로 장애물을 만든 것은 의심하게 하기 위해서이다. 새들이 갑자기 날아오르는 것은 복병이 있기 때문이고, 짐승들이 홀연 달아나는 것은 우군을 덮치려는 적군이 있기 때문이다. 먼지가 높고 갑자기 치솟는 이유는 적의 전차가 오고 있다는 징조이다. 흙먼지가 낮고 넓게 퍼지는 것은 보병이 다가오고 있기 때문이다. 먼지가 흩어지고 나뭇가지 같은 모양으로 치솟는 것은 땔나무를 구하고 있기 때문이다. 먼지가 이는 것은 숙영의 준비를 하고 있다는 의미이다. 말투가 겸손한 데도 방어에 진력하는 것은 공격 준비를 하고 있기 때문이다. 강경한 어조이면서 진격 태세를 취하는 것은 퇴각할 계획이 있는 것이다. 경전차가 먼저 나와 양측에 있는 것은 진을 칠 계획이고, 약속도 없이 강화를 청하는 것은 음모가 있기 때문이다. 적이 분주하게 뛰어다니며 전차를 배치하는 행동은 결전을 준비하는 것이다. 적이 조금씩 전진과 후퇴를 거듭하는 것은 아군을 유인하기 위해서이다. 적군이 지팡이를 짚고 서 있는 것은 굶주렸다는 증거이고, 물을 급히 마시는 것은 식수난에 시달리는 것이고, 이익을 보고도 진격하지 않는 것은 피로하기 때문이다. 적의 진지 위에 새들이 모이는 것은 적군이 이미 철수했다는 증거이다. 밤중에 서로 부르는 것은 겁에 질려 있다는 징후이다. 군영이 혼란스러운 것은 장군이 위엄이 없기 때문이다. 군의 깃발이 어지럽게 움직이는 것은 군기가 문란하기 때문이다. 지휘관이 성을 내고 소리치는 이유는 군이 지쳐 있기 때문이다. 말을 잡아먹는 것은 군량이 떨어졌기 때문이다. 취사도구를 걸어둔 채 막사로 돌아가지 않으려는 것은 적군이 궁지에 몰렸다는 증거이다. 장수가 간곡하고 장황하게 이야기하는 것은 병사들의 신망을 잃었기 때문이다. 자주 상을 내리거나 벌을 주는 것은 곤경에 처한 병사들이 반란을 일으키지 못하도록 하기 위해서다. 병사들을 난폭하게 다룬 뒤 이반이 두려워서 달래는 장수는 매우 어리석은 자이다. 선물을 가지고 와서 예를 차리는 것은 휴전을 원하는 속셈이 있기 때문이다. 적군이 기세등등하게 진격하고도 오래도록 접전도 벌이지 않고, 철수도 하지 않을 경우에는 진짜 속셈이 무엇인지 잘 살펴봐야 한다.

⟨원문⟩

兵非貴益多也, 惟無武進, 足以幷力料敵取人而已. 夫惟無慮而易敵者, 必擒於人. 卒未親而罰之, 則不服, 不服則難用. 卒已親附而罰不行, 則不可用. 故合之以文, 齊之以武, 是謂必取. 令素行以敎其民, 則民服; 令素不行以敎其民, 則民不服. 令素行者, 與衆相得也.

(병비귀익다야, 유무무진, 족이병력료적취인이이. 부유무려이역적자, 필금어인. 졸미친이벌지, 칙부복, 부복칙난용. 졸이친부이벌부항, 칙부가용. 고합지이문, 제지이무, 시위필취. 령소항이교기민, 칙민복; 령소부항이교기민, 칙민부복. 령소행자, 여중상득야.)

병력이 많을수록 좋은 것은 아니다. 단지 무력만 믿고 진격하지 말고 전력을 집중하며 적정을 잘 살펴 제압할 수 있을 정도이면 충분하다. 아무런 대책도 없이 적을 우습게 여기는 자는 반드시 포로가 된다. 병사들과 미처 친해지기도 전에 벌을 주면 복종하지 않고, 복종하지 않으면 통솔하기 어렵다. 또한 이미 친해졌는데도 벌을 주지 않으면 위계질서가 없어져 다스리기 어렵다. 그러므로 군사는 덕으로 통솔하고, 부대는 위엄과 강력함으로 다스려야 승리한다. 평소에 병사들을 잘 교도하고 법령을 잘 이행하면 복종하지만, 그렇지 않으면 복종하지 않는다. 평소에 법령이 잘 시행되면 병사들과 일심동체가 될 수 있다.

〈해석과 응용〉

손자가 말한 '행군'은 특수한 지형 조건에서의 군대의 움직임, 전투 방법, 군대의 주둔 원칙과 방법을 포함한다.

본 편에서는 군대가 이동하면서 전투를 할 때 지형에 따라 적절히 자리를 잡는 요령을 중점적으로 설명했다. 산지, 강가, 소택지, 평지 등 4가지 지형에 맞춰 병력을 배치하는 것은 그 당시로는 획기적인 발상이었다. 군대를 배치한 다음 고려해야 할 중요한 사항은 적의 상황을 파악하는 것이다. 손자는 자신의 경험을 바탕으로 적정을 살피는 4가지 방법을 제시하고 있다. 첫째, 적과 대치한 지 얼마 되지 않았을 때는 외견상의 관찰을 통해 적정을 이해한다. 둘째, 눈에 띄는 자연현상으로 적의 상황을 판단한다. 셋째, 적의 언행을 판단의 근거로 삼는다. 넷째, 적군의 배치와 이동 상황을 정찰하여 적정을 파악한다.

'치군(治君)' 역시 손자가 중시한 문제이다. 그는 군대를 지휘하려면 평소 교육에 힘써 군기를 확립하고, 포상과 징벌을 분명하게 하는 등 '당근과 채찍'을 함께 이용하라고 충고했다. 또한 '군사는 덕으로 통솔하고, 부대는 위엄과 강력함으로' 다스려야 한다는 치군의 원칙을 제시했다.

'적정을 파악'하는 것은 심리 조종술의 핵심이라 할 수 있다. 상대를 모르는 상태에서는 아무리 많은 전략과 전술을 구사한들 상대의 마음을 열 수 없기 때문이다. 그러므로 상대를 이해하려면 손자가 말한 4가지 적정을 살피는 방법을 동원하는 것이 좋다. 상대가 '적'은 아니지만 마음의 벽을 무너뜨려야 다음 단계로 나갈 수 있지 않은가.

지형편(地形篇)

〈원문〉

孫子曰: 地形有通者, 有挂者, 有支者, 有隘者, 有險者, 有遠者. 我可以往, 彼可以來, 曰通. 通形者, 先居高陽, 利糧道, 以戰則利. 可以往, 難以返, 曰挂.

挂形者, 敵無備, 出而勝之, 敵若有備, 出而不勝, 難以返, 不利. 我出而不利, 彼出而不利, 曰支. 支形者, 敵雖利我, 我無出也, 引而去之, 令敵半出而擊之 利. 隘形者, 我先居之, 必盈之以待敵. 若敵先居之, 盈而勿從, 不盈而從之. 險 形者, 我先居之, 必居高陽以待敵; 若敵先居之, 引而去之, 勿從也. 遠形者, 勢 均難以挑戰, 戰而不利. 凡此六者, 地之道也, 將之至任, 不可不察也.

(손자왈: 지형유통자, 유괘자, 유지자, 유애자, 유험자, 유원자. 아가이왕, 피가이내, 왈통. 통형자, 선거고양, 리량도, 이전칙리. 가이왕, 난이반, 왈괘. 괘형자, 적무비, 출이승지, 적 야유비, 출이부승, 난이반, 부리. 아출이부리, 피출이부리, 왈지. 지형자, 적수리아, 아무 출야, 인이거지, 령적반출이격지리. 애형자, 아선거지, 필영지이대적. 야적선거지, 영이 물종, 부영이종지. 험형자, 아선거지, 필거고양이대적; 야적선거지, 인이거지, 물종야. 원 형자, 세균난이도전, 전이부리. 범차륙자, 지지도야, 장지지임, 부가부찰야.)

손자가 말했다. 지형에는 통형, 괘형, 지형, 애형, 험형, 원형의 여섯 가지가 있다. 아군과 적군이 모두 왕래할 수 있는 곳이 통형이다. 통형에서는 높고 양지바른 곳을 선점하고 군량미의 보급로를 확보하면 싸우는 데 유리하다. 괘형은 가기는 쉬워도 돌아오기는 어려운 곳이다. 괘형에서는 적의 방비가 허술하면 출진하여 승리할 수 있지만, 만약 적의 대비가 철저할 때 나가서 싸우면 이기지 못할 뿐 아니라 돌아오기도 어려우므로 불리하다. 아군이 출 격해도 불리하고, 적군이 출진해도 불리한 곳이 지형(支形)이다. 지형에서는 적이 이익으로 아군을 유인해도 진격하지 말아야 하며, 일단 후퇴한 후에 적이 반쯤 쫓아오기를 기다려 공격하면 유리하다. 길이 좁은 애형에서는 아 군이 먼저 점령하게 되면 반드시 방어를 충실히 하면서 적의 공격을 기다려야 한다. 만약 적이 먼저 점거한 경우에 그 방어가 충실하면 따라가 싸우지 말고, 태세가 허술하면 공격한다. 험형에서는 먼저 선점했으면 높고 양지바른 곳을 차지하고 적의 공격을 기다린다. 만약 적이 먼저 점령한 경우에는 공격하지 말고 철수해야 한다. 원형은 양군의 위치가 멀리 떨어져 있어 지리상의 이익을 얻는 정도가 서로 같으므로 멀리 나가서까지 도전하기가 어렵고 싸우면 불리하다. 이 여섯 가지는 지형을 이용하는 원칙이니 장수는 이점을 최대화하기 위해 신중히 숙고해야 한다.

〈원문〉

凡兵有走者, 有弛者, 有陷者, 有崩者, 有亂者, 有北者. 凡此六者, 非天地之災, 將之過也. 夫勢均, 以一擊十, 曰走; 卒強吏弱, 曰弛; 吏強卒弱, 曰陷; 大吏怒而不服, 遇敵懟而自戰, 將不知其能, 曰崩; 將弱不嚴, 教道不明, 吏卒無常, 陳兵縱橫, 曰亂; 將不能料敵, 以少合衆, 以弱擊強, 兵無選鋒, 曰北. 凡此六者, 敗之道也, 將之至任, 不可不察也.

(범병유주자, 유이자, 유함자, 유붕자, 유난자, 유배자. 범차륙자, 비천지지재, 장지과야. 부세균, 이일격십, 왈주; 졸강리약, 왈치; 리강졸약, 왈함; 대리노이부복, 우적대이자전, 장부지기능, 왈붕; 장약부엄, 교도부명, 리졸무상, 진병종횡, 왈난; 장부능료적, 이소합중, 이약격강, 병무선봉, 왈배. 범차륙자, 패지도야, 장지지임, 부가부찰야.)

군대에는 주병, 이병, 함병, 붕병, 난병, 배병 등이 있다. 이 여섯 종류의 병사는 천지의 재앙이 아니라 장수의 과실에서 비롯한 것이다. 군사력이 동등한데 병력 1로 규모 10의 병력을 공격한다면 싸우기도 전에 도주할 수밖에 없다. 이것이 주병(走兵)이다. 병사들은 강한데 장교가 약하면 군대가 해이할 수밖에 없다. 이것이 이병(弛兵)이다. 장교들은 강한데 병사들이 나약하면 군은 마침내 함정에 빠질 수밖에 없으니, 이를 함병(陷兵)이라 한다.

고급간부가 분노를 참지 못해 장수에게 복종하지 않고, 적을 만나면 참지 못하고 제멋대로 싸우는데도 장수가 이러한 사실을 모른다면 군은 붕괴할 수밖에 없다. 이것이 붕병(崩兵)이다. 장수가 나약하여 위엄이 없고, 훈련방법이 분명치 않으며, 장교와 사병들 간에 질서가 없고, 전투배치가 혼란한 것이 난병(亂兵)이다. 장수가 적의 역량을 정확히 판단하지 못해 적은 병력으로 우세한 적을 정예부대가 없는 부대는 패배할 수밖에 없으니 이를 배병(北兵)이라 한다. 이 여섯 가지는 패배의 원인이니 장수는 신중히 살펴야 한다.

〈원문〉

夫地形者, 兵之助也. 料敵制勝, 計險隘遠近, 上將之道也. 知此而用戰者必勝, 不知此而用戰者必敗. 故戰道必勝, 主曰無戰, 必戰可也; 戰道不勝, 主曰必戰, 無戰可也. 故進不求名, 退不避罪, 唯民是保, 而利於主, 國之寶也.

(부지형자, 병지조야. 료적제승, 계험애원근, 상장지도야. 지차이용전자필승, 부지차이용전자필패. 고전도필승, 주왈무전, 필전가야; 전도부승, 주왈필전, 무전가야. 고진부구명, 퇴부피죄, 유민시보, 이리어주, 국지보야.)

지형은 전쟁의 보조수단이다. 적의 상황을 파악하여 승리를 쟁취하는 것과 험난함과 위험, 멀고 가까움을 계산하는 것은 장수의 임무이다. 이것을 잘 알고 자는 반드시 승리하고, 그렇지 못하면 패배한다. 그러므로 반드시 승리한다는 판단이 섰으면 군주가 싸우지 말라고 해도 싸워야 하며, 승리할 수 없다는 판단이 서면 군자가 반드시 싸우라고 해도 싸우지 말아야 한다. 장수가 진격하는 것이 자신의 공명을 위함이 아니고, 후퇴를 하는 것이 벌을 피하기 위함이 아니고, 다만 백성을 보호하고 군주를 이롭게 하려 함이니 이런 자는 국가의 보배이다.

〈원문〉

視卒如嬰兒, 故可以與之赴深溪; 視卒如愛子, 故可與之俱死. 厚而不能使, 愛而不能令, 亂而不能治, 譬若驕子, 不可用也.

(시졸여영아, 고가이여지부심계; 시졸여애자, 고가여지구사. 후이부능사, 애이부능령, 난이부능치, 비약교자, 부가용야.)

장수가 병사를 갓난아기처럼 아끼면 병사들은 깊고 험한 골짜기 속까지도 함께 들어갈 수 있다. 병사들을 사랑하는 자식처럼 대하면 생사를 같이할 것이다. 그러나 사병들을 너무 후하게 대하여 부리지 못하고, 너무 사랑하여 제대로 명령하지 못하고, 문란해도 다스리지 못하면 마치 오만방자한 자식 같아서 아무짝에도 쓸 수 없게 된다.

〈원문〉

知吾卒之可以擊, 而不知敵之不可擊, 勝之半也; 知敵之可擊, 而不知吾卒之不可以擊, 勝之半也; 知敵之可擊, 知吾卒之可以擊, 而不知地形之不可以戰, 勝之半也. 故知兵者, 動而不迷, 擧而不窮. 故曰: 知彼知己, 勝乃不殆; 知天知地, 勝乃可全.

(지오졸지가이격, 이부지적지부가격, 승지반야; 지적지가격, 이부지오졸지부가이격, 승지반야; 지적지가격, 지오졸지가이격, 이부지지형지부가이전, 승지반야. 고지병자, 동이부미, 거이부궁. 고왈: 지피지기, 승내부태; 지천지지, 승내가전.)

아군이 적군을 공격할 능력이 있다는 사실만을 알고, 적이 충분한 대비를 하고 있다는 사실을 알지 못하면 승리할 확률은 절반이다. 적의 허점을 발견하여 공격할 수 있음을 알지만 실제로 공격할만한 능력이 없음을 알지 못하면 승리의 확률은 절반에 불과하다. 적에게 약점이 있어 공격해도 된다는 것을 알고, 아군이 적을 공격할만한 능력이 있다는 것을 알더라도 지형상 싸울 수 없다는 사실을 알지 못하면 역시 승리의 확률은 절반이다. 그러므로 적과 아군의 능력, 지형의 이점을 이해하는 자는 군사를 움직여도 흔들리지 않으며, 궁지에 몰리지 않는다. 그러므로 나를 알고 적을 알면 위태롭지 않게 승리할 수 있고, 자연의 순환원리와 지리상의 이점을 알고 있으면 완전한 승리를 거둘 수 있다.

〈해석과 응용〉

본 편에서는 전쟁에서 지형의 중요성을 설명하면서 장수가 지형을 이용하여 승리하는 방법을 가르쳐주고 있다.

손자는 전쟁에서 흔히 접하게 되는 6가지 지형에 적응하여 군사 작전을 펴는 방법을 설명하고 있다. 그는 장수가 지형을 연구해야 한다고 역설하고 있지만, 지형이 승부를 가르는 결정적인 요인은 아니라고 보았다. 지형은 단지 외적인 요소일 뿐, 관건은 장수의 지휘 능력이다.

손자는 장수가 군을 잘못 이끌어 패배를 자초하는 6가지 상황을 분석하여 원인을 찾아냈다. 간단히 말해, 패배는 하늘이 내린 재앙이 아니라 군 지도부의 과실에서 비롯되는 것이다. 구체적으로는 무리하게 소수의 병력으로 다수의 적과 싸우는 것, 기율이 해이하여 사기가 저하되었을 때, 장수가 독단적으로 움직이면서 병사들이 실력을 발휘할 기회를 주지 않는 것 등이 패인으로 지적된다. 따라서 손자는 장수가 자신의 막대한 책임을 인식하여 명예를 구하지 말고, 패했을 때 징벌 받는 것을 두려워하지 말아야 한다고 했다.

이 밖에도 손자는 장수가 병사를 '사랑하는 자식'처럼 여기더라도 엄격하게 다스려야 하고, 상과 벌을 분명히 해야 한다고 강조했다. 그렇게 해야 "나를 알고 적을 알면 위태롭지 않게 승리할 수 있고, 자연의 순환원리와 지리상의 이점을 알고 있으면 완전한 승리를 거둘 수 있다"는 것이다.

인간에게는 순종하려는 마음과 반항심이 동시에 존재하므로 사병들을 무조건 엄하게만 대하면 반발하게 된다. 반대로 너무 아끼기만 하면 군기가 흐트러져 전투력이 떨어지는 부작용이 생긴다. 그러므로 장수는 사병들이 관심과 사랑을 받고 있다고 느끼게 하면서 사기를 높이는 데 주력해야 한다. 모름지기 장수는 지형이 사병들에 미치는 영향을 이해하여 심리적인 안정감을 주고, '때로는 조이고, 때로는 풀어주는' 관심과 엄격함으로 군을 통솔해야 한다.

구지편(九地篇)

〈원문〉

孫子曰: 用兵之法, 有散地, 有輕地, 有爭地, 有交地, 有衢地, 有重地, 有圮地,
有圍地, 有死地. 諸侯自戰其地者, 爲散地; 入人之地不深者, 爲輕地; 我得亦
利, 彼得亦利者, 爲爭地; 我可以往, 彼可以來者, 爲交地; 諸侯之地三屬, 先至
而得天下衆者, 爲衢地; 入人之地深, 背城邑多者, 爲重地; 山林·險阻·沮澤,
凡難行之道者, 爲圮地; 所由入者隘, 所從歸者迂, 彼寡可以擊吾之衆者, 爲圍
地; 疾戰則存, 不疾戰則亡者, 爲死地. 是故散地則無戰, 輕地則無止, 爭地則
無攻, 交地則無絶, 衢地則合交, 重地則掠, 泛地則行, 圍地則謀, 死地則戰.
(손자왈: 용병지법, 유산지, 유경지, 유쟁지, 유교지, 유구지, 유중지, 유비지, 유위지, 유사
지. 제후자전기지자, 위산지; 입인지지부심자, 위경지; 아득역리, 피득역리자, 위쟁지; 아
가이왕, 피가이내자, 위교지; 제후지지삼속, 선지이득천하중자, 위구지; 입인지지심, 배성
읍다자, 위중지; 산림·험조·저택, 범난항지도자, 위비지; 소유입자애, 소종귀자우, 피과
가이격오지중자, 위위지; 질전칙존, 부질전칙망자, 위사지. 시고산지칙무전, 경지칙무지,
쟁지칙무공, 교지칙무절, 구지칙합교, 중지칙략, 범지칙항, 위지칙모, 사지칙전.)

손자가 말했다. 지형에 따른 용병의 방법이 있으니 산지(散地), 경지(輕地), 쟁
지(爭地), 교지(交地), 구지(衢地), 중지(重地), 비지(圮地), 위지(圍地), 사지(死地)
가 있다. 자기 땅에서 전투하는 곳을 산지라고 한다. 적의 영토에 침입했으
나 깊이 들어가지 않은 곳을 경지라 한다. 아군과 적군 어느 쪽이 점령해도
유리한 곳을 쟁지라고 한다. 도로가 발달되어 아군과 적군 모두 왕래하기

자유로운 곳을 교지라 한다. 여러 국가가 인접해 있어 먼저 점령하면 천하의 백성을 모을 수 있는 곳을 구지라고 한다. 적의 영토 깊숙이 쳐들어가서 점령한 많은 성읍이 아군의 배후에 있는 곳을 중지라고 한다. 산림, 험준한 지형, 늪 등이 많아 행군하기 어려운 곳을 비지라고 한다. 들어가기에는 좁고 나올 때는 우회해야 하며 소수의 적군이 다수의 아군을 공격할 수 있는 곳을 위지라고 한다. 빨리 전투를 끝내면 생존할 수 있으나 그렇지 못하면 죽음을 면치 못하는 곳을 사지라고 한다. 그러므로 산지에서는 전쟁을 하지 말아야 하며, 경지에서는 주둔하면 안 된다. 쟁지는 공격하지 말아야 하며, 교지에서는 부대 간 연락이 끊겨서는 안 된다. 구지에서는 제3국과 외교관계를 맺어야 하며, 중지에서는 병참을 현지 조달해야 한다. 비지는 빨기 통과해야 하며, 위지에서는 계략을 써서 빠져나와야 한다. 사지에서는 전력을 다해 싸워야 한다.

〈원문〉

古之善用兵者, 能使敵人前後不相及, 衆寡不相恃, 貴賤不相救, 上下不相收, 卒離而不集, 兵合而不齊. 合於利而動, 不合於利而止. 敢問敵衆而整將來, 待之若何曰: 先奪其所愛則聽矣. 兵之情主速, 乘人之不及, 由不虞之道, 攻其所不戒也.

(고지선용병자, 능사적인전후부상급, 중과부상시, 귀천부상구, 상하부상수, 졸리이부집, 병합이부제. 합어리이동, 부합어리이지. 감문적중이정장내, 대지야하 왈: 선탈기소애칙청의. 병지정주속, 승인지부급, 유부우지도, 공기소부계야.)

자고로 용병을 잘하는 자는 적군이 서로 연락하지 못하도록 하며, 대부대와 소부대가 서로 지원하지 못하게 하며, 귀천(貴賤)이 서로 구원하지 못하게 하며, 상하가 서로 협조하지 못하게 하며, 병사들을 분산시켜 집중적으로 관리하지 못하게 하며, 집합해도 질서를 유지하지 못하도록 한다. 그리고 정세가 유리하면 행동하고 불리하면 멈춘다. 만일 적군이 정연한 대형으로 공격해 온다면 어떻게 대처할 것인지 묻는다면 이렇게 말할 것이다. 우선 적이 아끼는 것을 빼앗으면 아군의 말을 들을 것이다. 전쟁은 신속함이 제일이니 적이 생각지 못하는 시기를 틈타, 적이 미처 생각하지 못한 길을 경유하여 경계하지 않는 곳을 공격해야 한다.

〈원문〉

凡爲客之道, 深入則專, 主人不克. 掠於饒野, 三軍足食. 謹養而勿勞, 并氣積力, 運兵計謀, 爲不可測. 投之無所往, 死且不北. 死焉不得, 士人盡力. 兵士甚陷則不懼, 無所往則固, 深入則拘, 不得已則鬪. 是故其兵不修而戒, 不求而得, 不約而親, 不令而信, 禁祥去疑, 至死無所之. 吾士無餘財, 非惡貨也; 無餘命, 非惡壽也. 令發之日, 士卒坐者涕霑襟, 偃臥者涕交頤, 投之無所往, 者, 劌之勇也.

(범위객지도, 심입칙전, 주인부극. 략어요야, 삼군족식. 근양이물노, 병기적력, 운병계모, 위부가측. 투지무소왕, 사차부배. 사언부득, 사인진력. 병사심함칙부구, 무소왕칙고, 심입칙구, 부득기칙두. 시고기병부수이계, 부구이득, 부약이친, 부령이신, 금상거의, 지사무소지. 오사무여재, 비악화야; 무여명, 비악수야. 령발지일, 사졸좌자체점금, 언와자체교이. 투지무소왕, 자, 귀지용야.)

무릇 적국을 침입하는 원정군은 싸움에만 전념하므로 적국이 당해내지 못한다. 적국의 풍요한 들에서 약탈하여 전군의 식량을 충족시켜야 한다. 원정군은 충분히 휴식을 취해 피로하지 않도록 하며, 사기를 진작하여 힘을 축적하고, 계략을 써서 적이 예측하지 못하게 하고, 군사를 도망갈 수 없는 곳에 투입하면 도주하지 못하고 결사적으로 싸운다. 장수와 병사가 함께 결사적으로 싸우는데 어찌 승리하지 않겠는가. 병사들은 극심한 위기에 처하면 두려워하지 않을 것이며, 빠져나갈 길이 없으면 더욱 단결하게 된다. 적국에 깊숙이 들어가면 속수무책이 되어 싸울 수밖에 없다. 이런 까닭에 군대는 훈련을 하지 않아도 스스로 경계하며, 특별히 요구하지 않아도 장수의 말을 들으며, 저절로 끈끈한 관계가 되며, 명령하지 않아도 스스로 알아서 행동한다. 미신을 금지하고 의심을 없애주면 죽을 때까지 전장을 떠나지 않는다. 지휘관들이 재물을 욕심내지 않는 것은 싫어하기 때문이 아니며, 목숨에 연연하지 않는 것은 오래 사는 것이 싫어서가 아니다. 결전의 명령이 내려지면 앉아있는 사병들은 눈물로 옷깃을 적시고, 누운 자는 눈물이 턱을 적신다. 하지만 이들을 사지로 몰아넣으면 전제(專諸)나 조귀(曹劌)처럼 용감하게 싸운다.

〈원문〉

故善用兵者, 譬如率然. 率然者, 常山之蛇也. 擊其首則尾至, 擊其尾則首至, 擊其中則首尾俱至. 敢問兵可使如率然乎? 曰可. 夫吳人與越人相惡也, 當其同舟而濟遇風, 其相救也如左右手. 是故縛馬埋輪, 未足恃也; 齊勇如一, 政之道也; 剛柔皆得, 地之理也. 故善用兵者, 攜手若使一人, 不得已也.

(고선용병자, 비여률연. 률연자, 상산지사야. 격기수칙미지, 격기미칙수지, 격기중칙수미구지. 감문병가사여률연호? 왈가. 부오인여월인상악야, 당기동주이제우풍, 기상구야여좌우수. 시고박마매륜, 미족시야; 제용여일, 정지도야; 강유개득, 지지리야. 고선용병자, 휴수약사일인, 부득이야.)

그러므로 전쟁을 잘하는 자는 솔연과 같다. 솔연은 상산에 사는 뱀으로 머리를 공격하면 꼬리가 덤벼들고, 꼬리를 공격하면 머리가 덤벼든다. 그 허리를 치면 머리와 꼬리가 함께 달려든다. 그렇다면 군대도 마치 솔연처럼 할 수 있는가? 물론 할 수 있다. 오나라와 월나라 사람은 원래 증오하는 사이였지만 같은 배를 탔다가 폭풍을 만나자 두 손처럼 서로 도와 살아났다. 말이 도망가지 못하게 매어 두고, 수레바퀴를 땅에 묻어 두더라도 군대를 안정시키기에는 부족하다. 전군이 하나로 뭉쳐 분발하기 위해서는 정치력이 필요하고, 용감한 자와 나약한 자 모두가 온 힘을 모두 발휘하게 하기 위해서는 지형을 절묘하게 운용해야 한다. 전쟁에 능란한 자가 부대를 마치 손을 잡고 가듯 하나가 되어 지휘에 복종할 수 있게 하는 것은 싸울 수밖에 없는 상황을 만들기 때문이다.

〈원문〉

將軍之事, 靜以幽, 正以治, 能愚士卒之耳目, 使之無知; 易其事, 革其謀, 使人無識; 易其居, 迂其途, 使民不得慮. 帥與之期, 如登高而去其梯; 帥與之深入諸侯之地, 而發其機, 若驅群羊, 驅而往, 驅而來, 莫知所之. 聚三軍之衆, 投之於險, 此謂將軍之事也. 九地之變, 屈伸之力, 人情之理, 不可不察.

(장군지사, 정이유, 정이치, 능우사졸지이목, 사지무지; 역기사, 혁기모, 사인무식; 역기
거, 우기도, 사민부득려. 수여지기, 여등고이거기제; 수여지심입제후지지, 이발기기. 약
구군양, 구이왕, 구이내, 막지소지. 취삼군지중, 투지어험, 차위장군지사야. 구지지변, 굴
신지력, 인정지리, 부가부찰.)

장수는 조용하고 깊이 있게 생각하면서 엄격하게 군을 다스려야 한다. 장병
들의 눈과 귀를 어리석게 하여 아무것도 알지 못하게 해야 한다. 계획을 바
꾸고 전략을 수정하여 남들이 눈치 채지 못하게 한다. 주둔지를 수시로 바
꾸고 가는 길을 우회하여 남들이 미처 생각하지 못하게 만든다. 장수가 사
병들과 더불어 결전을 할 경우에는 마치 높은 곳에 오르게 하고 사다리를
치워버리는 것처럼 해야 한다. 적국에 깊숙이 침입할 때는 신속히 움직이
고, 들어가서는 배를 소각하고 가마솥을 부숴 전진만 하도록 하고, 싸울 때
는 양떼를 몰아치듯 해야 한다. 아군의 행방을 알지 못하게 하고, 전 부대를
집결시켜 위험천만한 상황에 투입하는 것이 장수가 해야 할 일이다. 아홉
가지 입지 조건에 따른 변화와 상황에 따라 진퇴를 결정할 때는 그에 따른
이해득실을 치밀하게 계산하고, 병사들의 심리를 반드시 헤아려야 한다.

〈원문〉

凡爲客之道, 深則專, 淺則散. 去國越境而師者, 絶地也; 四徹者, 衢地也; 入深
者, 重地也; 入淺者, 輕地也; 背固前隘者, 圍地也; 無所往者, 死地也.
(범위객지도, 심칙전, 천칙산. 거국월경이사자, 절지야; 사철자, 구지야; 입심자, 중지야;
입천자, 경지야; 배고전애자, 위지야; 무소왕자, 사지야.)

무릇 적국에 침입했을 때, 깊숙이 들어가면 단결하여 전투에 전념하지만, 깊이 쳐들어가지 않으면 산만해진다. 본국을 떠나 국경을 넘어 작전하는 곳은 본국과 단절되어 있으므로 절지라 한다. 사통팔달하게 길이 트인 곳을 구지, 적국 깊숙이 들어간 곳을 중지, 얕게 들어간 곳은 경지, 험하고 견고한 지형을 뒤로하고 좁은 지형을 앞에 둔 곳을 위지, 탈출할 수 없는 곳을 사지라 한다.

〈원문〉

是故散地吾將一其志, 輕地吾將使之屬, 爭地吾將趨其後, 交地吾將謹其守, 交地吾將固其結, 衢地吾將謹其恃, 重地吾將繼其食; 圮地吾將進其塗, 圍地吾將塞其闕, 死地吾將示之以不活.

(시고산지오장일기지, 경지오장사지속, 쟁지오장추기후, 교지오장근기수, 교지오장고기결, 구지어장근기시, 중지오장계기식; 비지오장진기도, 위지오장새기궐, 사지오장시지이부활.)

산지는 자기 영토이므로 병사들이 하나로 뭉치게 하고, 경지는 국경선 근처에서 싸우므로 부대 간에 연락이 끊어지지 않도록 하며, 쟁지에서는 적군의 후방을 공격해야 한다. 교지에서는 수비를 철저히 하고, 구지에서는 제3국과의 외교를 견고히 하고, 중지에서는 식량을 충분히 확보하고, 비지에서는 신속히 이동하여 통과해야 한다. 위지에서는 탈주할 길을 막고, 사지에서는 살아날 수 없음을 보여주어 필사적으로 싸우게 한다.

故兵之情: 圍則禦, 不得已則鬪, 過則從. 是故不知諸侯之謀者, 不能預交; 不知山林·險阻·沮澤之形者, 不能行軍; 不用鄕導, 不能得地利. 四五者, 一不知, 非霸王之兵也. 夫霸王之兵, 伐大國, 則其衆不得聚; 威加於敵, 則其交不得合. 是故不爭天下之交, 不養天下之權, 信己之私, 威加於敵, 故其城可拔, 其國可隳.

(고병지정: 위칙어, 부득이칙투, 과칙종. 시고부지제후지모자, 부능예교; 부지산림·험조·저택지형자, 부능항군; 부용향도, 부능득지리. 사오자, 일부지, 비패왕지병야. 부패왕지병, 벌대국, 칙기중부득취; 위가어적, 칙기교부득합. 시고부쟁천하지교, 부양천하지권, 신기지사, 위가어적, 고기성가발, 기국가휴.)

병사들은 포위를 당하면 스스로 방어하고, 어쩔 수 없게 되면 용감히 싸우며, 위험이 크면 따르기 마련이다. 그러므로 주변국의 계략을 모르는 자는 외교관계를 맺을 수 없다. 산림, 나 험준한 곳, 소택지의 지형을 알지 못하면 행군을 할 수 없고, 그 지역 사람을 안내인으로 쓰지 않으면 지형적인 이익을 얻을 수 없다. 구지 중 하나만 몰라도 천하의 패권을 다투는 군대가 될 수 없다. 무릇 패왕의 군대가 대국을 공격하면 그 나라는 미처 그 군대를 집결시키지 못할 것이요, 위세가 적국에 미치게 되면 그 나라는 제3국과 외교를 맺을 수 없다. 그리하여 외교상 분쟁을 일으킬 필요가 없게 되고, 구태여 패권을 장악하려고 하지 않고, 적국에 자국의 위세를 보여주면 성도 함락시킬 수 있고, 나라도 멸망시킬 수 있다.

施無法之賞, 懸無政之令, 犯三軍之衆, 若使一人. 犯之以事, 勿告以言; 犯之以害, 勿告以利. 投之亡地然後存, 陷之死地然後生. 夫衆陷於害, 然後能爲勝敗. 故爲兵之事, 在順詳敵之意, 幷敵一向, 千里殺將, 是謂巧能成事.

(시무법지상, 현무정지령. 범삼군지중, 야사일인. 범지이사, 물고이언; 범지이해, 물고이리. 투지망지연후존, 함지사지연후생. 부중함어해, 연후능위승패. 고위병지사, 재순상적지의, 병적일향, 천리살장, 시위교능성사.)

규정에 없는 큰 상을 주고 평상시와 다른 명령을 내리면 군사들을 마치 한 사람처럼 일사불란하게 부릴 수 있다. 장병에게는 임무만을 부여하고 이유를 설명하지 말고, 유리한 점만을 알리고 해가 되는 것은 말하지 않는다. 군대는 위험한 상황에 처해야 패배를 면할 수 있고, 사지에 빠진 뒤라야 살아날 수 있다. 무릇 장병들은 그러한 위험스러운 상황 속에서만 분투하여 승리할 수 있다. 전쟁에서 매우 중요한 일은 적의 의도를 최대한 파악하는 것이다. 그래서 작전을 세워 적을 한 방향으로 몰아붙여 천 리나 떨어진 먼 적국을 쳐부수고, 그 장수를 죽여야 한다. 이를 교묘한 용병으로 능히 일을 성취한다고 하는 것이다.

〈원문〉

是故政擧之日, 夷關折符, 無通其使. 厲於廊廟之上, 以誅其事. 敵人開闔, 必亟入之, 先其所愛, 微與之期, 踐墨隨敵, 以決戰事. 是故始如處女, 敵人開戶; 後如脫兎, 敵不及拒.

(시고정거지일, 이관절부, 무통기사. 려어낭묘지상, 이주기사. 적인개합, 필극입지, 선기소애, 미여지기, 천묵수적, 이결전사. 시고시여처녀, 적인개호; 후여탈토, 적부급거.)

전쟁을 선포하는 날은 적국으로 통하는 관문을 봉쇄하고 통행증을 폐기하며, 사절의 왕래를 중지하며, 오직 군사 문제에만 몰두한다. 그리하여 적의 동요나 약점이 보이면 적이 가장 중히 여기는 곳을 먼저 공략하고, 미세한 틈을 기다리며, 적의 상황에 따라 행동하여 승부를 본다. 전쟁이 시작되었을 때 처음에는 처녀와 같이하고, 적이 약점을 보이면 달아나는 토끼처럼 민첩하게 움직여 적이 저항할 기회를 주지 말아야 한다.

〈해석과 응용〉

〈구지편〉은 지형에 대해 논하고 있지만 〈지형편〉과는 다른 내용이다. 〈지형편〉은 구체적이고 미시적으로 지리에 대해 설명하고 있다. 이에 비해 〈구지편〉은 거시적으로 지형 문제를 이야기하고 있다. 손자는 본 편에서 전쟁에서 접하게 되는 9가지 지형을 열거하면서 각기 다른 작전 방법을 설명하고 있다.

손자가 지형을 분석한 목적은 지형이 아무리 복잡해도 9가지 유형에 속할 뿐이라는 사실을 주지시키기 위해서이다. 시각을 달리해 보면, 모든 지형에는 허술한 면이 있고 사물이나 인간도 약점을 갖기 마련이다. 그러므로 지형의 약점을 이용하여 전투를 하면 쉽게 승리를 거둘 수 있다. 예를 들어 적국 깊숙이 들어가면 병사들은 두려움 때문에 장수의 명령에 복종하면서 탈주하지 않는다. 식량이 부족할 때 적의 들판에서 군량을 조달할 수 있는 것도 아군의 불리함을 극복하는 한 방법이다. 이렇듯 불리한 상황이나 위기에 처하면 평소와 다른 방식으로 살아남는 것이 인간의 본성이므로, 장수는 병사들을 사지로 몰아넣어 분투하게 하는 능력을 갖춰야 한다.

이 밖에도 손자는 본 편에서 장수는 적의 상황 변화에 따라 기민하게 결정을 내리고, 정확한 책략을 생각해야 한다고 강조했다. 책략을 구상할 때는 관성적인 사고에 얽매여서는 곤란하며, 자신의 생각이 최상이라는 자만심을 버리고 적군의 심리를 파악하려고 노력해야 한다. 타성에 젖어 안이하게 적을 경계하지 않으면 아무리 그럴듯한 전략을 짜더라도 패배를 면하기 어렵다.

화공편(火攻篇)

〈원문〉

孫子曰: 凡火攻有五: 一曰火人, 二曰火積, 三曰火輜, 四曰火庫, 五曰火隊. 行火必有因, 因必素具. 發火有時, 起火有日. 時者, 天之燥也. 日者, 月在箕 · 壁 · 翼 · 軫也. 凡此四宿者, 風起之日也.

(손자왈: 범화공유오: 일왈화인, 이왈화적, 삼왈화치, 사왈화고, 오왈화대. 항화필유인, 인필소구. 발화유시, 기화유일. 시자, 천지조야. 일자, 월재기 · 벽 · 익 · 진야. 범차사숙자, 풍기지일야.)

손자가 말했다. 불로 공격하는 방법은 다섯 가지가 있다. 첫째, 적병을 불로 공격한다. 둘째, 적이 쌓아둔 군수물자를 불태운다. 셋째, 병참 수송 수단을 불태운다. 넷째, 적의 창고를 불태운다. 다섯째, 적의 대오에 화염을 퍼붓는다. 불을 내는 데에는 반드시 이유가 있어야 하고, 화공의 도구를 미리 갖추고 있어야 한다. 불을 지르는 데는 때가 있고 불이 잘 타오르는 날이 있다. 기후가 건조할 때 불이 잘 붙는다. 날은 달이 기, 벽, 익, 진의 방향에 있을 때이다. 달이 이 별자리들에 있는 날에 바람이 일어난다.

〈원문〉

凡火攻, 必因五火之變而應之: 火發於內, 則早應之於外; 火發而其兵靜者, 待而勿攻, 極其火力, 可從而從之, 不可從則上. 火可發於外, 無待於內, 以時發之, 火發上風, 無攻下風, 晝風久, 夜風止. 凡軍必知五火之變, 以數守之. 故以火佐攻者明, 以水佐攻者強. 水可以絶, 不可以奪.

(범화공, 필인오화지변이응지: 화발어내, 칙조응지어외; 화발이기병정자, 대이물공, 극기화력, 가종이종지, 부가종칙상. 화가발어외, 무대어내, 이시발지, 화발상풍, 무공하풍, 주풍구, 야풍지. 범군필지오화지변, 이삭수지. 고이화좌공자명, 이수좌공자강. 수가이절, 부가이탈.)

무릇 불을 가지고 하는 공격에서는 반드시 다섯 가지 상황변화에 대처해야 한다. 첫째, 적진의 내부에서 불이 나면 즉시 밖에서 호응하여 공격한다. 둘째, 불이 났는데도 전군이 조용하면 잠시 기다렸다가 불길의 세기를 보아 공격 여부를 결정한다. 셋째, 적진 밖에서 불을 낼 수 있으면 적진에 들어가지 말고 적당한 때에 방화한다. 넷째, 바람이 불어오는 쪽에서 불이 나면 바람을 맞는 쪽에서 공격해서는 안 된다. 다섯째, 낮에 바람이 오래 불면 야간이 되면서 바람이 잦아든다. 군대는 화공의 다섯 가지 변화를 이해하고, 조건이 갖춰지기를 기다릴 수 있어야 한다. 화공에는 지혜가, 물로 공격하는데에는 강한 병력이 필요하다. 그리고 물로 하는 공격은 적을 차단할 수는 있지만 탈취할 수는 없다.

〈원문〉

夫戰勝攻取而不惰其功者凶, 命曰 "費留." 故曰: 明主慮之, 良將惰之, 非利不動, 非得不用, 非危不戰. 主不可以怒而興師, 將不可以慍而攻戰. 合於利而動, 不合於利而止. 怒可以復喜, 慍可以復說, 亡國不可以復存, 死者不可以復生. 故明主慎之, 良將警之. 此安國全軍之道也.

(부전승공취이부타기공자흉, 명왈 "비류." 고왈: 명주려지, 량장타지, 비리부동, 비득부용, 비위부전. 주부가이노이흥사, 장부가이온이공전. 합어리이동, 부합어리이지. 노가이복희, 온가이복설, 망국부가이복존, 사자부가이복생. 고명주신지, 량장경지. 차안국전군지도야.)

싸워서 승리하고 공격하여 획득했으면서도 그 공적을 다스리지 않는 자는 흉하니, 이를 비류(費留, 전쟁경비를 낭비하면서 군대를 한곳에 오래 머물게 하는 것)라고 한다. 그래서 현명한 군주는 깊이 사려하고, 훌륭한 장수는 신중하게 군대를 다스린다. 국가에 유리하지 않으면 전쟁을 하지 않으며, 얻는 것이 없으면 군대를 동원하지 않고, 국가가 위기에 처하지 않으면 싸우지 않는다. 군주는 일시적인 분노로 전쟁을 일으켜서는 안 되며, 장수는 성을 참지 못해 전투를 해서는 안 된다. 국가의 이익에 부합하면 전쟁을 일으키되, 그렇지 않으면 전쟁을 해서는 안 된다. 분노가 풀어지면 다시 즐거워지지만, 한 번 망한 국가는 다시 존재할 수 없고, 죽은 자는 다시 살아날 수 없기 때문이다. 그러므로 영명한 군주는 전쟁을 삼가며, 뛰어난 장수는 전쟁을 경계한다. 이것이 국가를 안정시키고 군대를 지키는 방법이다.

〈해석과 응용〉

본 편에서는 적에 대한 화공의 종류, 조건, 방법을 논하고 있다. 화공은 고대 중국의 주요한 전술 중의 하나였다.

손자는 화공의 종류, 즉 불로 공격하는 대상을 '군사, 군수물자, 운송수단, 적의 창고, 적군의 대오' 등 다섯 가지로 분류했다. 화공을 할 때 고려해야 할 조건으로는 발화물질, 기상, 자연현상 등을 들고 있다. 이 밖에도 적 내부에서 불이 났을 때와 외부에서 방화해야 하는 상황 같은 구체적인 조건도 열거하고 있다. 하지만 손자는 화공은 보조적인 수단이므로 적시에 병력을 투입하면서 화공을 펴야 효과가 극대화한다고 역설했다.

손자가 화공을 특별히 언급하면서도 그 중요성에 대해 큰 비중을 두지 않은 이유는 보조적인 수단인 외적인 요소에 지나치게 의존해서는 안 된다고 보았기 때문이다. 사람들은 흔히 자신의 능력 이외의 힘을 빌려 목적을 달성하려 하지만, 궁극적으로는 자신의 노력이 성공의 방점을 찍게 된다. 예를 들어 누군가의 마음을 알려고 할 때 자신이 직접 파악을 해야지, 제삼자가 전하는 정보로 그 사람을 이해하는 데에는 한계가 있고 오해도 피할 수 없다.

손자는 전쟁에 대한 태도를 논하면서 군주와 장수가 신중한 자세로 전쟁에 임해야 한다고 강조했다. 분노로 혹은 감정적으로 전쟁을 일으키는 것은 비극을 자초하는 지름길이다.

용간편(用間篇)

〈원문〉

孫子曰: 凡興師十萬, 出征千里, 百姓之費, 公家之奉, 日費千金, 內外騷動, 怠於道路, 不得操事者, 七十萬家. 相守數年, 以爭一日之勝, 而愛爵祿百金, 不知敵之情者, 不仁之至也. 非民之將也, 非主之佐也, 非勝之主也. 故明君賢將所以動而勝人, 成功出於衆者, 先知也. 先知者, 不可取於鬼神, 不可象於事, 不可驗於度, 必取於人, 知敵之情者也.

(손자왈: 범흥사십만, 출정천리, 백성지비, 공가지봉, 일비천금, 내외소동, 태어도노, 부득조사자, 칠십만가. 상수삭년, 이쟁일일지승, 이애작녹백금, 부지적지정자, 부인지지야. 비민지장야, 비주지좌야, 비승지주야. 고명군현장소이동이승인, 성공출어중자, 선지야. 선지자, 부가취어귀신, 부가상어사, 부가험어도, 필취어인, 지적지정자야.)

손자가 말했다. 군사 10만을 동원하여 천 리나 되는 원거리 정벌에 나서면 백성의 부담과 국가재정을 하루에 천금이나 소모해야 한다. 그리고 나라 안팎이 소란해지며, 군수물자 수송에 지쳐 생업에 종사하지 못하는 백성이 70만 호에 이른다. 이런 상태로 적군과 수년간을 대치하지만 결국 하루아침에 승패가 가려진다. 비용과 손해가 막대함에도 작록으로 지급하는 백금 정도의 얼마 안 되는 돈을 아끼려고 간첩 활동을 하지 않아 적의 사정을 알지 못하는 것은 어리석기 짝이 없는 짓이다. 이런 자는 백성을 위하는 장수라 할 수 없고 군주를 보좌하는 역할도 못하고, 승리의 주인공도 되지 못한다. 총명한 군주와 현명한 장수가 움직이기만 하면 승리하고 위업을 달성하는 이유는 먼저 적의 상황을 알고 있기 때문이다. 먼저 적정을 안다는 것은 귀신에게 물어서 가능한 것이 아니며, 유사한 사례나 상황에 비춰 알 수 있는 것도 아니며, 일정한 법칙에 의해 파악하는 것도 아니다. 반드시 적정을 아는 자, 즉 간첩을 통해 정보를 얻어야 한다.

〈원문〉

故用間有五: 有因間, 有內間, 有反間, 有死間, 有生間. 五間俱起, 莫知其道, 是謂神紀, 人君之寶也. 因間者, 因其鄕人而用之; 內間者, 因其官人而用之; 反間者, 因其敵間而用之; 死間者, 爲誑事於外, 令吾聞知之, 而傳於敵. 生間者, 反報也.

(고용간유오: 유인간, 유내간, 유반간, 유사간, 유생간. 오간구기, 막지기도, 시위신기, 인군지보야. 인간자, 인기향인이용지; 내간자, 인기관인이용지; 반간자, 인기적간이용지; 사간자, 위광사어외, 령오문지지, 이전어적. 생간자, 반보야.)

간첩을 이용하는 방법은 인간, 내간, 반간, 사간, 생간 등 다섯 가지가 있다. 이 다섯 가지 간첩을 동시에 활용하는데도 적이 알지 못하는 것은 교묘히 간첩을 다스리고 있기 때문이다. 이것이 곧 신기로써 통치자의 보배이다. 인간(因間)은 그 고장 주민을 간첩으로 쓰는 것이다. 내간(內間)은 적의 관리를 간첩으로 쓰는 것이다. 반간(反間)은 적의 간척을 역이용하는 이중간첩이다. 사간(死間)은 허위 사실을 간첩이 믿게 하여 그것을 전달하는 간첩이다. 생간(生間)은 적국을 정탐하고 살아 돌아와 보고하는 첩자이다.

〈원문〉

故三軍之事, 莫親於間, 賞莫厚於間, 事莫密於間, 非聖賢不能用間, 非仁義不能使間, 非微妙不能得間之實. 微哉微哉! 無所不用間也. 間事未發而先聞者, 間與所告者兼死.

(고삼군지사, 막친어간, 상막후어간, 사막밀어간. 비성현부능용간, 비인의부능사간, 비미묘부능득간지실. 미재미재! 무소부용간야. 간사미발이선문자, 간여소고자겸사.)

삼군을 맡아 다스리는 장수의 일 중에서 간첩과의 관계보다 더 친밀한 것은 없다. 간첩에게 주는 포상보다 더 후한 상은 없으며, 간첩의 활동이 가장 비밀스럽다. 장수가 지혜가 없으면 간첩을 이용할 수 없다. 간첩을 심복하게 할 인자함과 정의감이 없으면 부리지 못한다. 미묘한 데까지 살피지 못하면 간첩이 제공하는 정보의 진실을 파악하지 못한다. 미묘하고 미묘한 일이다. 제대로 쓰기만 하면 어떤 곳에서도 유용하게 쓰이는 것이 간첩이다.
간첩의 정보가 아직 공개적으로 알려지지 않았는데 밖에서 이미 그 기밀이 폭로되었다면 간첩은 물론이고 그 기밀을 누설한 사람까지 다 처형해야 한다.

<원문>

凡軍之所欲擊, 城之所欲攻, 人之所欲殺, 必先知其守將·左右·謁者·門者·舍人之姓名, 令吾間必索知之. 敵間之來間我者, 因而利之, 導而舍之, 故反間可得而用也; 因是而知之, 故鄕間·內間可得而使也; 因是而知之, 故死間爲誑事, 可使告敵; 因是而知之, 故生間可使如期. 五間之事, 主必知之, 知之必在於反間, 故反間不可不厚也.

(범군지소욕격, 성지소욕공, 인지소욕살, 필선지기수장·좌우·알자·문자·사인지성명, 령오간필삭지지. 적간지내간아자, 인이리지, 도이사지, 고반간가득이용야; 인시이지지, 고향간·내간가득이사야; 인시이지지, 고사간위광사, 가사고적; 인시이지지, 고생간가사여기. 오간지사, 주필지지, 지지필재어반간, 고반간부가부후야.)

부득이하게 싸워야 할 경우에는 공격하려는 장소, 성이라면 공격을 할 곳을 미리 조사해야 하고, 살해하고자 하는 인물에 대해서는 반드시 그를 지키는 장수, 보좌하는 측근, 고급정보를 전달하는 자, 성문을 지키는 수문장 등의 신상을 알아야 한다. 이를 위해서는 아군의 간첩을 보내 탐지하는 수밖에 없다. 적의 간첩은 반드시 찾아내고, 더 큰 이익으로 포섭하여 다시 적국으로 돌려보내면 반간으로 이용할 수 있다. 이 반간을 통해 적의 상황을 알 수 있으므로 인간이나 내간을 얻어 사용할 수 있다. 또 적정을 안 뒤에는 사간을 보내 허위정보를 퍼뜨릴 수 있다. 이 밖에도 생간을 적국에서 활동하게 하고, 기일 안에 돌아와 보고하도록 한다. 오간의 활동은 군주가 반드시 알고 있어야 한다. 군주에게 오간의 활동을 전하는 자는 반간이므로 후대해야 한다.

昔殷之興也, 伊摯在夏; 周之興也, 呂牙在殷. 故明君賢將, 能以上智爲間者,

必成大功. 此兵之要, 三軍之所恃而動也.

(석은지흥야, 이지재하; 주지흥야, 려아재은. 고명군현장, 능이상지위간자, 필성대공. 차

병지요, 삼군지소시이동야.)

그 옛날 은나라가 일어날 때에는 이지(伊摯)가 간첩으로서 하에 잠입해 있었
다. 주나라가 일어날 때에는 여아(呂牙)가 간첩으로 은에 잠입해 있었다. 그
러므로 다만 영명한 통치자와 슬기로운 장수만이 뛰어난 지혜를 가진 간첩
을 삼을 수 있으며, 이를 바탕으로 큰 공을 이룰 수 있다. 간첩을 잘 부리는
것이 용병에 있어 매우 중요한 이유는 전군이 그 첩보를 믿고 행동하기 때
문이다.

〈해석과 응용〉

《손자병법》의 마지막 부분인 〈용간편〉에서는 간첩의 의미, 종류, 역할, 활
용 방식 등의 문제를 논하고 있다. 손자는 간첩으로 하여금 적정을 탐색하
고 정보를 수집하게 하는 것이 중요하다고 생각했다. 특히 작전 계획을 세
우는 데 있어 첩보 활동은 전쟁의 승패를 좌우할 만큼 중요하다. 그러므로
모든 지휘관은 간첩에게 들어가는 비용을 아끼지 말고 후대하여야 하고, 우
수한 인력을 간첩으로 활용해야 한다. 손자는 간첩 중에서도 반간이 가장
은밀하고 중요한 정보를 다루므로 각별히 대우해주어야 한다고 주장했다.
그리고 다섯 종류의 간첩을 모두 활용하되 적이 눈치 채지 못하도록 하여

최대한 수세로 몰아야 한다는 점을 역설했다.

간첩의 활용은 일종의 심리 전술로서 상대의 심리를 파악하는 좋은 방법 가운데 하나이다. 심리 조종술의 관점에서 보면 간첩은 타인의 심리를 관찰하고, 수집한 정보의 진위를 식별하여 자신에게 유용한 정보를 제공하는 사람이다. 그런데 간첩이 변변치 않으면 계획에 성공할 수 없고, 상대에게 이용당하게 된다. 마찬가지로 상대를 움직이는 심리 조종술은 두뇌 싸움이나 다름없으므로 머리가 나쁜 사람이 사용해서는 곤란하다. 자신의 머리가 신통치 않다면 심리 조종술을 포기하는 것이 낫다.

한편 적정을 탐지하는 문제에서 손자는 '귀신에게 물어서도, 유사한 사례나 상황에 비춰 알 수 있는 것도, 일정한 법칙에 의해 파악하는 것도 아니다'라고 했다. 반드시 간첩을 통해 정보를 얻고, 이론이 아닌 실제 상황을 철저히 파악하여 싸움에 임해야 한다.

손자가 거듭 실제 상황을 중시해야 한다고 강조한 이유는 심리전은 단순한 추측이나 조사로 가능하지 않기 때문이다. 간첩은 도처에 있고, 심리전을 하는 사람도 셀 수 없이 많은데 그대로 그냥 앉아서 변화하는 상황이나 인간을 분석하는 것은 실패를 자초하는 짓이다. 자신의 능력을 과신하는 사람이 누군가의 마음을 움직일 수는 없다. 땀 흘리지 않고, 현실을 모르고 이룰 수 있는 일은 없다.

《사기(史記)》의 〈손자오기(孫子吳起) 열전〉 가운데 손자에 관한 부분

손자의 이름은 무(武)로 제나라 사람이다. 그는 자신이 저술한 병법을 가지고 오나라로 가서 왕 합려를 알현했다. 합려가 "그대가 쓴 13편을 모두 보았다. 시험 삼아 군대를 지휘해 보여줄 수 있는가?"라고 하니, 손자가 "좋습니다"라고 대답했다. 합려가 "여자들(궁녀를 지칭)로 시험해 봐도 되겠는가?"라고 묻자 손자는 "가합니다"라고 했다. 이에 합려가 궁중의 미녀 180명을 선발해 집합시켰다.

손자는 그들을 두 대오로 나눈 뒤 왕이 총애하는 2명이 통솔하도록 대장을 삼고, 모두에게 창을 잡게 했다. 손자가 그들에게 "너희는 가슴과 좌우 손과 등을 아느냐?"하고 물으니 "압니다"라고 했다. 또 "'앞으로' 하면 가슴을 보고, '좌로' 하면 왼손을 보고, '우로' 하면 오른손을 보고, '뒤로' 하면 등을 보라"라고 하니, 궁녀들이 "알겠습니다"라고 했다. 약속을 확실하게 알려주고 부월(주장이 지니는 도끼)을 세우고, 명령을 3번 되풀이하고 5번 설명했다.

그리고 북을 치며 '우로'라고 호령했으나 궁녀들은 크게 웃기만 했다. 손자가 "약속이 분명하지 않고, 호령이 철저하지 못한 것은 장수의 책임이다"라고 했다. 다시 명령을 3번 되풀이하고 5번 설명한 뒤 북을 치며 '좌로'라고 했다. 궁녀들은 또 폭소를 터뜨렸다. 손자는 "약속이 분명하지 않고, 호령이 철저하지 못한 것은 장수의 책임이다. 하지만 약속이 이미 분명한데도 법대로 따르지 않는 것은 지휘관인 대장의 잘못이다"라며 대장의 목을 베려고 했다.

훈련 모습을 지켜보고 있던 오나라 왕은 손자가 자신이 사랑하는 미녀의 목을 베겠다는 말에 소스라치게 놀랐다. 왕은 급히 신하를 보내 명령을 전하게 했다. "나는 장군이 용병을 잘한다는 것을 알고 있다. 나는 이 두 미녀가 없으면 밥을 먹어도 맛을 느끼지 못하니 그들의 목을 베지 않기를 바란다." 그러자 손자는 "신은 이미 명을 받아 장수가 되었습니다. 장수가 군대를 거느릴 때에는 왕의 명령을 완전히 이행하지 않아도 됩니다"라며 대장 두 사람의 목을 베어 사람들이 모두 보게 했다.

다시 또 다른 두 미녀를 대장으로 삼고 북을 울리자 좌우 전후를 보고 무릎 꿇고 일어나는 동작이 모두 규칙에 들어맞았고, 누구 하나 군소리를 하지 않았다. 그러자 손자는 사람을 시켜 보고했다. "군대가 이미 질서정연하게 정돈되었습니다. 왕께서 내려오셔서 보십시오. 왕께서 어떤 명령을 내리셔도, 설령 물이나 불에 뛰어들라 하여도 그리할 것입니다." 오나라 왕은 "장군은 객사로 돌아가 쉬시오. 나는 내려가서 보고 싶지 않다"라고 했다. 손자는 "왕께서는 제가 책에서 한 말을 좋아하실 뿐, 그 내용을 실제로 군대에 쓰지는 못하십니다"라고 했다.

이 일을 계기로 손자가 용병에 능하다는 사실을 확인한 합려는 비로소 손자를 장군으로 삼았다. 그 후 오나라는 서쪽에 위치한 강한 초나라에 승리하여 수도인 영(郢)을 점령했고, 북쪽의 제나라와 진나라를 위협하여 제후들에게 이름을 떨쳤다. 이 과정에서 손자는 뛰어난 능력으로 많은 일을 했다.

손자병법
그대의
마음을
훔치다

초판 1쇄 펴낸 날 | 2012년 5월 18일
초판 2쇄 펴낸 날 | 2014년 9월 19일

지은이 | 쑤무루(苏木禄)
옮긴이 | 황보경
발행인 | 브레인스토어

책임편집 | 신미순
디자인 | 윤수경
마케팅 | 한대혁, 정다운

주소 | (121-894) 서울시 마포구 양화로 7안길 31(서교동, 1층)
전화 | (02)3275-2915~7
팩스 | (02)3275-2918
이메일 | garam815@chol.com

등록 | 2007년 3월 17일(제17-241호)

한국어출판권 ⓒ 브레인스토어, 2012
ISBN 978-89-94194-28-8 (13320)